THIS IS VOCA 시리즈다!

☑ 교육부 권장 필수 어휘를 단계별로 학습
☑ 주제별 어휘와 사진을 통한 연상학습으로 효과적 암기
☑ 연어와 파생어 및 예문, 다양한 어휘 활동을 통한 어휘력 확장
☑ 주요 접사와 어원을 소개하여 영어 단어에 대한 이해도 향상
☑ 모바일 보카 테스트 및 기타 다양한 부가자료 제공

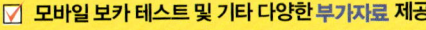

 영/미 발음 MP3
 모바일 VOCA TEST
 Word Search 정답
 Word Mapping 정답

MP3 듣기
VOCA TEST
정답 확인

추가 제공 자료 www.nexusbook.com

① 어휘리스트 · 테스트　② 테스트 도우미　③ 주제별 VOCA PLUS
④ Fun Fun한 보카 배경지식　⑤ 핵심 접두사 단어장　⑥ 혼동 어휘 단어장

＊레벨 별 추가 제공 자료는 다를 수 있습니다.

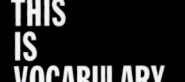

입문	넥서스영어교육연구소 지음 ǀ 신국판 ǀ 224쪽 ǀ 10,000원
초급 · 중급	권기하 지음 ǀ 신국판 ǀ 352쪽 / 372쪽 ǀ 10,000원 / 11,000원
고급 · 어원편	권기하 지음 ǀ 4X6배판 변형 ǀ 444쪽 / 344쪽 ǀ 12,000원
수능 완성	넥서스영어교육연구소 지음 ǀ 신국판 ǀ 280쪽 ǀ 12,000원
뉴텝스	넥서스 TEPS연구소 지음 ǀ 신국판 ǀ 452쪽 ǀ 13,800원

NEXUS Edu
LEVEL CHART

분야	교재	초1	초2	초3	초4	초5	초6	중1	중2	중3	고1	고2	고3
VOCA	초등필수 영단어 1-2·3-4·5-6학년용	📖	📖	📖	📖	📖	📖						
	The VOCA + (플러스) 1~7					📖	📖	📖	📖	📖	📖	📖	
	THIS IS VOCABULARY 입문·초급·중급				📖	📖	📖	📖	📖				
	THIS IS VOCABULARY 고급·어원·수능 완성·뉴텝스								📖	📖	📖	📖	📖
Grammar	초등필수 영문법 + 쓰기 1~2				📖	📖	📖						
	OK Grammar 1~4				📖	📖	📖	📖					
	This Is Grammar 초급~고급 (각 2권: 총 6권)						📖	📖	📖	📖	📖	📖	
	Grammar 공감 1~3						📖	📖	📖				
	Grammar 101 1~3						📖	📖	📖				
	Grammar Bridge 1~3 (개정판)						📖	📖	📖				
	중학영문법 뽀개기 1~3						📖	📖	📖				
	The Grammar Starter, 1~3						📖	📖	📖	📖			
	구사일생 (구문독해 Basic) 1~2								📖	📖	📖	📖	
	구문독해 204 1~2									📖	📖	📖	📖
	그래머 캡처 1~2								📖		📖		
	Grammar.Zip 1~2								📖	📖	📖	📖	

분야	교재	초1	초2	초3	초4	초5	초6	중1	중2	중3	고1	고2	고3
Writing	도전만점 중등내신 서술형 1~4							📘	📘	📘			
Writing	영어일기 영작패턴 1-A, B · 2-A, B				📘	📘	📘	📘	📘				
Writing	Smart Writing 1~2					📘	📘	📘	📘	📘			
Reading	Reading 공감 1~3							📘	📘	📘			
Reading	After School Reading 1~3							📘	📘	📘			
Reading	My Final Reading Book 1~3								📘	📘			
Reading	This Is Reading 1-1~3-2 (각 2권; 총 6권)							📘	📘	📘	📘		
Reading	This Is Reading 전면 개정판 1~4					📘	📘	📘	📘	📘			
Reading	원서 술술 읽는 Smart Reading Basic 1~2							📘	📘	📘			
Reading	원서 술술 읽는 Smart Reading 1~2									📘	📘	📘	
Listening	Listening 공감 1~3							📘	📘	📘			
Listening	The Listening 1~4						📘	📘	📘	📘			
Listening	After School Listening 1~3						📘	📘	📘	📘			
Listening	도전! 만점 중학 영어듣기 모의고사 1~3						📘	📘	📘	📘			
Listening	만점 적중 수능 듣기 모의고사 20회·35회									📘	📘	📘	📘

THIS IS VOCA
VOCABULARY

NEW TEPS

THIS IS VOCABULARY 뉴텝스

지은이 넥서스 TEPS연구소
펴낸이 임상진
펴낸곳 (주)넥서스

출판신고 1992년 4월 3일 제311-2002-2호 ⓒ
10880 경기도 파주시 지목로 5
Tel (02)330-5500 Fax (02)330-5555

ISBN 979-11-6165-319-8 54740
 979-11-6165-203-0 (SET)

출판사의 허락없이 내용의 일부를 인용하거나
발췌하는 것을 금합니다.
저자와의 협의에 따라서 인지는 붙이지 않습니다.

가격은 뒤표지에 있습니다.
잘못 만들어진 책은 구입처에서 바꾸어 드립니다.

www.nexusbook.com

※본 책은 최신기출 NEW TEPS VOCA를 추가하고, 〈넥서스 텝스 보카〉의 콘텐츠를 재구성한 것입니다.

뉴텝스의
달인이 되는

THIS IS
VOCA

VOCABULARY

넥서스 TEPS연구소 지음

NEW TEPS

NEXUS Edu

뉴텝스 시험 구성

영역	문제 유형	문항수	제한시간	점수범위
청해 Listening Comprehension	Part I: 한 문장을 듣고 이어질 대화로 가장 적절한 답 고르기 (문장 1회 청취 후 선택지 1회 청취)	10	40분	0~240점
	Part II: 짧은 대화를 듣고 이어질 대화로 가장 적절한 답 고르기 (대화 1회 청취 후 선택지 1회 청취)	10		
	Part III: 긴 대화를 듣고 질문에 가장 적절한 답 고르기 (대화 및 질문 1회 청취 후 선택지 1회 청취)	10		
	Part IV: 담화를 듣고 질문에 가장 적절한 답 고르기 (1지문 1문항) (담화 및 질문 2회 청취 후 선택지 1회 청취)	6		
	Part V: 담화를 듣고 질문에 가장 적절한 답 고르기 [신유형] (1지문 2문항) (담화 및 질문 2회 청취 후 선택지 1회 청취)	4		
어휘 Vocabulary	Part I: 대화문의 빈칸에 가장 적절한 어휘 고르기	10	통합 25분 [변경]	0~60점
	Part II: 단문의 빈칸에 가장 적절한 어휘 고르기	20		
문법 Grammar	Part I: 대화문의 빈칸에 가장 적절한 답 고르기	10		0~60점
	Part II: 단문의 빈칸에 가장 적절한 답 고르기	15		
	Part III: 대화 및 문단에서 문법상 틀리거나 어색한 부분 고르기	5		
독해 Reading Comprehension	Part I: 지문을 읽고 빈칸에 가장 적절한 답 고르기	10	40분	0~240점
	Part II: 지문을 읽고 문맥상 어색한 내용 고르기	2		
	Part III: 지문을 읽고 질문에 가장 적절한 답 고르기 (1지문 1문항)	13		
	Part IV: 지문을 읽고 질문에 가장 적절한 답 고르기 [신유형] (1지문 2문항)	10		
총계	14개 Parts	135문항	105분	0~600점

DAILY TEST

매일매일 학습한 내용을 DAILY TEST를 통해 정리하도록 구성하였습니다. 2가지 문제 유형으로 문맥을 파악하여 적당한 어휘를 찾아 어법에 맞게 변형하는 연습을 통해 Writing의 기본을 다지며, 단어의 영어 의미를 찾는 연습을 통해 탄탄한 내공을 쌓을 수 있습니다.

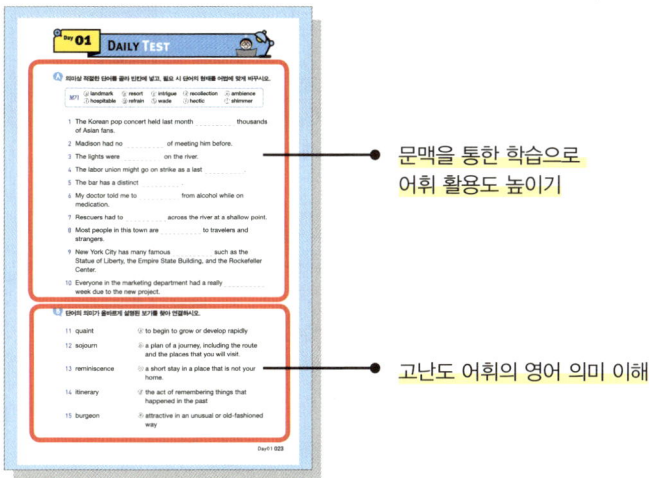

● 문맥을 통한 학습으로 어휘 활용도 높이기

● 고난도 어휘의 영어 의미 이해

최신기출 NEW TEPS VOCA

텝스 빈출 단어와 숙어를
Day별로 50개씩 선별하여
총 1,500개의 추가 어휘를 제공합니다.

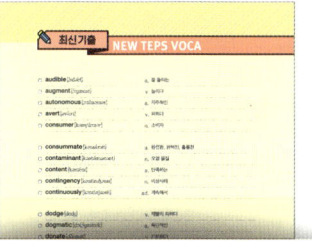

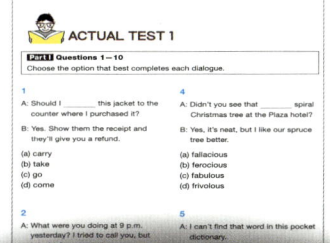

ACTUAL TEST

Day 30까지 꼼꼼하게 학습한 후,
뉴텝스 어휘 영역 실전 2회를 통해
어휘 실력을 최종 점검할 수 있도록
구성하였습니다.

언제 어디서든 THIS IS VOCA를 모바일로 학습하자!

어휘/뜻/예문 듣기
최신기출 뉴텝스 보카
MP3 제공

모바일 VOCA TEST로
게임을 통해 복습하기

모바일 단어장 1
(주제별 뉴텝스 보카)

모바일 단어장 2
(최신기출 뉴텝스 보카)

추가 제공 자료 www.nexusbook.com

① 어휘리스트/테스트   ② MP3 음원   ③ 주제별 뉴텝스 보카
④ 출제 마법사 (출제 마법사로 다양한 어휘 테스트지 제작 가능)

• 영-한 / 한-영

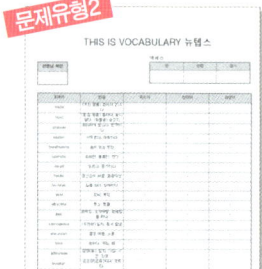
• 어휘 확장

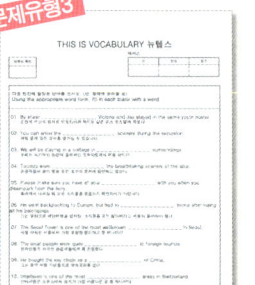
• 예문 활용1

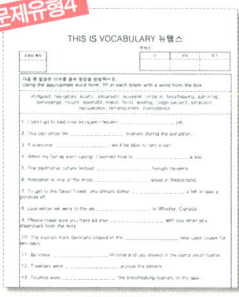
• 예문 활용2

Contents

Day 01
뉴텝스 고득점한 당신, 떠나라
여행

p. 014

Day 06
아카데믹 뉴텝스 어휘의 절정
철학, 종교

p. 076

Day 02
미디어의 시대, 미디어의 영어
미디어

p. 026

Day 07
인간은 사회적 동물
사회

p. 088

Day 03
역사는 돌고 돌고,
빈출어휘도 돌고 돌고
역사

p. 038

Day 08
오늘 있었던 일을 영어로
일상생활

p. 100

Day 04
하늘 천 따 지
지질학, 천문학

p. 050

Day 09
세상이 돌아가는 원리
물리학, 화학

p. 112

Day 05
운동도 영어공부도
결국은 반복 숙달
스포츠

p. 064

Day 10
중요한 건 사람 마음
심리

p. 124

Day 11
현대 사회 최대의 이슈
환경

p. 138

Day 16
일도 열심히,
인간관계도 열심히
모임, 행사

p. 198

Day 12
인기 전공, 인기 주제
경영

p. 150

Day 17
용어를 알아야 비판도 하지
정치

p. 210

Day 13
뉴텝스의 얼리어답터
첨단 기술

p. 162

Day 18
뉴텝스가 좋아하는 과학
생물학

p. 222

Day 14
취업하면 꼭 필요한
비즈니스 영어
직장 업무

p. 174

Day 19
먹고사는 이야기
음식, 식품, 식당

p. 234

Day 15
법 없이 살 사람도
법률 어휘는 알아야지
법

p. 186

Day 20
뉴텝스의 고상한 영역
예술

p. 246

Day 21
뉴텝스 청해의 단골 배경
공항, 호텔

p. 260

Day 26
뉴텝스 독해에 꼭 나오는
언어, 문학

p. 320

Day 22
배워서 남 주나
교육

p. 272

Day 27
일기 예보는 뉴텝스 청해의 기본
기후

p. 332

Day 23
불황을 탈출하는 어휘
경제

p. 284

Day 28
우리들이 사는 곳
건물, 건축

p. 344

Day 24
건강 정보도 얻고
뉴텝스 점수도 올리고
의학

p. 296

Day 29
결국 돈은 중요하다.
뉴텝스에서도
금융, 회계, 재무

p. 356

Day 25
소비하는 인간
쇼핑, 광고

p. 308

Day 30
교통 정보를 영어로 들어보자
도로, 교통

p. 370

Actual Test 1 · 384
Actual Test 2 · 389
정답 및 해설 · 394
Index · 422

"THIS IS VOCA 뉴텝스"를
얼마나 알고 있는지 VOCA?

☑ 자신이 아는 단어를 체크하고 그 의미를 제대로 알고 있는지 확인해 보세요!

□ alleviate	□ retrieve	□ pending	□ excavate	□ ethical
□ eradicate	□ strike	□ abolish	□ heritage	□ purify
□ dismiss	□ unanimous	□ hectic	□ gravity	□ impeccable
□ incentive	□ forge	□ critique	□ zenith	□ faculty
□ merge	□ jury	□ editorial	□ defense	□ frugal
□ device	□ attire	□ piracy	□ atheist	□ immune

맞은 개수	권장 학습 방법
0~15	음원을 여러 번 듣고 따라 말하며, 직접 어휘도 써 보면서 반복 학습을 통해 공부해 보세요! 모바일 VOCA TEST로 학습한 내용을 수시로 점검해 보는 것이 어휘 암기에 큰 도움이 됩니다!
16~25	단어의 의미를 좀 더 깊게 파고들기 위해서는 표제어의 파생어도 함께 암기하는 것이 좋습니다. 또한 DAILY TEST 문제도 빠짐없이 풀어 본다면 더욱 더 향상된 어휘력을 갖출 수 있습니다.
26~30	상당한 어휘 실력을 갖고 있네요! 단어와 뜻 그 자체도 중요하지만, 문장에서 해당 단어가 어떻게 쓰이는지 주어진 예문을 통해서 공부한다면 상당한 양의 어휘를 단숨에 마스터할 수 있습니다.

어휘 뜻 확인하기   ☑ / 30

□ 완화하다	□ (정보를) 검색하다	□ 임박한	□ 발굴하다	□ 윤리적인
□ 박멸하다, 근절하다	□ 파업에 들어가다	□ 폐지하다	□ 유산	□ 정화하다
□ 해고하다	□ 만장일치의	□ 정신없이 바쁜	□ 중력	□ 결점 없는
□ 격려, 장려금	□ 위조하다	□ 비평, 평론	□ 천정; 절정	□ 교수진; 능력
□ 합병하다, 병합하다	□ 배심(원단)	□ 사설, 논설	□ 수비, 방어	□ 검소한, 절약하는
□ 장치[기구]	□ 의복, 복장	□ 저작권 침해	□ 무신론자	□ 면역의; 면제된

DAY 01 ~10

- ✏️ **Day 01**   여행
- ✏️ **Day 02**   미디어
- ✏️ **Day 03**   역사
- ✏️ **Day 04**   지질학, 천문학
- ✏️ **Day 05**   스포츠
- ✏️ **Day 06**   철학, 종교
- ✏️ **Day 07**   사회
- ✏️ **Day 08**   일상생활
- ✏️ **Day 09**   물리학, 화학
- ✏️ **Day 10**   심리

DAY 01

뉴텝스 고득점한 당신, 떠나라

여행

admire
[ədmáiər]

ⓥ 감탄[탄복]하다; 동경[존경]하다

Tourists were **admiring** the breathtaking scenery of the lake.
관광객들이 숨이 멎을 듯한 호수의 경치에 감탄하고 있었다.

People **admire** Ted for his dedication.
사람들은 테드의 헌신을 존경한다.

cf. admiration   n. 감탄, 존경
　admirer   n. 찬양자, 팬

admission
[ədmíʃən]

ⓝ 입장(료); 입학, 가입; 시인, 인정

Admission is free for children under twelve years of age.
12세 미만 어린이는 입장이 무료이다.

He saw her resignation as an **admission** of failure.
그는 그녀의 사임이 실패를 인정한 것이라고 보았다.

cf. admit   v. 인정하다, 입장(입학)을 허락하다
　admittance   n. 입장

 기출표현

admission fee 입장료
college admission process 대학 입학 절차

ambience
[ǽmbiəns]

ⓝ (장소 등의) 분위기

The restaurant has a cozy and relaxed **ambience**.
그 식당은 아늑하고 편안한 분위기이다.

cf. ambient   a. 주위의, 주변의

attraction
[ətrǽkʃən]

n 명소, 명물

They had a plan to develop the canal into a major tourist **attraction**.
그들은 그 운하를 주요 관광 명소로 개발할 계획이 있었다.

a tourist attraction 관광 명소

belongings
[bilɔ́:ŋiŋz]

n 소지품; 소유물, 재산

Please make sure you have all your **belongings** with you when you disembark from the ferry.
페리에서 내리실 때 모든 소지품을 챙겼는지 확인하시기 바랍니다.

cf. belong to v. ~에 속하다

breathtaking
[bréθtèikiŋ]

a 숨이 멎는 듯한

Come and enjoy the **breathtaking** view of Mt. Seorak during the fall season.
가을 동안에 숨이 멎는 듯한 설악산 경치를 와서 즐기세요.

It took my breath away.
(너무 놀랍거나 아름다워서) 숨이 멎을 정도였다.

burgeon
[bə́:rdʒən]

v 급성장[급증]하다; 싹트다; 갑자기 출현하다

The medical tourism industry is **burgeoning** in Korea.
한국에서 의료 관광 산업이 급성장하고 있다.

cf. burgeoning a. 급증하는, 급성장하는

chip in

phr (돈을) 갹출하다, 조금씩 내다

If everyone **chips in**, we'll be able to rent a van.
모두가 돈을 조금씩 내면 밴을 빌릴 수 있을 것이다.

cf. chip n. 조각

coincidence
[kouínsidəns]

ⓝ (우연의) 일치, 동시 발생

By sheer **coincidence**, Victoria and Jay stayed in the same youth hostel.
순전히 우연의 일치로 빅토리아와 제이는 같은 유스 호스텔에 묵었다.

cf. coincide v. 동시에 일어나다, 일치하다
coincident a. 일치하는, 부합하는
coincidental a. 우연의 일치인, 우연의

 기출표현
What a coincidence! 정말 우연이군요!

excursion
[ikskə́ːrʒən]

ⓝ 짧은 여행, 소풍

All of our staff members went on an **excursion** to the beach.
우리 직원들 모두 해변으로 여행을 갔다.

= trip n. 여행

flock
[flák]

ⓥ 모이다, 떼 지어 가다
ⓝ 무리, 떼

Hundreds of thousands of tourists **flock** to Haeundae Beach in July and August.
7~8월에는 수십만 명의 관광객들이 해운대 해수욕장으로 몰린다.

= group n. 무리, 집단

gear
[gíər]

ⓝ 장비, 복장

We'll go hiking to a nearby hill so you don't have to bring professional climbing **gear**.
근처 동산에 하이킹 갈 거니까 전문 등산 장비를 가져올 필요는 없다.

get away
phr 휴가를 가다, 여행을 떠나다

They are planning to **get away** for a few days at the end of this month.
그들은 이달 말에 며칠 휴가를 갈 계획이다.

cf. getaway n. (단기) 휴가, 휴가지; 도주

 기출표현
weekend getaway 주말 휴가지

hasten
[héisn]

v 서두르다, 재촉하다

He went backpacking to Europe, but had to **hasten** home after losing all his belongings.
그는 유럽으로 배낭여행을 갔지만, 소지품을 모두 잃어버리고 서둘러 돌아와야 했다.

= hurry, rush v. 서두르다

hectic
[héktik]

a 정신없이 바쁜; 열광적인

I don't like guided tours because the schedules are usually **hectic**.
가이드가 딸린 여행은 대개 스케줄이 너무 빡빡해서 별로 좋아하지 않는다.

= feverish, frenetic a. 열광적인

hoist
[hɔ́ist]

v (돛·짐 등을) 올리다, 높이 달다
n (화물용) 승강기

When my family went sailing, I learned how to **hoist** a sail.
가족들과 요트를 타러 갔을 때, 나는 돛을 올리는 법을 배웠다.

hospitable
[hɑspítəbl]

a 환대하는, 친절한

The local people were quite **hospitable** to foreign tourists.
현지인들은 외국인 관광객들에게 꽤 친절했다.

cf. hospitality n. 환대, 후대

idyllic
[aidílik]

a 목가적인, 전원시(풍)의

We will be staying in a cottage in **idyllic** surroundings.
우리는 목가적인 환경에 둘러싸인 오두막집에서 머물 것이다.

cf. idyl(l) n. 목가, 전원시

intrigue
[intríːg] v 흥미를 끌다; 음모를 꾸미다
[íntriːg] n 음모, 모의

The traditional culture festival **intrigued** foreign travelers.
전통문화 축제가 외국인 여행객들의 흥미를 끌었다.

The mayor engaged in political **intrigues** against the president.
시장은 대통령에 대한 정치적 음모에 가담했다.

cf. intriguing a. 흥미를 자아내는
　　intrigued a. 흥미를 느끼는

itinerary
[aitínərèri]
n 여행 일정(표)

The next place on their **itinerary** was Kyoto.
일정표의 다음 방문지는 교토였다.

landmark
[lǽndmàːrk]
n 주요 지형지물, 역사적 건물

The Seoul Tower is one of the most well-known **landmarks** in Seoul.
서울 타워는 서울에서 가장 유명한 랜드마크 중 하나이다.

lodge
[ládʒ]
n 오두막, 산장, 별장

The tourists from Germany stayed in the **lodge** near Lake Louise for two days.
독일에서 온 관광객들은 레이크 루이스 근처의 오두막에서 이틀간 머물렀다.

mount
[máunt]
v 오르다; 증가하다

To get to the Seoul Tower, you should either **mount** a hill or take a gondola lift.
서울 타워에 가기 위해서는 산을 오르거나 케이블카를 타야 한다.

Oil prices are **mounting** due to the supply disruption.
공급 차질로 유가가 상승하고 있다.

navigate
[nǽvəgèit]
- ⓥ 길을 찾다, 항해하다

Robin **navigated** and Barney drove when they traveled to Florida.
플로리다로 갈 때 로빈이 길을 안내하고 바니가 운전했다.
cf. navigation n. 항해, 운항
navigator n. 조종사, 항해사

pack
[pǽk]
- ⓥ (짐을) 싸다
- ⓝ 짐, 배낭

I can't go to bed now because I haven't **packed** yet.
아직 짐을 못 싸서 지금 잘 수가 없어.
⟷ unpack v. (짐을) 풀다

picturesque
[pìktʃərésk]
- ⓐ 그림 같은, 아름다운

You'll be able to see **picturesque** villages in Hallstatt.
할슈타트에서 그림 같은 마을들을 볼 수 있을 것이다.
cf. picture n. 그림

quaint
[kwéint]
- ⓐ (매력 있게) 진기한, 예스러운; 기묘한

While backpacking in France, I visited a **quaint** town near Paris.
프랑스에서 배낭여행을 했을 때, 파리 근처의 예스러운 마을을 방문했다.
= odd, weird a. 기묘한

recollection
[rèkəlékʃən]
- ⓝ 회상, 회고, 기억(력)

She has a vivid **recollection** of her honeymoon to Jeju Island.
그녀는 제주도로 갔던 신혼여행을 생생히 기억한다.
cf. recollect v. 기억해 내다

refrain
[rifréin]
- ⓥ 삼가다, 참다
- ⓝ 후렴

Please **refrain** from taking pictures inside the museum.
박물관 안에서는 사진 촬영을 삼가해 주시기 바랍니다.

She only remembered the **refrain** of the song.
그녀는 노래의 후렴만 기억났다.

reminiscence
[rèmənísns]
- ⓝ 회상, 추억, 기억

I think the **reminiscence** of this trip will stay with me forever.
이번 여행의 추억은 영원히 기억될 것 같습니다.

cf. reminisce v. 추억하다, 추억에 잠기다

resort
[rizɔ́:rt]
- ⓝ 휴양지; 의존, 최후의 수단
- ⓥ 의지하다, 호소하다

Last winter we went to the ski **resort** in Whistler, Canada.
지난 겨울에 우리는 캐나다 휘슬러에 있는 스키 리조트에 갔다.

North Korea might use nuclear weapons as a last **resort**.
북한은 최후의 수단으로 핵무기를 사용할지도 모른다.

France is not likely to **resort** to military action.
프랑스가 군사 행동에 의지할 것 같지는 않다.

 기출표현
as a last resort 최후의 수단으로서

scenic
[sí:nik]
- ⓐ 풍경의; 경치가 아름다운

Interlaken is one of the most **scenic** areas in Switzerland.
인터라켄은 스위스에서 경치가 가장 아름다운 곳 중 하나이다.

cf. scenery n. 경치, 풍경

 기출표현
make a scene 야단법석을 떨다

shimmer
[ʃímər]
- ⓥ 희미하게 빛나다, 반짝이다

Crickets were chirping and the lake was **shimmering** in the moonlight.
귀뚜라미가 울고 있었고 호수는 달빛에 반짝이고 있었다.

sojourn
[sóudʒəːrn]
- ⓝ (일시적인) 체류
- ⓥ 묵다, 체류하다

I was packing for a week's **sojourn** in Hong Kong.
일주일간의 홍콩 체류를 위해 짐을 싸고 있었다.

souvenir
[sùːvəníər]
- ⓝ 기념품

He bought the key chain as a **souvenir** of China.
그는 중국 여행 기념품으로 열쇠고리를 샀다.

specialty
[spéʃəlti]
- ⓝ 특산물, 명물, 전문 요리; 전문 [전공] (분야)

Mandarin oranges are a **specialty** of Jeju Island.
밀감은 제주도의 특산물이다.

The historian's **specialty** is the history of China.
그 역사학자의 전문 분야는 중국사이다.

spectacular
[spektǽkjulər]
- ⓐ 장관을 이루는, 극적인

I vividly remember the island's **spectacular** scenery.
그 섬의 장관을 생생히 기억한다.
cf. spectacle n. 장관, 광경

splendid
[spléndid]
- ⓐ 화려한, 훌륭한, 멋진

You can enjoy the **splendid** scenery during the excursion.
여행 중에 멋진 경치를 즐기실 수 있습니다.
cf. splendor n. 장관, 화려함

trek
[trék]

Ⓝ 트레킹; 오지 여행

Ⓥ 트레킹을 하다; (힘들게 오래) 걷다

Duane goes **trekking** in the Rocky Mountains every June.

듀안은 매년 6월에 로키 산맥으로 트레킹을 간다.

wade
[wéid]

Ⓥ (개천 등을) 걸어서 건너다

Travelers were **wading** across the stream.

여행자들이 개울을 걸어서 건너고 있었다.

Day 01 DAILY TEST

A 의미상 적절한 단어를 골라 빈칸에 넣고, 필요 시 단어의 형태를 어법에 맞게 바꾸시오.

보기: ⓐ landmark ⓑ resort ⓒ intrigue ⓓ recollection ⓔ ambience
      ⓕ hospitable ⓖ refrain ⓗ wade ⓘ hectic ⓙ shimmer

1. The Korean pop concert held last month _____ thousands of Asian fans.
2. Madison had no _____ of meeting him before.
3. The lights were _____ on the river.
4. The labor union might go on strike as a last _____.
5. The bar has a distinct _____.
6. My doctor told me to _____ from alcohol while on medication.
7. Rescuers had to _____ across the river at a shallow point.
8. Most people in this town are _____ to travelers and strangers.
9. New York City has many famous _____ such as the Statue of Liberty, the Empire State Building, and the Rockefeller Center.
10. Everyone in the marketing department had a really _____ week due to the new project.

B 단어의 의미가 올바르게 설명된 보기를 찾아 연결하시오.

11. quaint   ⓐ to begin to grow or develop rapidly
12. sojourn   ⓑ a plan of a journey, including the route and the places that you will visit.
13. reminiscence   ⓒ a short stay in a place that is not your home.
14. itinerary   ⓓ the act of remembering things that happened in the past
15. burgeon   ⓔ attractive in an unusual or old-fashioned way

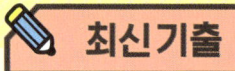

NEW TEPS VOCA

- **audible** [ɔ́:dəbl]   a. 잘 들리는
- **augment** [ɔ́:gment]   v. 늘리다
- **autonomous** [ɔ:tánəməs]   a. 자주적인
- **avert** [əvə́:rt]   v. 피하다
- **consumer** [kənsjú:mər]   n. 소비자

- **consummate** [kənsʌ́mit]   a. 완전한, 완벽한, 훌륭한
- **contaminant** [kəntǽmənənt]   n. 오염 물질
- **content** [kəntént]   a. 만족하는
- **contingency** [kəntíndʒənsi]   n. 비상사태
- **continuously** [kəntínjuəsli]   ad. 계속해서

- **dodge** [dɑdʒ]   v. 재빨리 피하다
- **dogmatic** [dɔ(:)gmǽtik]   a. 독단적인
- **donate** [dóuneit]   v. 기부하다
- **donation** [dounéiʃən]   n. 기부
- **dormant** [dɔ́:rmənt]   a. 활동을 중단한, 휴면기의

- **necessity** [nəsésəti]   n. 필요
- **negative** [négətiv]   a. 부정적인
- **nestle** [nésl]   v. 편안하게 눕다
- **network** [nétwə̀:rk]   v. 컴퓨터를 연결하다
- **nip in the bud**   phr. 싹을 잘라 버리다

- **no time to waste**   phr. 지체할 시간이 없는
- **nominal** [nάmənəl]   a. 명목상의, 아주 적은
- **prescribed** [priskráibd]   a. 처방을 받은
- **prescriptive** [priskríptiv]   a. 규정하는
- **present** [prizént]   v. 증정하다

- presenter [prizéntər]   n. 발표자
- presume [prizjú:m]   v. 추정하다
- presumptive [prizʌ́mptiv]   a. 추정상의
- prevalence [prévələns]   n. 널리 퍼짐
- prevention [privénʃən]   n. 방지

- previous [prí:viəs]   a. 이전의
- reckon [rékən]   v. 생각하다
- recognition [rèkəgníʃən]   n. 인식
- recollection [rèkəlékʃən]   n. 기억; 회상
- reconcile [rékənsàil]   v. 화해시키다

- subordinate [səbɔ́:rdənit]   n. 부하, 하급 직원
- subscribe [səbskráib]   v. 구독하다
- subsidy [sʌ́bsidi]   n. 보조금, 장려금
- substantial [səbstǽnʃəl]   a. 상당한, 본질적인
- substantive [sʌ́bstəntiv]   a. 실질적인

- suburb [sʌ́bə:rb]   n. 교외 주택 지역
- succinct [səksíŋkt]   a. 간결한
- tamper [tǽmpər]   v. 함부로 손대다
- tangled [tǽŋgld]   a. 헝클어진
- tarnish [tá:rniʃ]   v. 손상시키다

- task [tæsk]   n. 일, 과제
- taunt [tɔ:nt]   v. 조롱하다
- technician [tekníʃən]   n. 기술자, 기사
- undue [ʌndjú:]   a. 지나친, 과도한
- unflappable [ʌnflǽpəbl]   a. 동요하지 않는

DAY 02 미디어

미디어의 시대, 미디어의 영어

acclaim
[əkléim]

ⓥ 환호하다

Mr. Lupin's new album was **acclaimed** by critics and fans alike.
미스터 루핀의 새 앨범은 평론가들과 팬들 모두의 호평을 받았다.

cf. acclamation n. 환호, 갈채

critically acclaimed 평론가들의 호평을 받은

affirm
[əfə́ːrm]

ⓥ 단언하다

In the televised speech, the President **affirmed** his commitment to immigration reform.
TV로 방송된 연설에서 대통령은 이민 개혁에 대한 약속을 지킬 것을 단언했다.

cf. affirmation n. 확언, 단언
affirmative a. 동의하는 n. 동의

affirmative action
사회적 약자 우대 정책(차별 철폐 조치)

allegedly
[əlédʒidli]

ad 전해진 바에 의하면

The actor **allegedly** beat his ex-wife.
전해진 바에 의하면 그 배우가 전 부인에게 폭력을 휘둘렀다고 한다.

cf. allege v. (증거 없이) 혐의를 제기하다, 주장하다
alleged a. 주장된
allegation n. 주장, 혐의

alleged victim 피해자로 추정되는 사람

anonymous
[ənánəməs]

ⓐ 익명의, 작자 불명의

The reporter received an **anonymous** letter that alleged Jacob killed Juliet.
기자는 제이콥이 줄리엣을 살해했다고 주장하는 익명의 편지를 받았다.

cf. anonymity n. 익명

 기출표현

on condition of anonymity 익명을 조건으로

bail out
phr 벗어나다, 탈출하다; ~을 구하다

Two new members joined the girl band after the lead vocalist **bailed out**.
걸그룹의 리드 보컬이 그만둔 이후 새 멤버 두 명이 합류했다.

The suspect was **bailed out** on October 10th.
용의자는 10월 10일 보석으로 풀려났다.

The IMF **bailed out** Korea at the end of 1997.
IMF는 1997년 말 한국에 구제 금융을 제공했다.

cf. bailout n. 구제 금융, 긴급 구제

bombard
[bɑmbá:rd]

ⓥ 퍼붓다

Reporters **bombarded** the actress with questions regarding her divorce.
기자들이 여배우에게 이혼에 대한 질문 공세를 퍼부었다.

cf. bombardment n. 포격, 충격

celebrity
[səlébrəti]

ⓝ 유명 인사

A host of **celebrities** including musicians and soccer players will appear on the show.
뮤지션과 축구 선수를 포함한 여러 유명 인사들이 프로그램에 출연할 것이다.

cf. celebrate v. 축하하다

censor
[sénsər]
v. 검열하다

The Chinese government still heavily **censors** the news.
중국 정부는 여전히 뉴스를 엄격하게 검열한다.
cf. censorship n. 검열(제도)

commentary
[kámentèri]
n. 해설, 실황 방송

Nicholas was listening to the radio **commentary** on the baseball game while driving.
니콜라스는 운전하면서 라디오 야구 실황 방송을 듣고 있었다.
cf. comment n. 논평, 지적 v. 논평[해설]하다
commentator n. 해설자, 실황 방송원

 기출표현

commentary on politics 정치에 대한 논평

correspondent
[kɔ̀:rəspándənt]
n. 특파원

The Washington **correspondent** gave a running commentary on the election results.
워싱턴 특파원이 선거 결과에 대해 중계방송을 했다.
cf. correspond v. 서신을 왕래하다; 부합하다
correspondence n. 서신, 편지; 관련성, 유사함

coverage
[kʌ́vəridʒ]
n. 보도, 취재; 보상 (범위)

There will be massive TV **coverage** of the upcoming Olympic Games.
다가오는 올림픽 대회를 TV에서 대대적으로 보도할 것이다.
cf. cover v. 취재하다, 방송하다

critique
[kritíːk]
n. 비평, 평론

Collin wrote a series of literary **critiques** for the *New York Times*.
콜린은 〈뉴욕타임즈〉에 문학 평론을 연재했다.
cf. critic n. 비평가
criticize v. 비평하다

deliberate

ⓐ [dilíbərət] 계획적인, 신중한
ⓥ [dilíbərèit] 숙고하다

The **deliberate** dissemination of personal information is a crime.
고의적인 개인 정보 유포는 범죄이다.

Journalists should be **deliberate** in their speech.
언론인은 말을 신중하게 해야 한다.

Jordan **deliberated** on whether to report the scandal.
조던은 스캔들을 보도해야 할지 심사숙고했다.

cf. deliberation n. 숙고, 신중함
    deliberately ad. 고의로, 신중하게

disclose
[disklóuz]

ⓥ 폭로하다

He was apprehended for **disclosing** military secrets to the press.
그는 군사 기밀을 언론에 폭로한 혐의로 체포되었다.

cf. disclosure n. 폭로

disseminate
[disémənèit]

ⓥ 퍼뜨리다

It is true that some websites **disseminate** incorrect information.
일부 웹 사이트에서 부정확한 정보를 유포하는 것이 사실이다.

cf. dissemination n. 보급

editorial
[èdətɔ́:riəl]

ⓝ 사설, 논설

There is an **editorial** on the Korea-U.S. FTA in today's paper.
오늘 신문에 한미 FTA에 대한 사설이 실렸다.

cf. edit v. 편집하다
    editor n. 편집자(장)

engrossing
[ingróusiŋ]

ⓐ 마음을 사로잡는

I watched an **engrossing** documentary about the history of communism.
공산주의 역사에 대한 흥미진진한 다큐멘터리를 보았다.

cf. engross v. 몰두시키다
  engrossed a. 몰두한

ensure
[inʃúər]

ⓥ 확실하게 하다, 보증하다

The media must **ensure** that no inaccurate or distorted news is published.
미디어는 부정확하거나 왜곡된 뉴스가 보도되지 않도록 해야 한다.

evade
[ivéid]

ⓥ 피하다, 회피하다

The former mayor **evaded** the press for one month.
전 시장은 한 달간 언론을 피했다.

cf. evasion n. 회피; 탈세
  evasive a. 회피적인; 애매한

 기출표현

  tax evasion 탈세
  evasive answer 애매한 대답

fad
[fæd]

ⓝ 일시적인 유행

He thinks the latest fitness craze is just a passing **fad**.
그는 최근의 몸매 관리 열풍이 단지 지나가는 일시적인 유행이라고 생각한다.

fall out of favor

phr 눈 밖에 나다

The actor **fell out of favor** after a drug scandal.
그 배우는 약물 스캔들 이후 인기가 떨어졌다.

 기출표현

  be in favor 인기가 있다

feature
[fíːtʃər]

- ⓝ 특집 기사
- ⓥ 특집으로 하다

The Japanese newspaper did a **feature** on Korean pop music.
일본 신문은 한국 가요 특집 기사를 실었다.

The magazine **featured** an article on the U.S. presidential election.
잡지는 미 대선 특집 기사를 실었다.

issue
[íʃuː]

- ⓝ 발행물; 문제
- ⓥ 발행하다

The March **issue** of *Fortune* has a special article on genetic engineering.
〈포춘〉 3월호는 유전 공학에 대한 특집 기사를 싣고 있다.

Same sex marriage is a controversial **issue** in the U.S.
동성 결혼은 미국에서 논란이 많은 문제이다.

Christina was **issued** a parking ticket last Thursday.
크리스티나는 지난 목요일에 주차 위반 딱지를 받았다.

manipulate
[mənípjulèit]

- ⓥ 조작[조종]하다

Some politicians are good at **manipulating** public opinion.
일부 정치인들은 여론 조작에 능하다.

Training is necessary in order to learn to **manipulate** heavy equipment.
중장비를 다루는 법을 배우려면 훈련이 필요하다.

cf. manipulative a. 조종에 능한
    manipulation n. 교묘한 처리, 조작
    manipulator n. 조종자

medium
[míːdiəm]

- ⓝ 매체
- ⓐ 중간의

Radio is still an important **medium** of communication for many people.
라디오는 여전히 많은 사람들에게 중요한 통신 매체이다.

Lily is of **medium** height with red hair.
릴리는 중간 정도 키에 빨간 머리이다.

 기출표현

small and medium-sized enterprises
중소기업

mordant
[mɔ́ːrdənt]
ⓐ 신랄한

The column contained **mordant** criticism of government and society.
그 칼럼에는 정부와 사회에 대한 신랄한 비판이 담겨 있었다.

obituary
[oubítʃuèri]
ⓝ (신문에 실리는) 사망 기사

When she died, her **obituary** ran in about 400 newspapers around the world.
그녀가 사망했을 때, 전 세계 약 400여개의 신문에 사망 기사가 실렸다.

piracy
[páiərəsi]
ⓝ 저작권 침해

In spite of anti-piracy efforts, **piracy** of movies, music, video games, and software is still rising.
불법 복제 방지 노력에도 불구하고 영화, 음악, 비디오 게임, 소프트웨어의 불법 복제가 여전히 증가하고 있다.

cf. **pirate** n. 저작권 침해자 v. 저작권을 침해하다

pirated edition 해적판
pirated DVD 해적판 DVD

press
[prés]
ⓝ 언론계, 기자단

Press reports revealed that the company had evaded taxes.
기업이 탈세를 했다는 사실이 언론 보도를 통해 밝혀졌다.

prominent
[prámənənt]
ⓐ 유명한

Some of the most **prominent** politicians in Korea participated in the conference.
한국에서 가장 유명한 정치인들 중 몇 명이 회의에 참석했다.

cf. **prominence** n. 두드러짐, 현저함

rise to prominence 유명해지다

propagate
[prápəgèit]

ⓥ 보급시키다, 번식시키다

Young politicians use social media to **propagate** their political views.
젊은 정치인들은 자신의 정치적 견해를 전파하기 위해 소셜 미디어를 이용한다.

These plants **propagate** only at low temperatures.
이 식물들은 낮은 온도에서만 번식한다.

cf. propagation n. 번식, 선전
propaganda n. 선전

publication
[pʌ̀bləkéiʃən]

ⓝ 출판, 발행

Her autobiography is scheduled for **publication** at the end of this year.
그녀의 자서전이 올해 말 출간될 예정이다.

cf. publish v. 출판하다

rave
[réiv]

ⓥ 격찬하다

Critics **raved** about Spielberg's new movie.
평론가들은 스필버그의 새 영화를 극찬했다.

 기출표현

receive rave reviews 극찬을 받다

release
[rilí:s]

ⓥ 발매하다

His new single will be **released** tomorrow.
그의 새 싱글 음반은 내일 발매될 것이다.

sensation
[senséiʃən]

ⓝ 센세이션, 물의

The teenage singer caused a **sensation** in the Korean music scene.
10대 가수가 한국 음악계에 돌풍을 일으켰다.

cf. sensational a. 선풍적인, 매우 훌륭한
sensationalize v. 선정적으로 다루다
sensationalism n. 선정주의

Day02 033

subscribe
[səbskráib]

ⓥ 구독하다

I have **subscribed** to *L.A. Times* for ten years.

나는 10년 동안 〈LA 타임즈〉를 구독했다.

cf. subscription n. 구독
　　subscriber n. 구독자

syndicate
[síndikèit]

ⓥ (동시에 많은 신문·잡지에) 팔다

Ms. Sullivan's column is **syndicated** to more than 110 newspapers.

설리번 씨의 칼럼은 110개 이상의 신문사에 팔린다.

taint
[téint]

ⓥ 더럽히다
ⓝ 오점, 오명

The scandal **tainted** the reputation of the president.

스캔들은 대통령의 명성에 오점을 남겼다.

 기출표현
　pure of taint 오점 없는

uncover
[ʌnkʌ́vər]

ⓥ 폭로하다

The reporter **uncovered** the fact that Mr. Abbot took bribes from local businessmen.

기자는 애벗 씨가 지역 기업인들로부터 뇌물을 받았다는 사실을 폭로했다.

⟵ cover v. 감추다, 숨기다

viewership
[vjúːərʃip]

ⓝ 시청률

The drama has a large **viewership** in Korea.

그 드라마는 한국에서 시청률이 높다.

cf. view v. 보다
　　viewer n. 텔레비전 시청자

Day 02 DAILY TEST

A 의미상 적절한 단어를 골라 빈칸에 넣고, 필요 시 단어의 형태를 어법에 맞게 바꾸시오.

보기: ⓐ correspondent ⓑ feature ⓒ disseminate ⓓ allegedly ⓔ subscribe
ⓕ rave ⓖ censor ⓗ piracy ⓘ taint ⓙ deliberate

1 Public television has always _____ bad language and violence in movies.

2 The news media has a responsibility to _____ information to the public.

3 The politician _____ took bribes from businesspeople, but he denies it.

4 The play received _____ reviews from the critics.

5 He lived abroad for five years as an international _____.

6 Enzo _____ over the decision for two weeks before he made up his mind.

7 The Lincoln administration was free from the _____ of corruption.

8 Yesterday all Korean newspapers _____ the massive earthquake in China on their front pages.

9 Software _____ is still a serious problem in Korea.

10 I don't _____ to a newspaper because I can read news online for free.

B 단어의 의미가 올바르게 설명된 보기를 찾아 연결하시오.

11 mordant   ⓐ critical and unkind, but funny

12 manipulate   ⓑ to avoid accepting or dealing with something that you should do

13 propagate   ⓒ to influence someone, or to control something, in a clever or dishonest way

14 acclaim   ⓓ to praise enthusiastically and often publicly

15 evade   ⓔ to spread an idea, a belief or a piece of information among many people

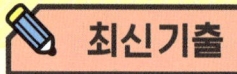
NEW TEPS VOCA

- astonish [əstániʃ]   v. 깜짝 놀라게 하다
- astute [əstjúːt]   a. 약삭빠른
- at hand   phr. 가까운
- cordial [kɔ́ːrdʒəl]   a. 다정한
- cordon off   phr. 출입을 통제하다

- core [kɔːr]   a. 핵심
- corroborate [kərábərèit]   v. 명확히 입증하다
- corrode [kəróud]   v. 부식시키다
- count in   phr. 포함시키다
- counterfeit [káuntərfit]   v. 위조하다

- course [kɔːrs]   n. 추이, 전개
- dubious [djúːbiəs]   a. 의심하는, 수상쩍은
- durable [djú(ː)ərəbl]   a. 내구성이 있는
- duty [djúːti]   n. 의무
- dwell on   phr. 숙고하다

- dwelling [dwéliŋ]   n. 주택, 주거지
- dwindle [dwíndl]   v. 줄어들다
- ineluctably [inilʌ́ktəbli]   ad. 불가피하게
- inexorable [inéksərəbl]   a. 거침없는
- intention [inténʃən]   n. 의도

- product [prádəkt]   n. 제품
- productive [prədʌ́ktiv]   a. 생산적인
- profanity [prəfǽnəti]   n. 모독
- proffer [práfər]   v. 제안하다
- progress [prágres]   v. 진행하다

- **project** [prɑ́dʒekt] — v. 기획하다
- **prolifically** [prəlífikli] — ad. 다산하는
- **resident** [rézidənt] — n. 거주자
- **residual** [rizídʒuəl] — a. 잔여의
- **resilient** [rizíljənt] — a. 탄력 있는

- **resist** [rizíst] — v. 저항하다
- **resistance** [rizístəns] — n. 저항, 반대
- **resistant** [rizístənt] — a. ~에 잘 견디는
- **resolution** [rèzəljúːʃən] — n. 결심
- **species** [spíːʃiːz] — n. 종

- **speculation** [spèkjəléiʃən] — n. 짐작, 추측
- **speech** [spiːtʃ] — n. 말, 발언, 연설
- **speedy** [spíːdi] — a. 신속한
- **spill** [spil] — v. 쏟다
- **splinter** [splíntər] — v. 쪼개다

- **splurge** [spləːrdʒ] — v. 돈을 물 쓰듯 하다
- **truncate** [trʌ́ŋkeit] — v. 길이를 줄이다
- **trust** [trʌst] — v. 믿다
- **tumble** [tʌ́mbl] — v. 굴러 떨어지다
- **tumultuous** [tjuː(ː)mʌ́ltʃuəs] — a. 떠들썩한, 격동의

- **turmoil** [təˊːrmɔil] — n. 혼란
- **turn around** — phr. 호전되다
- **turn up** — phr. 나타나다
- **unfold** [ʌnfóuld] — v. 밝혀지다
- **unfounded** [ʌnfáundid] — a. 근거 없는, 사실 무근의

DAY 03 역사

역사는 돌고 돌고, 빈출어휘도 돌고 돌고

accede
[æksíːd]
v (왕위에) 오르다; 동의하다

King Sejong the Great **acceded** to the throne in 1418.
세종대왕은 1418년에 왕위에 올랐다.

Alison finally **acceded** to our demands.
앨리슨은 마침내 우리의 요구에 따랐다.

cf. accession n. 취임; 가입

aggravate
[ǽɡrəvèit]
v 악화시키다

The war **aggravated** ethnic tensions between the two tribes.
전쟁은 두 부족 간의 민족적 긴장 상태를 악화시켰다.

cf. aggravation n. 악화

archaeology
[ὰːrkiάlədʒi]
n 고고학

Archaeology is the study of past human societies by examining their remains.
고고학은 유적을 조사하여 과거의 인간 사회를 연구하는 학문이다.

cf. archaeologist n. 고고학자
archaeological a. 고고학의

archive
[άːrkaiv]
n 고기록, 공문서

The museum houses the most important **archive** of early modern texts.
박물관은 초기 현대의 가장 중요한 문서들을 소장하고 있다.

cf. archival a. 기록의; 고문서의

artifact
[ɑ́ːrtəfækt]
- n 인공 유물

More than 40 **artifacts** were excavated from this site.
이 현장에서 40개 이상의 유물이 발굴되었다.

assassinate
[əsǽsənèit]
- v 암살하다

The attempt to **assassinate** the king failed.
왕을 암살하려는 시도는 실패했다.

cf. assassination n. 암살
　　assassin[assassinator] n. 암살자

authentic
[ɔːθéntik]
- a 진정한, 진짜의

The upcoming exhibition will display hundreds of **authentic** artifacts from World War II.
곧 있을 전시회에서는 수백 점의 세계 2차 대전 유물 진품이 전시될 것이다.

cf. authenticity n. 진짜임
　　authenticate v. 진짜임을 증명하다
　　authentication n. 증명, 인증

brandish
[brǽndiʃ]
- v 휘두르다

Joan of Arc **brandished** her sword at him.
잔 다르크가 그에게 칼을 휘둘렀다.

break out
- phr 발발[발생]하다

She was born in the year the civil war **broke out**.
그녀는 내전이 발생한 해에 태어났다.

cf. outbreak n. 발발, 발생

 기출표현

an outbreak of cholera 콜레라 발생
the outbreak of war 전쟁의 발발

civilization
[sìvəlizéiʃən]

ⓝ 문명

Dr. Jay has studied the dawn of **civilization** in Mesopotamia.
제이 박사는 메소포타미아 문명의 기원을 연구해 왔다.

cf. civil a. 시민의
civilize v. 문명화하다
civilized a. 문명화된, 개화된

🎯 기출표현
civil rights 시민의 평등권   civil servant 공무원
civil service 행정 업무   droit civil 민법
civil society 시민 사회   civil war 내전

colonial
[kəlóuniəl]

ⓐ 식민(지)의

Korea was under Japanese **colonial** rule for thirty five years.
한국은 35년간 일제 식민 통치하에 있었다.

cf. colony n. 식민지
colonize v. 식민지로 만들다
colonization n. 식민지화
colonialism n. 식민주의

concur
[kənkə́ːr]

ⓥ 일치하다, 동의하다

Abraham Lincoln's birthday **concurred** with Charles Darwin's birthday.
아브라함 링컨의 생일과 찰스 다윈의 생일은 같은 날이었다.

All the conscientious historians **concur** that China and Japan are distorting history.
모든 양심적인 역사학자들은 중국과 일본이 역사를 왜곡하고 있다는 데 동의한다.

cf. concurrence n. 동의
concurrently ad. 동시에

consecutive
[kənsékjutiv]

ⓐ 연속적인, 연이은

The Hundred Years' War did not last for 100 **consecutive** years.
백년전쟁이 100년 연이어 지속된 것은 아니다.

= successive a. 연속적인

counterpart
[káuntərpàːrt]
n 상대방, 대응물

President Park Chung-hee met his Japanese **counterpart**, Prime Minister Ikeda, in 1961.
박정희 대통령은 1961년에 일본의 이케다 총리를 만났다.

credence
[kríːdəns]
n 신빙성

Archaeological evidence lends **credence** to Professor Mosby's theory.
고고학적 증거가 모스비 교수의 이론에 신빙성을 부여해 준다.

 기출표현
give credence to ~을 믿다

emancipate
[imǽnsəpèit]
v 해방하다

Contrary to popular belief, Lincoln did not intend to **emancipate** slaves.
일반적인 생각과 달리 링컨은 노예 해방을 의도하지 않았다.

cf. emancipation n. 해방

enslave
[insléiv]
v 노예로 만들다

The barbaric tribe **enslaved** enemies they conquered.
야만적인 부족은 정복한 적들을 노예로 만들었다.

cf. slave n. 노예
slavery n. 노예 제도
enslavement n. 노예화

excavate
[ékskəvèit]
v 발굴하다

Chinese archaeologists **excavating** in Xian discovered a royal tomb.
시안에서 발굴 작업을 하던 중국인 고고학자들이 왕릉을 발견했다.

cf. excavation n. 발굴
excavator n. 발굴자

exhibit
[igzíbit]

ⓥ 전시하다

The authentic artifacts will be **exhibited** in the museum for two months.
진품 유물들이 박물관에서 2개월 동안 전시될 것이다.

cf exhibition n. 전시(회)

found
[fáund]

ⓥ 설립하다

Yi Seong-gye successfully staged a coup and **founded** the Joseon Dynasty in 1392.
이성계는 성공적으로 쿠데타를 벌였고, 1392년에 조선 왕조를 세웠다.

cf founder n. 설립자
foundation n. 창설

lay the foundation of ~을 창설하다
Founding Fathers 미합중국 헌법 제정자들

heir
[ɛər]

ⓝ 계승자

King Taejong chose Sejong as an **heir** to the throne.
태종왕은 세종을 왕위 계승자로 선출했다.

cf heiress n. 여자 상속인

heritage
[héritidʒ]

ⓝ 유산

Korea has a rich cultural **heritage** and various tourist attractions.
한국은 문화유산이 풍부하고 관광 명소도 다양하다.

World Heritage Committee
(유네스코의) 세계 유산 위원회

imperialism
[impíəriəlìzm]

ⓝ 제국주의

Koreans fought bravely against Japanese **imperialism** for national independence.
한국인들은 독립을 위해 일본 제국주의에 맞서 용감히 싸웠다.

cf empire n. 제국
emperor n. 황제
imperial a. 제국의
imperialist n. 제국주의자
imperialistic a. 제국주의의

legacy
[légəsi]

ⓝ 유산

We should continue our ancestors' **legacy**.
우리는 선조들의 유산을 이어나가야 한다.

medieval
[mìːdíːvəl]

ⓐ 중세의

Scientific advancement halted during **medieval** times in Europe.
중세 시대 유럽에서는 과학의 발전이 멈추었다.

the Middle Ages 중세 시대
middle age 중년기

nomadic
[noumǽdik]

ⓐ 유목의, 방랑의

Nomadic tribes were able to move freely through Europe in the 10th century.
10세기 유목 민족들은 유럽을 자유롭게 여행할 수 있었다.

cf. nomad   n. 유목민

occupy
[ákjupài]

ⓥ 점령하다, 차지하다;
~의 마음을 끌다

During the Korean War, this city was **occupied** by North Korean forces.
한국 전쟁 당시 이 도시는 북한군에 의해 점령되었다.

The piano **occupied** most of her bedroom.
피아노가 그녀의 침실 대부분을 차지하고 있었다.

Children were **occupied** with playing video games.
아이들은 비디오 게임을 하느라 정신이 없었다.

cf. occupancy   n. 사용; 점유
    occupant   n. 입주자
    occupation n. 직업; 점령
    occupational a. 직업의

originate
[ərídʒənèit]
ⓥ 유래하다

Buddhism and Hinduism **originated** in India, and Confucianism and Taoism arouse in China.
불교와 힌두교는 인도에서 유래하였고, 유교와 도교는 중국에서 발생했다.

cf. origin n. 유래
original a. 최초의

patriarchy
[péitriɑ̀ːrki]
ⓝ 가부장제

The country was a **patriarchy** until recently.
그 나라는 최근까지 가부장제 국가였다.

cf. patriarch n. 가장
patriarchal a. 가장의
 matriarchy n. 여가장제

🐵 기출표현
patriarchal society 가부장 사회

precede
[prisíːd]
ⓥ 먼저 일어나다

The Goryeo Dynasty **preceded** the Joseon Dynasty.
고려 왕조가 조선 왕조보다 먼저 있었다.

cf. precedence n. 선행
unprecedented a. 전례가 없는

🐵 기출표현
take[have] precedence over
~보다 우선하다

rebel
[ribél]
ⓥ 반란을 일으키다

Chinese people **rebelled** against the government in Tiananmen Square in 1989.
중국인들은 1989년 천안문 광장에서 정부에 맞서 반란을 일으켰다.

cf. rebellion n. 반란
rebellious a. 반역하는, 반항하는

reign
[réin]

v 군림하다

Queen Seondeok **reigned** over Silla from 632 to 647.
선덕여왕은 632년부터 647년까지 신라를 다스렸다.

relic
[rélik]

n 유물, 유적

Every year a large number of tourists visit Italy to see the Roman **relics**.
매년 많은 관광객들이 로마 유적을 보기 위해 이탈리아에 간다.

remains
[riméinz]

n 유물, 유적; 유해

Archaeologists excavated the **remains** of houses from the Bronze Age.
고고학자들이 청동기 시대 가옥 유적을 발굴했다.

restore
[ristɔ́:r]

v 복원하다

After the war, the two mosques were **restored** to the original state.
전쟁이 끝난 후 두 회교 사원은 원상 복구되었다.

cf. restoration n. 복원, 복구

savage
[sǽvidʒ]

a 야만적인

Native Americans were regarded as **savage** and primitive.
북미 원주민들은 야만적이고 원시적이라고 여겨졌다.

succeed
[səksí:d]

v 뒤를 잇다

Prime Minister Choi Kyu-hah **succeeded** Park Chung-hee as President.
최규하 국무총리가 박정희의 뒤를 이어 대통령이 되었다.

cf. succession n. 계승; 연쇄
successor n. 후임자
success n. 성공

transition
[trænzíʃən]

ⓝ 과도기

In the 1980's, Korea was in **transition** from autocracy to democracy.
1980년대는 한국이 독재 정치에서 민주주의로 변화하는 과도기였다.

cf. transitional a. 과도기의

treasure
[tréʒər]

ⓝ 보물; 보배; 귀중품

The imperialistic country looted our cultural **treasures**.
제국주의 국가가 우리 문화재를 약탈했다.

tyranny
[tírəni]

ⓝ 전제 정치; 횡포

He was one of the people who stood up against Nazi **tyranny**.
그는 나치의 압제에 저항한 사람 중 하나였다.

cf. tyrant n. 폭군

Day 03 DAILY TEST

A 의미상 적절한 단어를 골라 빈칸에 넣고, 필요 시 단어의 형태를 어법에 맞게 바꾸시오.

보기
ⓐ relic ⓑ excavate ⓒ authentic ⓓ credence ⓔ medieval
ⓕ nomadic ⓖ transition ⓗ precede ⓘ accede ⓙ patriarchy

1 The queen's decision to _____ to Spain's request was met with fierce criticism.
2 The former foreign minister ruled the country during the period of _____ to democracy.
3 _____ is a society where men dominate women.
4 The _____ period in European history is often referred to as the Dark Ages.
5 I'm not sure whether this diamond is _____ or fake.
6 The museum houses _____ of the Silla Dynasty.
7 _____ people do not live in one place all the time but travel from place to place.
8 Further studies are needed to give _____ to his theory.
9 Pottery and weapons have been _____ from the site.
10 In Chinese history, the Tang Dynasty _____ the Ming Dynasty.

B 단어의 의미가 올바르게 설명된 보기를 찾아 연결하시오.

11 concur   ⓐ to wave a weapon or other object around in your hand so that other people can see it
12 brandish   ⓑ to make something worse
13 emancipate   ⓒ to be of the same opinion
14 aggravate   ⓓ a government that treats people in a cruel and unfair way, using force to control them
15 tyranny   ⓔ to free somebody, especially from legal, political or social restrictions.

NEW TEPS VOCA

- apt [æpt] — a. 적절한
- aptitude [ǽptitʃùːd] — n. 소질, 적성
- contraband [kántrəbæ̀nd] — a. 수입 금지의
- contribution [kàntrəbjúːʃən] — n. 기부, 기여
- contrite [kəntráit] — a. 깊이 뉘우치는

- conundrum [kənʌ́ndrəm] — n. 어려운 문제
- detriment [détrəmənt] — n. 손상
- detrimental [dètrəméntəl] — a. 해로운
- do away with — phr. 없애다
- do damage — phr. 손해를 끼치다

- do good — phr. 도움이 되다, 이롭다
- property [prápərti] — n. 부동산, 재산
- propinquity [proupíŋkwəti] — n. 가까움
- proposal [prəpóuzəl] — n. 제안서
- prospect [práspèkt] — n. 가망, 가능성, 예상

- protagonist [proutǽgənist] — n. (영화, 책 등의) 주인공
- repeal [ripíːl] — v. 폐지하다
- repentant [ripéntənt] — a. 뉘우치는
- replace [ripléis] — v. 대체하다
- replacement [ripléismənt] — n. 대체

- replete [riplíːt] — a. 포식한
- represent [rèprizént] — v. 나타내다, 상징하다
- repressive [riprésiv] — a. 억압적인
- reprimand [réprəmæ̀nd] — v. 질책하다
- reprise [ripráiz] — v. 반복하다

- **reputation** [rèpjə(:)téiʃən]　　　　n. 평판
- **semblance** [sémbləns]　　　　n. 유사
- **sentiment** [séntəmənt]　　　　n. 정서
- **separate** [sépərit]　　　　v. 분리하다
- **serious** [sí(:)əriəs]　　　　a. 심각한

- **serve** [sə:rv]　　　　v. 제공하다
- **serving** [sə́:rviŋ]　　　　n. 1인분
- **set off**　　　　phr. (경고음을) 울리다
- **setback** [sétbæ̀k]　　　　n. 좌절, 방해
- **setting** [sétiŋ]　　　　n. 배경

- **trail** [treil]　　　　n. 오솔길, 시골길
- **trajectory** [trədʒéktəri]　　　　n. 궤적; 경로
- **transcribe** [trænskráib]　　　　v. 글로 기록하다
- **transfer** [trǽnsfər]　　　　n. 이동, 전근
- **transitory** [trǽnsitɔ̀:ri]　　　　a. 일시적인

- **treat** [tri:t]　　　　n. 대접
- **trend** [trend]　　　　n. 동향
- **trial** [tráiəl]　　　　n. 재판
- **tribe** [traib]　　　　n. 부족, 집단
- **unimpaired** [ʌ̀nimpɛ́ərd]　　　　a. 손상되지 않은

- **unlawful** [ʌnlɔ́:fəl]　　　　a. 불법의
- **unmanned** [ʌnmǽnd]　　　　a. 무인의
- **untouchable** [ʌntʌ́tʃəbl]　　　　n. 인도의 불가촉천민(카스트 제도 최하층)
- **unveil** [ʌnvéil]　　　　v. 밝히다
- **unwary** [ʌnwɛ́(:)əri]　　　　a. 부주의한

DAY 04
하늘 천 따 지
지질학, 천문학

absorb
[æbsɔ́ːrb]
- ⓥ 흡수하다

Black holes **absorb** matter and light and do not emit anything.
블랙홀은 물질과 빛을 흡수하고 아무것도 방출하지 않는다.
cf. absorption n. 흡수; 몰두

analysis
[ənǽləsis]
- ⓝ 분석

The **analysis** of the soil shows that it is rich in organic matter.
토양을 분석해 보니 유기물이 풍부하다는 것이 드러났다.
cf. analyst n. 분석자
analytical a. 분석적인

cluster
[klʌ́stər]
- ⓝ 무리; 자음군
- ⓥ 모이다

A **cluster** of stars means a group of stars.
성단이란 별들의 무리를 뜻한다.
The children **clustered** around the clown.
아이들이 광대 주위에 모였다.

collision
[kəlíʒən]
- ⓝ 충돌

An asteroid **collision** caused the annihilation of dinosaurs 65 million years ago.
소행성 충돌은 6천 5백만 년 전 공룡 멸종의 원인이 되었다.
cf. collide v. 충돌하다

component
[kəmpóunənt]
n 구성 요소

CO_2 is the main **component** of the atmosphere of Mars.
이산화탄소는 화성 대기의 주요 구성 요소이다.

conduct
[kəndʌ́kt] **v** 수행[전도]하다
[kándʌkt] **n** 행동, 품행, 행실

Geologists **conducted** studies to determine the relative risk of earthquakes in the area.
지질학자들이 그 지역에서 지진의 상대적인 위험성을 알아내기 위해 연구를 수행했다.

This material **conducts** electricity well.
이 물질은 전기를 잘 전도한다.

The student was reprimanded for his bad **conduct**.
학생은 나쁜 품행 때문에 질책을 받았다.

cf. conductor n. 지휘자, 여행 안내원
conduction n. 전도

daydream
[déidrì:m]
v 공상에 잠기다

The young man who used to **daydream** about being an astronaut has now become an astronomer.
우주 비행사가 되는 공상에 잠기던 젊은이는 이제 천문학자가 되었다.

density
[dénsəti]
n 밀도, 농도

Mercury has a higher **density** than Mars.
수성은 화성보다 밀도가 높다.

cf. dense a. 밀집한

desolate
[désələt]
ⓐ 황량한, 적막한

The astronaut said that the moon was a **desolate** place.
우주 비행사는 달이 황량한 곳이라고 말했다.
cf. desolation n. 황량함, 적막함

eclipse
[iklíps]
ⓝ (해·달의) 식

It is not difficult for astronomers to calculate a solar **eclipse**.
천문학자에게 일식 계산은 어렵지 않다.

 기출표현
lunar eclipse 월식
total[full] eclipse 개기 일식
partial eclipse 부분식
annular eclipse 금환식

encounter
[inkáuntər]
ⓥ 만나다, 마주치다

Stephen Hawking said that we might **encounter** hostile aliens someday.
스티븐 호킹은 언젠가 우리가 적대적인 외계인들을 만날지도 모른다고 말했다.

 기출표현
a chance encounter 우연한 만남

erode
[iróud]
ⓥ 침식하다

The rock has been steadily **eroded** by the river.
바위가 강물에 의해 지속적으로 침식되었다.
cf. erosion n. 침식

 기출표현
soil erosion 토양 침식

erupt
[irʌ́pt]
ⓥ 분출하다

Mt. Fuji is a dormant volcano that could **erupt** at any time.
후지산은 언제든지 폭발할 수 있는 휴화산이다.
cf. eruption n. 폭발

gravity
[grǽvəti]
ⓝ 중력

The **gravity** on earth is more than that on Mars.
지구의 중력은 화성의 중력보다 강하다.
cf. gravitational a. 중력의

 기출표현
the gravity of the situation 상황의 심각성

hypothesis
[haipɑ́θəsis]
ⓝ 가설

Scientists found strong evidence confirming the **hypothesis** that the earth is about 4.5 billion years old.
과학자들은 지구 나이가 약 45억 년이라는 가설에 대한 강력한 증거를 발견했다.
cf. hypothesize v. 가설을 세우다(제기하다)
    hypothetical a. 가설(가정)의

infinite
[ínfənət]
ⓐ 무한한

Lay people find it difficult to understand that the universe is **infinite**.
비전문가들은 우주가 무한하다는 사실을 이해하기 어렵다는 것을 안다.
cf. infinity n. 무한대
⟷ finite a. 한정된

intense
[inténs]

ⓐ 강렬한

When a comet approaches the sun, the sun's **intense** heat melts it.
혜성이 태양에 접근하면 강력한 태양열이 혜성을 녹인다.

cf. intensity n. 강렬함, 강도
intensify v. 심해지다, 격렬해지다
intensive a. 집중적인, 철두철미한

an intensive course 집중 강좌

mitigate
[mítəgèit]

ⓥ 완화하다

Planting trees helps **mitigate** soil erosion.
나무 심기는 토양 침식 완화에 도움이 된다.

cf. mitigation n. 완화

myriad
[míriəd]

ⓝ 무수

Our universe has a **myriad** of stars.
우리 우주에는 무수한 별이 있다.

numerous
[njú:mərəs]

ⓐ 수많은

There are **numerous** galaxies in our universe.
우리 우주에는 수많은 은하계가 있다.

cf. number n. 수, 숫자
numeral n. 숫자, 수사

Arabic numeral 아라비아 숫자
binary[decimal] numeral 이진(십진)수

objective
[əbdʒéktiv]

- ⓐ 객관적인
- ⓝ 목적, 목표

Scientists need **objective** evidence to support their hypothesis.
과학자들은 자신들의 가설을 지지하는 객관적인 증거가 필요하다.

The **objective** of this research is to calculate the age of the solar system.
이 연구의 목적은 태양계의 나이를 계산하는 것이다.

cf. object n. 물건, 목적 v. 반대하다
　　objection n. 이의, 반대
⟷ subjective a. 주관적인

observe
[əbzə́ːrv]

- ⓥ 관찰하다; 준수하다

He began to **observe** the movement of the planet.
그는 행성의 움직임을 관찰하기 시작했다.

I'll show you the door if you do not **observe** the regulations.
규정을 준수하지 않으면 쫓아내겠다.

cf. observer n. 관찰자
　　observation n. 관찰
　　observance n. 준수
　　observatory n. 관측소

 기출표현

observe the law 법을 준수하다

orbit
[ɔ́ːrbit]

- ⓥ 궤도를 돌다

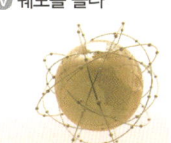

In 1958, the United States launched the second satellite to **orbit** the earth.
1958년에 미국은 지구 궤도를 도는 두 번째 인공위성을 발사했다.

cf. orbital a. 궤도의; 도시 외곽을 도는

 기출표현

into orbit 궤도에, 궤도상으로

parched
[páːrtʃt]
ⓐ 바짝 마른, 목이 타는

The soil was **parched** from lack of rain.
비가 오지 않아 흙이 바짝 말라버렸다.

I'm **parched**. Could you get me some water, please?
목이 너무 말라요. 물 좀 주시겠어요?

cf. parch v. 바짝 마르게 하다

partial
[páːrʃəl]
ⓐ 부분적인; 편파적인

Hundreds of people gathered to observe a **partial** eclipse.
수백 명의 사람들이 부분 일식을 관찰하기 위해 모였다.

The newspaper was accused of being **partial** to the ruling party.
신문은 여당에 편파적이라는 비난을 받았다.

cf. partiality n. 편애, 편파

⟷ impartial a. 공정한
　 impartiality n. 공명정대

phase
[féiz]
ⓝ (달의) 상, 단계
ⓥ 단계적으로 실행하다

We can observe the **phase** of the moon change every day.
우리는 달의 상이 매일 변화하는 것을 관찰할 수 있다.

The International Space Station is in the final **phase** of construction.
국제 우주 정거장은 건설 마지막 단계에 있다.

The government plans to **phase** in the new tax over the next three years.
정부는 향후 3년에 걸쳐 단계적으로 새로운 조세를 도입할 계획이다.

 기출표현

phase in ~을 단계적으로 도입하다
phase out 단계적으로 폐지(중단)하다

probe
[próub]
- n 탐사용 로켓
- v 탐사[탐구]하다

Only a few countries have successfully sent space **probes** beyond the solar system.
오직 소수의 국가가 태양계 너머까지 무인 우주 탐사선을 보내는 데 성공했다.

Netizens are **probing** into her personal life.
네티즌들이 그녀의 사생활을 캐고 있다.

quest
[kwést]
- n 탐색

Scientists are on a **quest** for alien life.
과학자들은 외계 생명체를 찾고 있다.

reflect
[riflékt]
- v 반사하다; 반영하다; 곰곰이 생각하다

The planet seems to give off its own light but actually it just **reflects** the sun's light.
행성은 자체적으로 빛을 발산하는 것처럼 보이지만, 사실은 태양빛을 반사할 뿐이다.

The mainstream media does not seem to **reflect** the views of ordinary people.
주류 대중 매체는 일반인의 견해를 반영하지는 않는 것으로 보인다.

Lyn **reflected** on the meaning of the poem.
린은 시의 의미를 곰곰이 생각했다.

cf. reflection n. 반사
    reflective a. 반사하는

 기출표현
be reflective of ~을 반영하다

revolve
[riválv]
- v 공전하다

The survey found that 20% of Americans think the sun **revolves** around the earth.
조사에 따르면 미국인 20%가 태양이 지구 주위를 공전한다고 생각한다고 한다.

cf. revolutionary a. 혁명의   n. 혁명가

 기출표현
revolving door 회전문

simulate
[símjulèit]

ⓥ 모의실험을 하다

This computer software was used to **simulate** conditions on Mars.
이 컴퓨터 소프트웨어는 화성의 환경 시뮬레이션에 이용되었다.

cf. simulation n. 모의실험
　　simulator n. 모의실험 장치

tangible
[tǽndʒəbl]

ⓐ 명백한

Scientists have not found any **tangible** evidence that alien life exists.
과학자들은 외계 생명체가 존재한다는 명백한 증거를 조금도 찾지 못했다.

— intangible a. 막연한; 무형의

terrain
[təréin]

ⓝ 지형, 지역

The research showed how mountainous **terrain** could be turned into arable land.
연구는 산악 지형이 어떻게 경작지로 바뀔 수 있는지를 보여주었다.

terrestrial
[təréstriəl]

ⓐ 지구상의

Mercury, Venus, Earth, and Mars are **terrestrial** planets, whereas Jupiter, Saturn, Uranus, and Neptune are Jovian planets.
수성, 금성, 지구, 화성은 지구형 행성인 반면, 목성, 토성, 천왕성, 해왕성은 목성형 행성이다.

cf. extraterrestrial a. 지구 (대기권) 밖의 n. 우주인

 기출표현
　terrestrial animal 육상 동물
　terrestrial magnetism 지자기
　terrestrial radiation 지구 복사

underlying
[ʌ́ndərlàiiŋ]

ⓐ 밑에 있는; 근원적인

The **underlying** strata show that the area was very humid 10,000 years ago.
밑에 있는 지층은 그 지역이 만 년 전에 매우 습했다는 사실을 보여 준다.

Stress might be an **underlying** cause of many diseases.
스트레스가 여러 질환의 근본적인 원인일지도 모른다.

cf. underlie v. ~의 기초가 되다; 어근이 되다

undermine
[ʌ̀ndərmáin]

ⓥ ~의 뿌리[토대]를 침식하다; ~의 밑을 파다; 약화시키다

The strong ocean current has **undermined** the cliff.
강한 해류가 절벽 아래를 침식해왔다.

The Vatican rejected the Copernican theory because they thought it could **undermine** the church's authority.
교황청은 교회의 권위를 손상시킬 수 있다고 생각했기 때문에 지동설을 거부했다.

validate
[vǽlədèit]

ⓥ 정당성을 입증하다

Halley's Comet **validated** Edmond Halley's theory that comets are a part of the solar system.
핼리 혜성은 혜성이 태양계의 일부라는 에드먼드 핼리의 이론을 입증했다.

cf. valid a. 유효한, 타당한
validity n. 유효성, 타당성
validation n. 확인, 비준

⇐ invalidate v. 무효화하다
invalid a. 무효의, 근거 없는

wane
[wéin]

ⓥ 이지러지다; 약해지다

The moon waxes and **wanes** in a four week cycle.
달은 4주 주기로 차고 이지러진다.

Marshall's popularity has **waned**.
마셜의 인기가 떨어졌다.

⇐ wax v. (달이) 차츰 커지다

watershed
[wátərʃèd]
n 분수령

Newton's laws of motion served as a **watershed** in astronomy.
뉴턴의 운동 법칙은 천문학의 분수령 역할을 했다.

zenith
[zí:niθ]
n 천정; 절정

The sun is at the **zenith** at midday.
태양은 정오가 되면 천정에 위치한다.

Her career as a lawyer reached its **zenith** in 2017.
변호사로서 그녀의 성공은 2017년 정점에 달했다.

⟵ nadir n. 천저; 최악의 순간, 밑바닥

Day 04 DAILY TEST

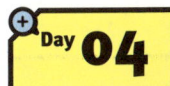 

A 의미상 적절한 단어를 골라 빈칸에 넣고, 필요 시 단어의 형태를 어법에 맞게 바꾸시오.

보기
ⓐ revolve ⓑ wane ⓒ gravity ⓓ infinite ⓔ probe
ⓕ terrestrial ⓖ erupt ⓗ parched ⓘ conduct ⓙ tangible

1. _____ animals live on land while aquatic animals live in the water.
2. The popularity of jazz music has waxed and _____ over the years.
3. Wood does not _____ electricity well.
4. The universe is _____ and continues to expand.
5. I don't think Serena understands the _____ of the situation.
6. The moon _____ around the earth.
7. The media has _____ into almost every aspect of Chloe's life.
8. People want to see some _____ evidence that the economy is improving.
9. I was _____ after the run and was looking for water.
10. People evacuated when the volcano began to _____.

B 단어의 의미가 올바르게 설명된 보기를 찾아 연결하시오.

11. desolate — ⓐ to gradually destroy the surface of something through the action of wind, rain, etc.
12. mitigate — ⓑ a lot of stars that are close to each other
13. cluster — ⓒ to make something less unpleasant, serious, or painful
14. terrain — ⓓ empty of people and lacking in comfort
15. erode — ⓔ an area of land, usually one that has a particular physical feature

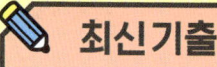 **NEW TEPS VOCA**

- across the nation — phr. 전국 각지에서
- acute [əkjúːt] — a. 격렬한, 급성의
- aggregate [ǽgrigəit] — a. 총계의
- ahead [əhéd] — ad. 앞에
- critical [krítikəl] — a. 비판적인

- crowbar [króubàːr] — n. 쇠지렛대
- crude [kruːd] — a. 투박한, 조잡한, 천연 그대로의
- crumble [krʌ́mbl] — v. 바스러뜨리다
- culminate [kʌ́lmənèit] — v. 완결시키다
- culprit [kʌ́lprit] — n. 범인

- cumbersome [kʌ́mbərsəm] — a. 크고 무거운; 다루기 힘든, 성가신
- curb [kəːrb] — n. 억제
- curious [kjú(ː)əriəs] — a. 호기심이 많은
- curtail [kə(ː)rtéil] — v. 삭감시키다
- cut taxes — phr. 세금을 감면하다

- draft [dræft] — n. 초안
- drained [dreind] — a. 진이 빠진
- draw [drɔː] — v. 끌어들이다
- drench [drentʃ] — v. 흠뻑 적시다
- dress up — phr. 옷을 갖춰 입다

- dresser [drésər] — n. 옷장, 찬장
- necessitate [nəsésitèit] — v. 필요로 하다
- protect [prətékt] — v. 보호하다
- protest [próutèst] — n. 항의
- protrude [proutrúːd] — v. 튀어나오다

- provision [prəvíʒən] — n. 제공
- provoke [prəvóuk] — v. 유발하다
- prude [pru:d] — n. 고상한 체 하는 사람
- prudent [prú:dənt] — a. 신중한
- prudish [prú:diʃ] — a. 내숭 떠는

- regain [rigéin] — v. 되찾다, 회복하다
- regard [rigá:rd] — n. 존경; 고려
- regenerate [ridʒénərit] — v. 재생시키다
- regime [rəʒí:m] — n. 정권, 체제
- regulation [règjəléiʃən] — n. 규정

- reject [ridʒékt] — v. 거부하다
- rejoice [ridʒɔ́is] — v. 크게 기뻐하다
- sculpture [skʌ́lptʃər] — n. 조각품
- seal [si:l] — v. 밀봉하다
- secede [sisí:d] — v. 분리 독립하다

- secluded [siklú:did] — a. 외딴
- sect [sekt] — n. 종파
- security measure — phr. 보안 조치
- segregate [ségrigeit] — v. 분리하다, 차별하다
- select [silékt] — v. 선발하다

- tolerate [tálərèit] — v. 참다
- torpor [tɔ́:rpər] — n. 무기력
- toss [tɔ(:)s] — v. 가볍게 던지다
- wield [wi:ld] — v. 행사하다, 휘두르다
- wipe out — phr. 완전히 파괴하다

Day 04 063

DAY 05 스포츠

운동도 영어공부도 결국은 반복 숙달

account for
[phr] 차지하다; 원인이 되다; ~의 소재를 확인하다

Male college students **accounted for** 80% of the spectators.
남자 대학생이 관중의 80%를 차지했다.

The rainy weather might have **accounted for** the small crowd.
비 오는 날씨가 관중이 적은 이유였는지도 모른다.

All missing students have now been **accounted for**.
실종된 학생들 모두의 소재가 확인되었다.

assert
[əsə́ːrt]
ⓥ 주장하다

Some experts **assert** that mixed martial arts is safer than boxing.
일부 전문가들은 종합 격투기가 복싱보다 더 안전하다고 주장한다.

 assertion n. 주장
assertive a. 단정적인

🔸 기출표현

assertiveness training 적극성 훈련
(소극적인 사람에게 자신감을 길러 주는 훈련)

avid
[ǽvid]
ⓐ (취미 등에) 열심인, 열렬한

Neil is an **avid** fan of Major League Baseball.
닐은 메이저리그 야구의 열성팬이다.

🔸 기출표현

an avid reader 독서광

coerce
[kouə́:rs]

ⓥ 강제하다

His parents **coerced** him into joining the tennis club.
그의 부모는 강제로 그를 테니스 클럽에 가입시켰다.

cf. coercive a. 강압(강제)적인
coercion n. 강제, 강압

competition
[kàmpətíʃən]

ⓝ (경연) 대회

She was only nine years old when she entered a swimming **competition** for the first time.
처음으로 수영 대회에 나갔을 때 그녀는 아홉 살에 불과했다.

cf. compete v. 경쟁하다, (경기에) 참가하다
competitor n. 경쟁자
competitive a. 경쟁적인
competitiveness n. 경쟁력

concede
[kənsí:d]

ⓥ (마지못해) 인정하다

The golfer **conceded** defeat even before starting his 17th hole.
그 골프 선수는 17홀을 시작하기도 전에 패배를 인정했다.

Noah **conceded** that his theory was wrong.
노아는 자신의 이론이 틀렸음을 마지못해 인정했다.

cf. concession n. 양보

confine
[kənfáin]

ⓥ 가두다, 제한하다

The wrestler was **confined** to a wheelchair after the injury.
레슬링 선수는 부상을 당한 뒤 휠체어를 타야만 했다.

His lecture will not be **confined** to geology.
그의 강의는 지질학에 국한되지 않을 것이다.

cf. confinement n. 감금, 제한

dabble in

phr 취미 삼아 해보다

She **dabbled in** swimming in high school.
그녀는 고등학교 때 취미 삼아 수영을 했다.

defeat
[difíːt]

- ⓥ 패배시키다
- ⓝ 패배

Chelsea **defeated** Manchester United by the score of 5-1.
첼시가 맨체스터 유나이티드를 5대 1로 이겼다.

Manchester United suffered a humiliating 5-1 **defeat** against Chelsea.
맨체스터 유나이티드는 첼시에 5대 1의 굴욕적인 패배를 당했다.

defense
[diféns]

- ⓝ 수비, 방어

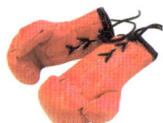

Robin cut through the **defense** to score the fifth goal.
로빈이 수비진을 뚫고 다섯 번째 골을 넣었다.

Alex said in Nina's **defense** that she didn't know about the crime.
알렉스는 니나를 옹호하기 위해 그녀가 범죄에 대해 몰랐다고 말했다.

cf. defend ⓥ. 방어하다, 옹호하다
  defender ⓝ. 옹호자
  defensive ⓐ. 방어적인, 수비의

↔ offense ⓝ. 위반, 무례
  attack ⓝ. 공격, 비난 ⓥ. 공격하다

 기출표현

a psychological defense mechanism
심리적 방어 기제

national defense 국방

distracted
[distrǽktid]

- ⓐ (정신이) 산만[산란]해진

The American players were **distracted** by the loud Chinese fans.
미국 선수들은 시끄러운 중국 팬들 때문에 정신이 산만해졌다.

cf. distract ⓥ. 산만하게 하다
  distraction ⓝ. 주의 산만

dominate
[dάməneit]

ⓥ 우위를 차지하다, 지배하다

Jeonju KCC **dominated** the first quarter of the match.
전주 KCC는 1쿼터를 압도했다.

Phoebe tends to **dominate** the conversation.
피비는 대화를 독차지하는 경향이 있다.

cf. dominant a. 우세한, 지배적인

 기출표현

a male-dominated society 남성 우위의 사회

dope
[dóup]

ⓝ 마약

Robin won the race but failed a **dope** test.
로빈은 경주에서 우승했지만 약물 검사에서 탈락했다.

cf. doping n. 도핑, 금지 약물 복용

exuberant
[igzú:bərənt]

ⓐ 열광적인, 활기찬

They were **exuberant** after winning the baseball game.
그들은 야구 경기에서 이기고 열광적으로 기뻐했다.

cf. exuberance n. 풍부, 윤택

fit
[fít]

ⓐ 건강한, 알맞은
ⓥ 맞다, 적합하다

He is in his forties, but he still looks **fit** for his age.
그는 40대지만 나이치고는 몸이 탄탄해 보인다.

I don't think Cobie is **fit** to do the job.
나는 코비가 그 일을 하기에 적합하지 않다고 생각한다.

This baseball cap doesn't **fit** my big head.
이 야구모자는 내 큰 머리에 맞지 않다.

cf. fitness n. 체력, 적성

 기출표현

fitting room 탈의실

invincible
[invínsəbl]

ⓐ 이길 수 없는, 불굴의

At badminton, Justin is **invincible**.
배드민턴에서 저스틴을 이길 사람은 없다.

malicious
[məlíʃəs]

ⓐ 악의적인

He got a red card for his **malicious** foul.
그는 악의적인 반칙 때문에 레드카드를 받았다.

cf. malice n. 악의, 적의

malicious code (컴퓨터) 악성 코드

match
[mætʃ]

ⓝ 경기
ⓥ 어울리다; ~에 필적[대등]하다

Hundreds of spectators gathered to watch the tennis **match**.
테니스 경기를 보기 위해 수백 명의 관중들이 모였다.

I have a hat that **matches** this suit.
나에게 이 정장에 어울리는 모자가 있다.

No one **matches** Jenny at kickboxing.
킥복싱에서 제니와 맞먹을 상대가 없다.

cf. matching a. 어울리는
matchless a. 무적의, 비길 데 없는

meditation
[mèdətéiʃən]

ⓝ 명상

Yoga and **meditation** are popular among young people.
요가와 명상이 젊은이들 사이에서 인기 있다.

cf. meditate v. 명상하다

opponent
[əpóunənt]

ⓝ 상대, 반대자

The boxer knocked out his **opponent** in the fourth round.
권투 선수는 4라운드에서 상대방을 KO시켰다.

Opponents of abortion held a protest against the government's new policy.
낙태 반대자들이 정부의 새 정책에 반대하는 시위를 벌였다.

cf. oppose v. 반대하다, 겨루다
opposition n. 반대

overcome
[òuvərkʌ́m]
- ⓥ 극복하다

Steve Austin **overcame** injury to defend his title.
스티브 오스틴은 부상을 극복하고 타이틀 방어에 성공했다.

pastime
[pǽstàim | pɑ́:s-]
- ⓝ 오락

Baseball has long been the national **pastime** in America.
미국에서 야구는 오랫동안 전 국민의 오락이었다.

plague
[pléig]
- ⓥ 괴롭히다
- ⓝ 전염병

The athlete was **plagued** by injury last season.
그 운동선수는 지난 시즌 부상에 시달렸다.

The **plague** has taken hundreds of thousands of lives in Asia.
전염병으로 아시아에서 수십만 명이 사망했다.

qualify
[kwάləfài]
- ⓥ ~의 자격을 얻다

The nation has never **qualified** for the FIFA World Cup.
그 나라는 FIFA 월드컵 예선을 통과한 적이 한 번도 없다.

cf. qualified a. 자격이 있는

⟵ disqualify v. 실격시키다

 기출표현

be disqualified for using drugs
약물 복용으로 실격 당하다

referee
[rèfərí:]
- ⓝ 심판원

The **referee** gave a red card to the defender.
심판은 수비수에게 레드카드를 주었다.

rehabilitate
[rìːhəbíləteit]

v 회복하다

It took the soccer player a year to **rehabilitate** his right knee.
그 축구 선수가 오른쪽 무릎을 회복하는 데는 1년이 걸렸다.

- rehabilitation n. 사회 복귀, 갱생
- rehab n. 사회 복귀; 갱생 시설

rivalry
[ráivəlri]

n 경쟁

There has been a **rivalry** between the New York Yankees and the LA Dodgers for a long time.
뉴욕 양키스와 LA 다저스는 오랫동안 경쟁 관계에 있다.

- rival n. 경쟁자

root for
phr 응원[성원]하다

Tens of thousands of spectators were **rooting for** Daejeon FC.
수만 명의 관중이 대전 FC를 응원하고 있었다.

rout
[ráut]

v 완패시키다

The Pacific Dolphins **routed** the Chicago Bulls 20-4.
퍼시픽 돌핀스가 시카고 불스를 20대 4로 완패시켰다.

score
[skɔ́ːr]

v 득점하다, 점수를 받다

Adrian **scored** two goals in the first half.
애드리언은 전반전에 두 골을 넣었다.

shape
[ʃéip]
ⓝ 외양, 스타일

George works out regularly to keep in **shape**.
조지는 건강한 몸을 유지하기 위해 규칙적으로 운동한다.

get in shape 건강한 몸을 만들다
be in (good) shape 건강이 좋다
out of shape 몸이 엉망인

spectator
[spékteitər]
ⓝ 구경꾼, 관객

Eighty thousand **spectators** watched the championship match.
8만 관중이 챔피언십 경기를 보았다.

cf. **spectate** v. 관전하다, 구경하다

spent
[spént]
ⓐ 녹초가 된

The two players were **spent** after the match.
두 선수는 경기가 끝난 후 녹초가 되었다.

stake
[stéik]
ⓥ (돈·생명 등을) 걸다

The wrestler **staked** his career on the title match.
레슬링 선수는 선수권 시합에 자신의 선수 생활을 걸었다.

streak
[strí:k]
ⓝ (성공·실패의) 연속

The Kia Tigers are on a winning **streak** this season.
기아 타이거즈는 올 시즌 연승을 거두고 있다.

end a losing streak 연패에서 벗어나다

stretch
[strétʃ]

ⓥ 뻗다, 기지개를 켜다

You should **stretch** your legs before practicing kicks.
발차기 연습을 하기 전에 다리 스트레칭을 해야 한다.

cf. stretching n. 스트레칭
stretcher n. 들것, 펴는 도구

stroll
[stróul]

ⓥ 산책하다

Jonathan was **strolling** along the beach.
조나단은 해변을 따라 산책하고 있었다.

cf. stroller n. 방랑자; 유모차

take a stroll 산책하다

substitute
[sʌ́bstətjùːt]

ⓝ 교체 선수; 대용품, 대체물
ⓥ 교체하다

Coming on as a **substitute**, Ted scored the winning goal for Canada.
교체 선수로 투입된 테드는 캐나다에 결승골을 안겼다.

Michael Jordan was **substituted** in the third quarter after an elbow injury.
마이클 조던은 팔꿈치 부상을 입고 3쿼터에 교체되었다.

cf. substitution n. 대리(인), 대용(품)
sub n. 교체 선수, 대리인

try out
phr 시험해 보다

He **tried out** for the college basketball team.
그는 대학 농구팀 선발 테스트에 나가보았다.

cf. tryout n. 적격 시험

work out
phr 운동하다; (일이) 잘 풀리다; (답을) 알아내다

Koreans need to work less and **work out** more.
한국인들은 일을 덜 하고 운동을 더 많이 해야 할 필요가 있다.

The coach's tactics did not **work out**.
감독의 전술이 잘 먹히지 않았다.

None of the students **worked out** the answer.
학생들 중 아무도 답을 알아내지 못했다.

cf. workout n. 운동

Day 05 DAILY TEST

A 의미상 적절한 단어를 골라 빈칸에 넣고, 필요 시 단어의 형태를 어법에 맞게 바꾸시오.

보기	ⓐ avid	ⓑ dabble	ⓒ stroll	ⓓ shape	ⓔ streak
	ⓕ substitute	ⓖ root	ⓗ account	ⓘ coerce	ⓙ fit

1. The athlete got out of _____ after retirement.
2. He looks _____ because he works out regularly.
3. He _____ in tennis when he was young.
4. She always takes a(n) _____ after having lunch.
5. Messi said turkey can be _____ with chicken in this recipe.
6. Some students are _____ into playing soccer every Wednesday even though they don't like it.
7. Currently, foreigners _____ for about 30% of the K-League soccer players.
8. He is a(n) _____ reader who reads ten books a month.
9. The team desperately wants to end a losing _____ by winning this game.
10. Sixty thousand fans were _____ for the Korean national team.

B 단어의 의미가 올바르게 설명된 보기를 찾아 연결하시오.

11. rehabilitate   ⓐ too strong to be defeated

12. exuberant   ⓑ to admit that you have lost a game, an election, etc.

13. invincible   ⓒ unkind and showing a strong feeling of wanting to hurt someone

14. malicious   ⓓ full of energy, excitement, and cheerfulness.

15. concede   ⓔ to help someone who has been sick or in prison to return to a healthy, independent, and useful life

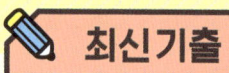
NEW TEPS VOCA

- akin [əkín] — a. ~와 유사한
- alacrity [əlǽkrəti] — n. 쾌활, 활발함, 민첩
- charismatic [kæ̀rizmǽtik] — a. 카리스마가 있는
- charity [tʃǽrəti] — n. 자선 단체
- check [tʃek] — v. 확인하다

- cheer [tʃiər] — v. 환호하다
- dose [dous] — n. 복용량
- dough [dou] — n. 밀가루 반죽
- douse [daus] — v. 물을 끼얹다
- doze [douz] — v. 깜빡 잠이 들다

- emanate [émənèit] — v. 발산하다
- enliven [inláivən] — v. 생동감 있게 만들다
- oath [ouθ] — n. 맹세, 서약
- occasionally [əkéiʒənəli] — ad. 가끔
- respective [rispéktiv] — a. 각각의

- resplendent [rispléndənt] — a. 눈부시게 빛나는
- restive [réstiv] — a. 침착성이 없는
- restore [ristɔ́ːr] — v. 회복시키다
- restraint [ristréint] — n. 규제
- restrict [ristríkt] — v. 제한하다

- restricted [ristríktid] — a. 출입이 제한된
- symbolize [símbəlàiz] — v. 상징하다
- symmetry [símətri] — n. 대칭
- symptom [símptəm] — n. 증상, 증세
- syndicate [síndəkèit] — v. 많은 신문(잡지)에 배급하다

☐ **synonymous** [sinánəməs]	a.	의미가 같은
☐ **syntactic** [sintǽktik]	a.	통사론의
☐ **testament** [téstəmənt]	n.	증거
☐ **testify** [téstəfài]	v.	증언하다, 진술하다
☐ **tether** [téðər]	v.	(밧줄로) 묶다, 매다
☐ **tide over**	phr.	(어려움을) 헤쳐 나가도록 지원하다
☐ **tightly** [táitli]	ad.	단단히; 엄격히
☐ **timepiece** [táimpì:s]	n.	시계
☐ **timid** [tímid]	a.	겁 많은
☐ **tirade** [táireid]	n.	장황한 비난
☐ **up and running**	phr.	운영 중인
☐ **upbringing** [ʌ́pbrìŋiŋ]	n.	양육
☐ **update** [ʌ́pdèit]	v.	갱신하다
☐ **upstart** [ʌ́pstà:rt]	n.	갑자기 출세한 사람
☐ **uptight** [ʌ́ptáit]	a.	긴장한
☐ **vicariously** [vaikériəsly]	ad.	대리로
☐ **victim** [víktim]	n.	피해자
☐ **view** [vju:]	n.	관점, 견해
☐ **vigorous** [vígərəs]	a.	원기 왕성한
☐ **vilify** [víləfài]	v.	비난하다
☐ **vindictive** [vindíktiv]	a.	앙심을 품은
☐ **vintage** [víntidʒ]	a.	고전적인, 구식의
☐ **wrangle** [rǽŋgl]	v.	언쟁하다
☐ **wreck** [rek]	n.	파괴
☐ **wrest** [rest]	v.	빼앗다
☐ **wring** [riŋ]	v.	비틀다

DAY 06 철학, 종교

아카데믹 뉴텝스 어휘의 절정

afterlife
[ǽftərlàif]
ⓝ 내세, 사후

Most religious people believe there is an **afterlife**.
대부분의 종교인들은 내세가 있다고 믿는다.

atheist
[éiθiist]
ⓝ 무신론자

Atheists believe that there is no God while agnostics believe that it is impossible to know whether God exists or not.
무신론자는 신이 없다고 믿는 반면, 불가지론자는 신의 존재 유무는 알 수 없다고 믿는다.

cf atheism n. 무신론
　　atheistic a. 무신론의

atone
[ətóun]
ⓥ 속죄하다

Catherine felt she had to **atone** for her sins.
캐서린은 자신의 죄를 속죄해야 한다고 느꼈다.

cf atonement n. 속죄

confess
[kənfés]
ⓥ 고해하다

Robert went and **confessed** his sins to the priest.
로버트는 신부님에게 가서 자신의 죄를 고해했다.

cf confession n. 고백, 자백

congregate
[káŋgrigèit]
ⓥ 모이다

Thousands of people **congregated** to listen to the pastor's sermon.
목사의 설교를 듣기 위해 수천 명이 모였다.
cf. congregation n. 모임, 회중

contemplate
[kántəmplèit]
ⓥ 심사숙고하다

Theologians have long **contemplated** the mystery of God.
신학자들은 오랫동안 신의 신비에 대해 숙고했다.
cf. contemplation n. 묵상, 숙고
    contemplative a. 명상적인

convert
[kənvə́:rt]
ⓥ 개종하다, 바꾸다

Muslims are not allowed to **convert** to other religions.
이슬람교도는 다른 종교로 개종하는 것이 허락되지 않는다.

Collin **converted** his garage into a dance studio.
콜린은 차고를 댄스 연습실로 개조했다.
cf. conversion n. 개종, 전환
    convertible a. 개조할 수 있는

disillusion
[dìsilú:ʒən]
ⓥ 환멸을 느끼게 하다

After studying science, history, and theology, she became **disillusioned** with religious fundamentalism.
과학, 역사, 신학을 공부한 이후 그녀는 종교적 근본주의에 환멸을 느꼈다.
cf. disillusionment n. 환멸

divinity
[divínəti]
ⓝ 신, 신성

Both Muslims and Jews deny the **divinity** of Jesus Christ.
이슬람교도와 유대교도 모두 예수 그리스도의 신성을 부정한다.

 기출표현
divine intervention 신의 개입

doctrine
[dάktrin]

n 교리

Nagarjuna criticized the traditional Buddhist **doctrines** of karma and rebirth.
나가르주나는 업보와 환생이라는 전통적인 불교 교리를 비판했다.

cf. doctrinal a. 교의상의

dwell on
phr ~을 깊이 생각하다

Confucians tend not to **dwell on** an afterlife.
유생들은 내세에 대해 깊이 생각하지 않는 경향이 있다.

eternity
[itə́ːrnəti]

n 영원

Those terrorists believed that their souls would live in heaven for **eternity**.
테러리스트들은 자신들의 영혼이 영원히 천국에서 살게 될 것이라고 믿었다.

cf. eternal a. 영원한

기출표현
eternal life 영생

ethical
[éθikəl]

a 윤리적인

People have different opinions about the **ethical** issues of human embryo research.
사람들은 인간 배아 연구의 윤리적 문제에 대한 의견이 다르다.

cf. ethic n. 윤리
   ethics n. 윤리학
   unethical a. 비윤리적인

exponent
[ikspóunənt]

n 옹호자

He was an **exponent** of existentialism.
그는 실존주의 옹호자였다.

fundamental
[fʌ̀ndəméntl]

ⓐ 근본적인

The professor discussed one of the **fundamental** questions in philosophy.
교수는 철학의 근본 질문 중 하나에 대해 논의했다.

cf. fundamentalism n. 근본주의
fundamentalist n. 근본주의자

ideology
[ìdiάlədʒi]

ⓝ 이념

During the period of the Three Kingdoms, Buddhism was used as a political **ideology**.
삼국 시대에는 불교가 정치 이념으로 사용되었다.

cf. ideological a. 이념적인

ignorant
[ígnərənt]

ⓐ 모르는

Most Koreans are **ignorant** of the fundamental differences between Shiite Islam and Sunni Islam.
대부분의 한국인들은 시아파 이슬람교와 수니파 이슬람교의 근본적인 차이를 알지 못한다.

cf. ignore v. 무시하다
ignorance n. 무지, 무식

inscrutable
[inskrú:təbl]

ⓐ 헤아릴 수 없는

They believe the world was created for God's **inscrutable** purpose.
그들은 세계가 신의 헤아릴 수 없는 목적을 위해 창조됐다고 믿는다.

⟷ scrutable a. 이해할 수 있는
scrutiny n. 정밀한 조사
scrutinize v. 세밀히 조사하다

insight
[ínsàit]
n 통찰력

The philosopher showed his keen **insight** into the meaning of life.
철학자는 삶의 의미에 대한 예리한 통찰력을 보였다.
cf. insightful a. 통찰력이 있는

 기출표현
ideological warfare 사상전, 관념 투쟁

instill
[instíl]
v 서서히 주입시키다

He tried to **instill** his socialist philosophy into his students.
그는 자신의 사회주의 철학을 학생들에게 주입시키려 노력했다.
cf. instillation n. 서서히 주입시킴
instilment n. 스며들게 함

licentious
[laisénʃəs]
a 방탕한

In his twenties, he was addicted to **licentious** pleasures.
20대 때 그는 방탕한 쾌락에 중독되어 있었다.

mandate
[mǽndeit]
v 지시하다, 권한을 주다

Some Americans seem to have forgotten that the Constitution **mandates** separation of church and state.
일부 미국인들은 헌법에 정교분리가 명시되어 있다는 사실을 잊은 것처럼 보인다.

The commission was **mandated** to negotiate an FTA with China.
위원회에 중국과 FTA를 협상할 권한이 주어졌다.
cf. mandatory a. 의무의

 기출표현
mandatory education 의무 교육

notion
[nóuʃən]
n 개념

She contemplated the philosophical **notion** of idealism.
그녀는 이상주의라는 철학적 개념에 대해 깊이 생각했다.
cf. notional a. 개념적인

obscure
[əbskjúər]

ⓐ 이해하기 어려운

Students found the professor's explanation of positivism **obscure**.
학생들은 실증주의에 대한 교수의 설명을 이해하기 어려워했다.
cf. obscurity n. 불분명
⟷ clear a. 알아듣기 쉬운

persecute
[pə́ːrsikjùːt]

ⓥ 박해하다

There are still many people who are **persecuted** for their religious beliefs.
종교적 신념 때문에 박해를 받는 사람들이 여전히 많다.
cf. persecution n. 박해

pilgrimage
[pílgrəmidʒ]

ⓝ 성지 순례

Muslims are supposed to go on a **pilgrimage** to Mecca at least once in their lives.
이슬람교도는 최소한 일생에 한 번은 메카로 성지 순례를 가야 한다.
cf. pilgrim n. 순례자

pious
[páiəs]

ⓐ 경건한, 신앙심이 깊은, 독실한

Nicholas was raised by **pious** parents and went to Catholic school.
니콜라스는 독실한 부모님 밑에서 자라 가톨릭 학교를 다녔다.
cf. piety n. 경건함, 독실함

profanity
[proufǽnəti]

ⓝ 신성 모독, 불경

Drawing an image of the Prophet Mohammed is considered **profanity**.
예언자 모하메드를 그리는 것은 신성 모독으로 간주된다.
cf. profane a. 신성을 더럽히는

purify
[pjúərəfài]
ⓥ 정화하다

Buddhists learn to **purify** their mind through meditation.
불교도들은 명상을 통해 마음을 정화하는 법을 배운다.

cf. pure a. 순수한, 깨끗한
 purity n. 맑음
 purification n. 정화
 purifier n. 정화 장치

 water purifier 정수기

rational
[ræʃənl]
ⓐ 이성적인

Kant said that not all humans are **rational** beings.
칸트는 모든 인간이 이성적인 존재는 아니라고 말했다.

cf. rationality n. 합리성, 순리성
 rationalize v. 합리화하다
 rationalism n. 합리주의
 rationale n. 이유, 근거
 ⟵ irrational a. 불합리한

revere
[rivíər]
ⓥ 숭배하다, 존경하다

Some Protestants criticize Catholics for **revering** Mother Mary.
일부 개신교도들은 가톨릭교도들이 성모 마리아를 숭배한다고 비판한다.

cf. reverence n. 존경, 경외
 reverent a. 숭상하는
 the Reverend[Rev.] n. ~ 목사님

ritual
[rítʃuəl]
ⓝ 종교적인 의식

Some of the religious **rituals** have been simplified.
일부 종교 의식은 간소화되었다.

cf. rite n. 의식, 의례

 rite of passage 통과 의례

ruminate
[rú:mənèit]

ⓥ 심사숙고하다; 반추하다

The scholar was **ruminating** over the meaning of existence.
학자는 존재의 의미에 대해 숙고하고 있었다.

Cows, sheep, and camels **ruminate**.
소, 양, 낙타는 되새김질을 한다.

cf. ruminant n. 반추 동물   a. 명상하는, 반추하는
    rumination n. 반추, 심사숙고

secular
[sékjulər]

ⓐ 세속의

Turkey has a **secular** government although 98% of the Turks are Muslims.
터키인 98%가 이슬람교도이지만 터키 정부는 세속적인 정부이다.

cf. secularism n. 세속주의
    secularize v. 세속화하다

superficial
[sù:pərfíʃəl]

ⓐ 피상적인

You can't study philosophy with such a **superficial** view of the world.
그렇게 피상적인 세계관으로는 철학을 공부할 수 없다.

cf. superficiality n. 피상, 천박

supernatural
[sù:pərnætʃərəl]

ⓐ 초자연적의

The religious leader was believed to possess **supernatural** powers.
종교 지도자가 초자연적 능력을 갖고 있다고 여겨졌다.

superstition
[sù:pərstíʃən]

ⓝ 미신

The famous scholar said that one man's religion is another man's **superstition**.
유명한 학자가 한 사람에게 종교인 것이 다른 사람에게는 미신이라고 했다.

cf. superstitious a. 미신을 믿는, 미신적인

theology
[θiálədʒi]

ⓝ 신학

There is a fundamental difference between **theology** and religious studies.
신학과 종교학 사이에는 근본적인 차이가 있다.

- theological a. 신학의
  theologian[theologist] n. 신학자

tolerant
[tálərənt]

ⓐ 관대한, 내성이 있는

Fundamentalists are not **tolerant** of other religions.
근본주의자들은 다른 종교에 대해 관대하지 않다.

These trees are **tolerant** of extreme heat.
이 나무들은 폭염을 잘 견딘다.

- tolerance n. 관용, 내성
- intolerant a. 참을 수 없는

 기출표현

religious tolerance 종교적 관용
cultural tolerance 문화적 관용

transient
[trǽnʃənt]

ⓐ 덧없는

He said our existence is as **transient** as clouds.
그는 우리 존재가 구름처럼 덧없다고 했다.

= momentary, temporary a. 일시적인
- transience n. 덧없음

 기출표현

transience of life 인생의 무상함

Day 06 DAILY TEST

A 의미상 적절한 단어를 골라 빈칸에 넣고, 필요 시 단어의 형태를 어법에 맞게 바꾸시오.

보기: ⓐ convert ⓑ persecute ⓒ secular ⓓ eternity ⓔ tolerant
      ⓕ instill ⓖ dwell ⓗ inscrutable ⓘ exponent ⓙ atone

1. All men are mortal and no one can live for _____.
2. You don't have to _____ on your past mistakes.
3. He used to be a Buddhist but _____ to Islam.
4. It is impossible for human-beings to understand God's _____ providence.
5. He now wants to _____ for his crimes.
6. He doesn't eat meat because he is a(n) _____ of vegetarianism.
7. Libya is not a(n) _____ state because it has a state religion.
8. Christians are being _____ by Muslims in some Middle Eastern countries.
9. Parents and teachers should _____ a sense of responsibility in children.
10. She is Catholic but has a(n) _____ attitude towards other religions.

B 단어의 의미가 올바르게 설명된 보기를 찾아 연결하시오.

11. profanity   ⓐ continuing for only a short time
12. transient   ⓑ to think about something very carefully
13. ruminate   ⓒ an act that shows disrespect for a religion or religious beliefs
14. congregate   ⓓ not clearly expressed, or not easy to understand
15. obscure   ⓔ to bring or come together in a group, crowd, or assembly

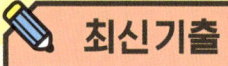 **NEW TEPS VOCA**

- cramp [kræmp] — v. 진행을 방해하다
- cramped [kræmpt] — a. 비좁은
- craving [kréiviŋ] — n. 갈망
- crew [kru:] — n. 승무원
- crisp [krisp] — a. 바삭바삭한

- critic [krítik] — n. 비평가
- drive out — phr. 내쫓다
- drive [draiv] — v. 이르게 하다
- droop [dru:p] — v. 아래로 늘어지다
- drought [draut] — n. 가뭄

- habitat [hǽbitæt] — n. 서식지
- hypothesize [haipάθisàiz] — v. 가설을 세우다
- pry [prai] — v. 지레로 들어 올리다
- psychologist [saikάlədʒist] — n. 심리학자
- publication [pʌ̀bləkéiʃən] — n. 출판물, 발행물

- publish [pʌ́bliʃ] — v. 출간하다
- puzzling [pʌ́zliŋ] — a. 헷갈리는
- pudgy [pʌ́dʒi] — a. 작고 통통한
- puncture [pʌ́ŋktʃər] — n. 구멍
- pursue [pərsjú:] — v. 추구하다, 종사하다

- put at risk — phr. 위험에 처하게 하다
- reveal [riví:l] — v. 드러내다, 밝히다
- revelation [rèvəléiʃən] — n. 폭로
- revere [rivíər] — v. 숭배하다
- review [rivjú:] — n. 검토, 심리, 논평

☐ reviewer [rivjú(:)ər]	n.	비평가
☐ revise [riváiz]	v.	수정하다
☐ revoke [rivóuk]	v.	취소하다
☐ revolutionary [rèvəljúːʃənèri]	n.	혁명가
☐ sweep [swiːp]	n.	쓸기, 비질하기
☐ swiftly [swiftli]	ad.	신속하게
☐ swindle [swíndl]	v.	사기 치다
☐ swing [swiŋ]	n.	흔들기, 변동
☐ swipe [swaip]	v.	카드를 읽히다
☐ switch [switʃ]	v.	바꾸다
☐ theory [θí(ː)əri]	n.	이론
☐ thesis [θíːsis]	n.	학위 논문
☐ thick [θik]	a.	두꺼운
☐ thoroughly [θə́ːrouli]	ad.	철저하게
☐ thrash [θræʃ]	v.	(채찍 등으로) 때리다; 완전히 패배시키다
☐ thrilled [θrild]	a.	아주 흥분한, 신이 난
☐ throng [θrɔ(ː)ŋ]	n.	인파, 군중
☐ virile [vírəl]	a.	남성미 넘치는
☐ virtue [və́ːrtʃuː]	n.	미덕
☐ visible [vízəbl]	a.	눈에 보이는
☐ visual aid	phr.	시각보조교재
☐ vivid [vívid]	a.	생생한
☐ wither [wíðər]	v.	시들다
☐ withhold [wiðhóuld]	v.	보류하다
☐ witness [wítnis]	n.	증인, 목격자

Day06 **087**

DAY 07 사회

인간은 사회적 동물

abuse
- ⓥ [əbjúːz] 학대[남용]하다
- ⓝ [əbjúːs] 학대, 남용, 오용

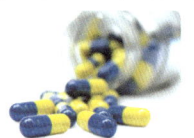

The authoritarian ruler physically **abused** dissenters.
그 권위적인 통치자는 반체제 인사들을 육체적으로 학대했다.

The legislator was apprehended for drug **abuse**.
그 의원은 약물 남용으로 체포되었다.

cf abusive a. 학대하는, 남용하는

🔖 기출표현
child abuse 아동 학대
sexual abuse 성적 학대
substance abuse 약물 남용
abuse of power 권력 남용

acceptance
[əkséptəns]
ⓝ 받아들임, 수용, 수락

The event was designed to promote **acceptance** of minority cultures in our society.
행사는 우리 사회의 소수 민족 문화의 수용을 촉진하기 위해 준비됐다.

cf accept v. 받아들이다
acceptable a. 받아들일 수 있는

acclimate
[ǽkləmèit]
ⓥ 익히다[순응시키다]

We are helping immigrants **acclimate** to the new surroundings.
우리는 이민자들이 새로운 환경에 적응하도록 돕고 있다.

cf acclimation[acclimatization] n. 새 환경 순응
acclimatize v. 익히다, 순응시키다

accustomed
[əkʌ́stəmd]
ⓐ 익숙해진

It takes time to get **accustomed** to a new culture.
새로운 문화에 익숙해지는 데는 시간이 걸린다.

cf accustom v. 익히다, 익숙해지다

adhere
[ædhíər]

ⓥ 고수하다; 들러붙다, 부착되다

People in this town tend to **adhere** to old customs.
이 마을 사람들은 옛 관습을 고수하는 경향이 있다.

This glue does not **adhere** to the glass surface well.
이 접착제는 유리 표면에 잘 붙지 않는다.

cf. adherence n. 고수, 집착; 충성
adherent n. 지지자
adhesion n. 접착력

adopt
[ədápt]

ⓥ 받아들이다; 입양하다

An increasing number of young Chinese are **adopting** Western lifestyles.
점점 많은 중국의 젊은이들이 서구적인 생활 양식을 받아들이고 있다.

The celebrity couple **adopted** three children.
연예인 부부는 세 명의 아이를 입양했다.

cf. adoption n. 채택, 입양
adoptive a. 입양으로 맺어진
adoptee n. 양자
adopter n. 입양인, (신기술) 사용자

 기출표현

an early adopter
얼리어답터 (남들보다 먼저 신제품을 사서 써보는 사람)
adoptive parents 양부모

advocate
[ǽdvəkèit] ⓥ 지지하다
[ǽdvəkət] ⓝ 지지[옹호]자

The group publicly **advocates** multiculturalism.
그 단체는 공개적으로 다문화주의를 지지한다.

Elaine was a staunch **advocate** of feminism.
일레인은 확고한 페미니즘 지지자였다.

cf. advocacy n. 지지, 옹호

 기출표현

an advocacy group
(특정 운동의) 활동 그룹, 시민 단체

agitate
[ǽdʒitèit]

ⓥ 주장하다; 동요시키다; (액체를) 휘젓다

There are a number of civic groups **agitating** for social change.
사회 변화를 주장하는 시민 단체들이 많다.

People were **agitated** over the news that the company went bankrupt.
회사가 파산했다는 소식에 사람들이 동요했다.

Agitate the sauce until foam appears.
거품이 생길 때까지 소스를 저으세요.

cf. agitation n. 동요; 시위; 휘저음
　　 agitated a. 흥분한, 동요한

assimilate
[əsíməlèit]

ⓥ 동화하다

The foreign brides rapidly **assimilated** into the Korean way of life.
외국인 신부들은 한국의 생활 방식에 빠르게 동화되었다.

cf. assimilation n. 동화; 흡수

associate
[əsóuʃièit]

ⓥ 연상하다; 어울리다

In Korean politics, the color yellow is **associated** with liberalism.
한국 정치에서 노란색은 진보주의를 연상시킨다.

He **associated** with international students from China and Japan.
그는 중국과 일본에서 온 유학생들과 어울렸다.

cf. association n. 협회, 유대

biased
[báiəst]

ⓐ 편견을 지닌

Joey is **biased** against African Americans.
조이는 흑인에 대한 편견이 있다.

cf. bias n. 편견 v. 편견을 갖게 하다

 기출표현

gender bias 성 편견

090

breach
[bríːtʃ]
- n (관계의) 단절; 위반
- v 위반하다

The election caused a **breach** in relations between the two regions.
선거로 인해 두 지역 간 관계의 단절이 생겼다.

Jerry **breached** the contract with the shipping company.
제리는 해운 회사와의 계약을 위반했다.

charity
[tʃǽrəti]
- n 자선 (단체)

The **charity** raised money by selling second-hand goods.
자선 단체는 중고품을 팔아 돈을 모았다.

cf. charitable a. 자비로운, 관용적인

compulsory
[kəmpʌ́lsəri]
- a 강제적인

All children in Korea receive nine years of **compulsory** education.
모든 한국 아이들은 9년간의 의무 교육을 받는다.

cf. compel v. 강요하다
compulsion n. 강제

conform
[kənfɔ́ːrm]
- v 따르다, 순응하다

Immigrants are supposed to **conform to** the local customs.
이민자들은 그 지역의 관습을 따라야 한다.

cf. conformity n. 따름, 순응

convention
[kənvénʃən]
- n 관습; 대회; 협약

The singer gained popularity by defying social **conventions**.
가수는 사회적 관습을 거부하여 인기를 얻었다.

Barack Obama became famous when he addressed the Democratic **Convention** in 2004.
버락 오바마는 2004년 민주당 전당 대회에서 연설하고 유명해졌다.

In 1991, Korea ratified the United Nations **convention** on the rights of children.
1991년에 한국은 아동의 권리에 관한 유엔 협약을 비준했다.

cf. conventional a. 전통(인습)적인

demography
[dimágrəfi]

n. 인구 변동[동태]

Korea's **demography** is changing rapidly.
한국의 인구 동태가 급속하게 변화하고 있다.

cf. demographic a. 인구 (통계)학의
demographics n. 인구 통계

descent
[disént]

n. 혈통, 출신; 하강

The mayor is of Thai **descent**.
시장은 태국 혈통이다.

The plane began its **descent** to Incheon International Airport.
비행기가 인천 국제공항으로 하강하기 시작했다.

cf. descend v. 내려가다
descendant n. 자손, 후예

discriminate
[diskrímənèit]

v. 차별하다; 식별[구별]하다

Kramer **discriminated** against foreigners.
크레이머는 외국인을 차별했다.

The boy is too young to **discriminate** between right and wrong.
소년은 너무 어려서 옳고 그른 것을 분간할 수 없다.

cf. discrimination n. 차별, 안목
discriminatory a. 차별적인

 기출표현

racial discrimination 인종 차별
discriminate in favor of ~을 우대하다

diversity
[daivə́:rsəti]

n. 다양성

Racial **diversity** is one of the characteristics of American society.
인종의 다양성은 미국 사회의 특징 중 하나이다.

cf. diverse a. 다양한
diversify v. 다각[다양]화하다
diversification n. 다양화, (사업의) 다각화

 기출표현

cultural diversity 문화적 다양성

divisive
[diváisiv]

ⓐ 분열을 초래하는

Unlike in the U.S., gun control is not a **divisive** issue in Korea.
미국과는 달리 총기 규제는 한국에서 분열을 일으키는 문제가 아니다.

cf. divide v. 나누다
　　division n. 분할, (조직의) 분과(부·국)

donate
[dóuneit]

ⓥ 기부[기증]하다

Eric has **donated** a huge amount of money to charity.
에릭은 엄청나게 많은 돈을 자선 단체에 기부했다.

cf. donation n. 기부, 기증
　　donor n. 기부자, 기증자

an organ donor 장기 제공자

drastic
[dræstik]

ⓐ 급격한

The country is currently undergoing a **drastic** transition.
그 나라는 현재 급격한 변화를 겪고 있다.

embrace
[imbréis]

ⓥ 기꺼이 받아들이다

Our society needs to **embrace** diversity.
우리 사회는 다양성을 받아들일 필요가 있다.

cf. embracement n. 수락

all-embracing 포괄적인

endow
[indáu]

ⓥ 기부하다; (재능·특징을) 부여하다

Donna **endowed** the foundation with $1 million.
도나는 재단에 백만 달러를 기부했다.

Hyde was **endowed** with musical talent.
하이드는 음악적 재능을 타고났다.

cf. endowment n. 기증, 기부

ethnic
[éθnik]

ⓐ 민족의

The city is home to 200,000 people of diverse **ethnic** backgrounds.
도시에는 다양한 민족적 배경을 가진 20만 명이 살고 있다.

cf. ethnicity n. 민족성

ethnic minority 소수 민족

exclude
[iksklú:d]

ⓥ 배제하다

Asian women felt **excluded** from the mainstream society.
아시아 여성은 주류 사회에서 배제된 느낌을 받았다.

cf. exclusion n. 제외, 배제
exclusive a. 배타적
exclusivity n. 고급스러움

integrate
[íntəgrèit]

ⓥ 통합하다

They failed to fully **integrate** into the local community.
그들은 지역 사회에 완전히 통합되지 못했다.

cf. integration n. 통합

multicultural
[mÀltikÁltʃərəl]

ⓐ 다문화의

Korea is gradually becoming a **multicultural** society.
한국은 점차 다문화 사회가 되고 있다.

cf. multiculturalism n. 다문화주의

mutual
[mjú:tʃuəl]

ⓐ 상호의

Mutual distrust is a serious problem in our society.
상호 불신은 우리 사회의 심각한 문제이다.

a mutual friend 서로 아는 친구

pathetic
[pəθétik]
ⓐ 불쌍한; 한심한

Our society needs to do more to help those **pathetic** and lonely old people.
우리 사회는 불쌍하고 외로운 노인들을 돕기 위해 더 많은 것을 해야 한다.

He gave a **pathetic** excuse for being late.
그는 지각한 것에 대해 한심한 변명을 했다.

pervade
[pərvéid]
ⓥ 만연하다

The influence of Confucianism **pervades** Korean culture.
유교의 영향이 한국 문화에 만연해 있다.

cf. pervasion n. 충만, 보급; 침투
    pervasive a. 퍼지는, 스며드는

prejudice
[prédʒudis]
ⓝ 편견

There is widespread **prejudice** against workers from Southeast Asia.
동남아에서 온 노동자들에 대한 편견이 널리 퍼져있다.

privilege
[prívəlidʒ]
ⓝ 특권

In the past, only men had the **privilege** of formal education.
과거에는 남자만이 정식 교육을 받을 특권이 있었다.

cf. privileged a. 특권이 있는
    underprivileged a. 혜택을 받지 못한

 기출표현
the privileged few 소수특권층

ramification
[ræməfikéiʃən]
ⓝ 파문, 영향

The reform measures will have serious social **ramifications**.
개혁 조치가 심각한 사회적 파문을 몰고 올 것이다.

rampant
[rǽmpənt]
ⓐ 만연하는

We all know that bureaucracy is **rampant** in this country.
우리 모두 관료주의가 이 나라에 만연하다는 것을 알고 있다.
cf. rampancy n. 만연

reclusive
[riklúːsiv]
ⓐ 은둔한

The singer lived a **reclusive** life in Canada after retirement.
가수는 은퇴 이후 캐나다에서 은둔 생활을 했다.
cf. recluse n. 은둔자 a. 은둔한
　　reclusion n. 은둔, 사회적 소외

segment
ⓝ [ségmənt] 부분
ⓥ [segmént] 분할하다

We need to expand welfare programs for the poorer **segments** of society.
우리는 사회의 가난한 계층을 위한 복지 프로그램을 확대할 필요가 있다.
cf. segmentation n. 구분, 분할

segregation
[sègrigéiʃən]
ⓝ 분리

Racial **segregation** in American schools was abolished in the 1950's.
미국 학교에서 인종 차별은 1950년대에 폐지되었다.
cf. segregate v. 분리(차별)하다

snob
[snáb]
ⓝ 속물

He became a **snob** after he made a lot of money in real estate.
그는 부동산으로 많은 돈을 벌고 속물이 되었다.
cf. snobbish a. 속물의
　　snobbery n. 속물근성

Day 07 DAILY TEST

A 의미상 적절한 단어를 골라 빈칸에 넣고, 필요 시 단어의 형태를 어법에 맞게 바꾸시오.

> 보기
> ⓐ acclimate ⓑ adopt ⓒ associate ⓓ biased ⓔ compulsory
> ⓕ discriminate ⓖ endow ⓗ ethnic ⓘ mutual ⓙ privilege

1. I think Jimmy is _____ with artistic talent.
2. Tony and I went to the same middle school, so we have many _____ friends.
3. The boy was really shocked when he found out that he was _____.
4. In a modern democracy, the right to vote is not a(n) _____ but a universal right.
5. Many people are _____ against male nurses.
6. He failed to _____ himself to the new working conditions.
7. In the U.S., you can meet various _____ minorities.
8. Unfortunately, some Asians still _____ in favor of white people.
9. In Israel, military service is _____ for not only men but also women.
10. I recommend you do not _____ with criminals.

B 단어의 의미가 올바르게 설명된 보기를 찾아 연결하시오.

11. agitate   ⓐ living alone and avoiding other people
12. ramification   ⓑ to be present throughout
13. adhere   ⓒ to argue strongly for something you want, especially for changes in a law, in social conditions, etc.
14. reclusive   ⓓ one of the large number of complicated and unexpected results that follow an action or a decision
15. pervade   ⓔ to follow or support a particular opinion or set of beliefs

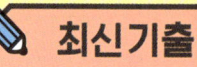

NEW TEPS VOCA

- cargo [ká:rgou]   n. 화물
- case [keis]   n. 사건
- cash [kæʃ]   n. 현금
- casing [kéisiŋ]   n. 포장
- implore [implɔ́:r]   v. 애원하다

- impose [impóuz]   v. (세금을) 부과하다, (법을) 적용하다
- in a ~ manner   phr. ~한 방법으로, ~하게
- in a huff   phr. 매우 화가 난
- in an attempt to   phr. ~하려는 시도로
- in case   phr. ~할 경우에 대비해서

- in droves   phr. 떼 지어
- nominee [nàməní:]   n. 후보
- noun [naun]   n. 명사
- novelist [návəlist]   n. 소설가
- nuclear disarmament   phr. 핵 군비 축소

- nutrient [njú:triənt]   n. 영양분
- primary [práiməri]   a. 주된
- prior to   phr. ~에 앞서, 먼저
- prioritize [praiɔ́:rətàiz]   v. 우선순위를 매기다
- priority [praiɔ́(:)rəti]   n. 우선 사항

- pristine [prísti:n]   a. 완전 새것 같은
- private [práivit]   a. 사적인
- rejoinder [ridʒɔ́indər]   n. 쏘아 붙이는 답변, 응수
- relativity [rèlətívəti]   n. 상대성
- relaxed [rilǽkst]   a. 느긋한, 여유 있는

☐ **relay** [ríːlèi]	v.	중계하다
☐ **release** [rilíːs]	v.	풀어 주다
☐ **relegate** [réləgèit]	v.	격하시키다
☐ **relent** [rilént]	v.	누그러지다, 마음이 풀리다
☐ **relevant to**	phr.	~와 관련 있는
☐ **relief** [rilíːf]	n.	완화
☐ **relieve** [rilíːv]	v.	완화시키다
☐ **relinquish** [rilíŋkwiʃ]	v.	포기하다
☐ **remain** [riméin]	v.	남아 있다
☐ **remainder** [riméindər]	n.	나머지
☐ **remarkably** [rimáːrkəbli]	ad.	눈에 띄게
☐ **remote** [rimóut]	a.	외딴
☐ **remove** [rimúːv]	v.	제거하다
☐ **render** [réndər]	v.	되게 하다
☐ **sultry** [sʌ́ltri]	a.	무더운
☐ **summation** [səméiʃən]	n.	요약
☐ **sumptuous** [sʌ́mptʃuəs]	a.	호화로운
☐ **superficial** [sjùːpərfíʃəl]	a.	피상적인
☐ **superfluous** [sjuː(ː)pə́ːrfluəs]	a.	불필요한
☐ **supplant** [səplǽnt]	v.	대신하다
☐ **supplement** [sʌ́pləmənt]	n.	보충
☐ **support** [səpɔ́ːrt]	v.	지지하다, 뒷받침하다
☐ **urgent** [ə́ːrdʒənt]	a.	긴급한
☐ **utterance** [ʌ́tərəns]	n.	발언
☐ **utterly** [ʌ́tərli]	ad.	완전히, 전혀

Day 07

DAY 08 일상생활

오늘 있었던 일을 영어로

adolescent
[ǽdəlésnt]
n. 청소년

According to a recent survey, Korean **adolescents** are the least happy among those in OECD countries.
최근 조사에 따르면 한국 청소년들의 행복 지수가 OECD 회원국 중 가장 낮다고 한다.

cf. adolescence n. 사춘기

alternate
v. [ɔ́ltərnèit] 번갈아 하다
a. [ɔ́:ltərnət] 하나씩 거른

Carter and his wife **alternate** doing household chores.
카터와 그의 아내는 집안일을 번갈아 한다.

In Korea, students go to school on **alternate** Saturdays.
한국 학생들은 토요일에 격주로 학교에 간다.

cf. alternately ad. 번갈아, 교대로
alternation n. 교대, 교체
alternative n. 대안 a. 대안이 되는

be tied up
phr 바쁘다

As a mother of three, she **is** always **tied up** with housework.
세 자녀의 어머니로서 그녀는 항상 집안일로 바쁘다.

caregiver
[kέərgìvər]
n. 돌보는 사람

Babies are dependent on their **caregivers** to meet their emotional and physical needs.
아기들은 정서적, 육체적 욕구를 충족시키기 위해 자신을 돌보는 사람에게 의지한다.

come by
phr 지나는 길에 들르다; ~을 손에 넣다

I **came by** her place on my way home.
집에 가는 길에 그녀의 집에 들렀다.

Nowadays decent jobs are hard to **come by**.
요즘에는 괜찮은 일자리를 구하기 어렵다.

conceive
[kənsíːv]

v 상상하다; 임신하다

I cannot **conceive** of a world without the Internet.
인터넷이 없는 세상은 상상도 할 수 없다.

She **conceived** her first child at 40.
그녀는 40세에 첫 아이를 임신했다.

cf. conception n. 수정, 임신
concept n. 개념
conceivable a. 상상할 수 있는

consent
[kənsént]

n 동의[허락]

In some countries, minors cannot see a doctor without their parents' **consent**.
일부 국가에서 미성년자들은 부모 동의 없이는 병원에 갈 수 없다.

 기출표현

the age of consent (결혼 따위의) 승낙 연령

crack up
phr 쓰러지다; 갑자기 웃기 시작하다

Mia **cracked up** under the strain.
미아는 압박감 때문에 무너져버렸다.

He **cracked up** when he heard that joke.
그는 농담을 듣고 웃음을 터뜨렸다.

 기출표현

crack a joke 농담하다

custody
[kʌ́stədi]
ⓝ 양육권; 구금

Child **custody** is usually granted to the mother.
자녀 양육권은 대개 엄마에게 주어진다.

Jacob was taken into **custody** for domestic violence.
제이콥은 가정 폭력 혐의로 구금되었다.

cf. custodial a. 보호의
　　custodian n. 관리인

day care
[déikὲər]
ⓝ 주간 보호, 탁아, 보육

The company provides **day care** service for its employees.
회사는 직원들을 위해 보육 서비스를 제공한다.

detergent
[ditə́:rdʒənt]
ⓝ 세제

Do not use too much **detergent** when doing the laundry.
빨래할 때 세제를 너무 많이 쓰지 마세요.

get by
phr. 그럭저럭 살아[해] 나가다

He had to **get by** on a small income.
그는 적은 수입으로 살아가야 했다.

give ... a break
phr. ~를 너그럽게 봐주다

Oh, please **give** me **a break**. This is my first week on the job.
좀 봐주세요. 이번 주가 일을 시작한 첫 주잖아요.

insolent
[ínsələnt]
ⓐ 무례한

His **insolent** behavior shocked people.
그의 무례한 행동에 사람들이 충격을 받았다.

= impertinent a. 건방진
cf. insolence n. 무례

look after
phr ~를 돌보다

My older sister **looked after** my son while I was away.
내가 다른 데 있는 동안 언니가 내 아들을 돌봤다.

maternal
[mətə́ːrnl]
ⓐ 모성의, 어머니의

Macy doesn't seem to have any **maternal** instincts.
메이시는 모성 본능이 전혀 없는 것 같다.

cf. maternity n. 모성, 어머니임

→ paternal a. 부계의, 아버지의
　 paternity n. 부성, 아버지임

 기출표현
　be on maternity leave 출산 휴가 중이다

misplace
[mispléis]
ⓥ 잘못 두다

She often **misplaces** her cell phone.
그녀는 종종 휴대폰을 잘못 둔다.

cf. misplaced a. (위치가) 잘못된, 부적절한

mundane
[mʌndéin]
ⓐ 평범한

Most of the employees here think their job is **mundane**.
이곳 직원 대부분은 자신의 직업이 평범하다고 생각한다.

negligent
[néɡlidʒənt]
ⓐ 무관심한

He was **negligent** in looking after his sick child.
그는 아픈 아이를 제대로 돌보지 않았다.

cf. negligence n. 부주의, 태만

 기출표현
　medical negligence 의료 과실

nosy
[nóuzi]
ⓐ 참견 잘하는

My aunt is so **nosy** about my private life.
우리 이모는 내 사생활에 참견하기 좋아한다.

nursery
[nə́:rsəri]
ⓝ 탁아소

My third child is at **nursery** now.
제 셋째 아이는 지금 탁아소에 있습니다.

cf nurse n. 간호사, 유모 v. 간호하다, 돌보다

obedient
[oubí:diənt]
ⓐ ~의 말을 잘 듣는

Juliana was always **obedient** to her parents.
줄리아나는 항상 부모님 말씀을 잘 들었다.

cf obedience n. 순종, 복종
  obey v. 순종(복종)하다
↔ disobedient a. 복종하지 않는

pacify
[pǽsəfài]
ⓥ 진정시키다[달래다]

It was hard to **pacify** the crying baby.
우는 아기를 달래기는 어려웠다.

cf pacifier n. 고무젖꼭지
  pacifist n. 평화주의자

picky
[píki]
ⓐ 까다로운

Tiana is really **picky** about clothes.
티아나는 옷에 대해 정말 까다롭다.

cf pick v. 고르다

procrastinate
[proukrǽstənèit]
ⓥ 미루다

Many workers **procrastinate** until the very last minute.
많은 직원들이 막판까지 일을 미룬다.

cf procrastination n. 지연

raise
[réiz]

v 기르다; 올리다; 제기하다

Nicole was born and **raised** in LA.
니콜은 LA에서 태어나 자랐다.

The government should **raise** salaries for police officers and firefighters.
정부는 경찰관과 소방관의 임금을 인상해야 한다.

The civic group **raised** important questions about safety standards.
시민 단체는 안전 기준에 대한 중요한 질문을 제기했다.

 기출표현

a pay raise 임금 인상

recede
[risí:d]

v 약해지다

Fortunately, the pain is gradually **receding**.
다행히도 통증이 서서히 약해지고 있다.

Daniel is young, but he has a **receding** hairline.
다니엘은 젊지만 머리가 벗겨지고 있다.

cf. recess   n. 휴식; 우묵하게 들어간(후미진) 곳
  recession   n. 경기 후퇴, 불경기
  recessive   a. 열성의

 기출표현

a recessive gene 열성 유전자
⟷ a dominant gene 우성 유전자

refractory
[rifrǽktəri]

a 다루기 힘든; 난치의

Nursery teachers should learn to deal with **refractory** children.
유치원 교사는 다루기 힘든 아이들을 다루는 법을 배워야 한다.

 기출표현

refractory disease 난치병

resolve
[rizálv]

ⓥ 결심하다; 해결하다

Elvis **resolved** to quit smoking.
엘비스는 금연을 결심했다.

They tried to **resolve** their differences without going to court.
그들은 법정까지 가지 않고 불화를 해결하려 애썼다.

cf. resolved a. 결심한, 단호한
resolution n. 결의안, 해결

 기출표현
New Year's resolution 새해 결심

rummage
[rʌ́midʒ]

ⓥ 뒤지다

She **rummaged** through her bag for the car key.
그녀는 자동차 열쇠를 찾으려고 가방을 뒤졌다.

shelve
[ʃélv]

ⓥ 선반에 얹다; 보류하다

He **shelved** books at the library as a part-time job.
그는 아르바이트로 도서관에서 책꽂이에 책을 꽂는 일을 했다.

The marketing department decided to **shelve** the project.
마케팅 부서는 그 프로젝트를 보류하기로 결정했다.

cf. shelf n. 선반

sibling
[síbliŋ]

ⓝ 형제, 자매

How many **siblings** do you have?
형제자매가 몇 명 있나요?

 기출표현
sibling rivalry 형제간의 경쟁(대립)

slip one's mind
phr 잊어버리다

It **slipped my mind** to bring the box.
상자를 가져오는 것을 잊어 버렸다.

spoil
[spɔ́il]
v 망치다, 응석받이로 키우다

The nosy neighbor **spoiled** my party.
참견하기 좋아하는 이웃이 내 파티를 망쳤다.

The millionaire **spoiled** his son with expensive toys.
백만장자는 비싼 장난감을 사주며 아들을 응석받이로 키웠다.

cf. spoilage n. 부패, 손상

stubborn
[stʌ́bərn]
a 고집 센; 다루기 힘든

He is so **stubborn** that he never listens to other people.
그는 너무 고집이 세서 다른 사람의 말을 절대로 듣지 않는다.

The company has developed a new chemical product that removes **stubborn** stains.
회사는 잘 없어지지 않는 얼룩을 제거하는 새 화학제품을 개발했다.

stunt
[stʌ́nt]
v 발육을 방해하다

One third of North Korean children's growth is **stunted** due to malnutrition.
북한 아동 세 명 중 한 명은 영양실조로 발육이 제대로 안 된다.

take after
phr 닮다

William really **takes after** his grandfather.
윌리엄은 할아버지를 쏙 빼 닮았다.

tantrum
[tǽntrəm]
n 짜증

Children throw a **tantrum** when they don't get enough sleep.
아이들은 잠이 부족하면 짜증을 낸다.

 기출표현
have[throw] a tantrum[fit] 성질을 내다

trivial
[tríviəl]

ⓐ 사소한

It is pointless to argue over **trivial** things.
사소한 일로 말다툼하는 것은 무의미하다.

cf. trivialize v. 사소하게 만들다
triviality n. 하찮음
trivia n. 사소한 일

utensil
[juːténsəl]

ⓝ 기구

The kitchen in the youth hostel had cooking **utensils**.
유스호스텔의 주방에는 요리 기구가 있었다.

Day 08 DAILY TEST

A 의미상 적절한 단어를 골라 빈칸에 넣고, 필요 시 단어의 형태를 어법에 맞게 바꾸시오.

보기	ⓐ alternate	ⓑ come	ⓒ consent	ⓓ crack	ⓔ custody
	ⓕ insolent	ⓖ obedient	ⓗ picky	ⓘ rummage	ⓙ stunt

1. The _____ child swore at his teacher.
2. The dry weather has _____ the growth of trees.
3. The diplomat _____ up a joke to ease the tension, but it did not work.
4. The Chinese restaurant is closed on _____ Mondays.
5. Last night I _____ through the closet to find my blue tie.
6. The criminal was arrested and taken into _____.
7. I don't want to eat out with her because she is too _____ about food.
8. This report should not be photocopied without the written _____ of the author.
9. Most teenagers do not understand money is not easy to _____ by.
10. A Muslim woman is expected to be _____ to her husband.

B 단어의 의미가 올바르게 설명된 보기를 찾아 연결하시오.

11. refractory   ⓐ to put off doing something
12. procrastinate   ⓑ failing to give care or attention, especially when this causes harm or damage
13. mundane   ⓒ difficult to deal with or control
14. tantrum   ⓓ a sudden short period of angry, unreasonable behavior, especially in a child
15. negligent   ⓔ very ordinary and not at all interesting or unusual

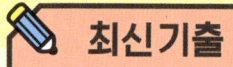

최신기출 **NEW TEPS VOCA**

- anger [ǽŋgər]   v. 화나게 하다
- angle [ǽŋgl]   v. 향하다, 맞추다
- lay [lei]   v. 놓다
- layover [léiðuvər]   n. 경유
- load [loud]   n. 짐

- lottery winning   phr. 복권 당첨
- monotonous [mənátənəs]   a. 단조로운
- microscope [máikrəskòup]   n. 현미경
- pass on   phr. 넘겨주다
- pass out   phr. 의식을 잃다

- pass the buck   phr. 책임을 떠넘기다
- poet [póuit]   n. 시인
- prank [præŋk]   n. 장난
- riddle [rídl]   n. 수수께끼
- ring [riŋ]   n. 고리

- rip [rip]   v. 찢다
- risk [risk]   n. 위험
- rival [ráivəl]   n. 경쟁자
- rivet [rívit]   v. 고정시키다
- roll [roul]   v. 굴러 가다

- routine [ru:tí:n]   n. 정해진 순서
- surmise [sə:rmáiz]   v. 추측하다
- surmount [sərmáunt]   v. 넘어서다
- surpass [sərpǽs]   v. 능가하다
- surrender [səréndər]   v. 항복하다, 포기하다

☐ **surreptitious** [sə̀ːrəptíʃəs]	a.	은밀한
☐ **surreptitiously** [sə̀ːrəptíʃəsli]	ad.	몰래
☐ **surrogate** [sə́ːrəgèit]	a.	대리의, 대용의
☐ **survive** [sərváiv]	v.	살아남다
☐ **susceptible** [səséptəbl]	a.	민감한
☐ **suspend** [səspénd]	v.	매달다, 연기하다, 정학시키다
☐ **suspicion** [səspíʃən]	n.	수상한 느낌, 의심
☐ **sustain** [səstéin]	v.	지탱하다
☐ **total** [tóutl]	a.	완전한, 전면적인
☐ **totally** [tóutəli]	ad.	완전히
☐ **tough spot**	phr.	곤란한 위치
☐ **toxic** [táksik]	a.	독성의
☐ **trade** [treid]	n.	거래
☐ **veer** [viər]	v.	방향을 홱 틀다
☐ **vehement** [víːəmənt]	a.	격렬한
☐ **velocity** [vəlásəti]	n.	속도
☐ **venerate** [vénərèit]	v.	존경하다
☐ **vent** [vent]	n.	분출구
☐ **veracity** [vərǽsəti]	n.	진실성
☐ **wage war**	phr.	전쟁을 수행하다
☐ **warm up**	phr.	준비 운동을 하다
☐ **watchful** [wátʃfəl]	a.	주의하는
☐ **watchmaker** [wátʃmèikər]	n.	시계 기술자
☐ **water supply**	phr.	상수도
☐ **waterway** [wɔ́ːtərwèi]	n.	수로

Day 08

DAY 09 물리학, 화학

세상이 돌아가는 원리

amplify
[ǽmpləfài]
ⓥ 증폭하다

Many elderly people use hearing aids to **amplify** sounds.
많은 노인들이 소리를 증폭시키기 위해 보청기를 사용한다.

cf amplification n. 확대, 확장, 증폭
   amplifier n. 앰프, 증폭기

catalyst
[kǽtəlist]
ⓝ 촉매(제); 기폭제

There are a lot of chemical reactions that require a **catalyst**.
많은 화학 반응들이 촉매를 필요로 한다.

The advent of the Internet served as an important **catalyst** in improving communications.
인터넷의 도래가 통신 발달에 있어서 중요한 기폭제로 작용했다.

coalesce
[kòuəlés]
ⓥ 합체하다

You cannot see atoms **coalesce** into molecules with the naked eye.
원자가 합쳐져 분자가 되는 것을 육안으로는 볼 수 없다.

cf coalescence n. 합체, 유착
   coalescent a. 합체한, 유착한

compound
[kámpaund]
ⓝ 화합물; 수용소

The new chemical **compound** could be detrimental to health.
새로운 화합물은 건강에 해로울 수 있다.

Only authorized soldiers can leave the military **compound**.
허가받은 군인만이 수용소를 떠날 수 있다.

consist of
phr ~으로 이루어지다

One methane molecule **consists of** one carbon atom and four hydrogen atoms.
하나의 메탄 분자는 하나의 탄소 원자와 네 개의 수소 원자로 이루어져 있다.

constant
[kánstənt]
a 일정한

Light travels at a **constant** speed of almost 300,000 km per second.
빛은 1초에 거의 30만 킬로미터의 일정한 속도로 이동한다.

cf. **constantly** ad. 끊임없이, 항상

constituent
[kənstítʃuənt]
n (구성) 요소; 유권자

Carbon and oxygen are **constituents** of carbon dioxide.
탄소와 산소는 이산화탄소의 구성 요소이다.

Most of the **constituents** in this district are liberal.
이 지역의 유권자 대부분은 진보적이다.

cf. **constitute** v. 구성하다; ~에 해당하다
constitution n. 헌법; 구조; 체질
constituency n. 유권자, 선거구

core
[kɔ́ːr]
n 중심핵

The earth consists of the crust, the mantle, the outer **core**, and the inner **core**.
지구는 지각, 맨틀, 외핵, 내핵으로 구성된다.

decompose
[dìːkəmpóuz]
v 분해[부패]하다

When this organic matter **decomposes**, it produces carbon dioxide and methane gas.
이 유기물은 분해될 때 이산화탄소와 메탄가스가 발생한다.

cf. **decomposition** n. 분해, 부패, 변질

diffuse
[difjúːz]
v 발산하다; 퍼지다

This gas **diffuses** through the air faster at a higher temperature.
이 가스는 높은 온도에서 더 빨리 공기 중에 확산된다.

These days technologies **diffuse** very fast.
요즘은 기술이 매우 빨리 보급된다.

cf. **diffusion** n. 발산; 보급, 유포

dilute
[dailú:t]

ⓥ 희석하다

He **diluted** the liquid with water before conducting an experiment.
그는 실험 전에 액체를 물로 희석시켰다.

cf. dilution n. 희석

disperse
[dispə́:rs]

ⓥ 흩뜨리다; 해산시키다

The warm air that rose upward **dispersed** throughout the classroom.
위로 올라간 따뜻한 공기가 교실 전체에 퍼졌다.

Police had to fire tear gas to **disperse** the violent protesters.
경찰은 폭력적인 시위대를 해산시키기 위해 최루탄을 발사해야 했다.

cf. dispersion n. 확산, 분산
    dispersal n. 해산, 분산

dissolve
[dizálv]

ⓥ 녹다; 해산하다

Sugar **dissolves** in water while oil does not.
설탕은 물에 녹는 반면 기름은 물에 녹지 않는다.

The Prime Minister **dissolved** the parliament and called an early election.
국무총리는 의회를 해산시키고 조기 선거를 발표했다.

cf. dissolution n. 파경, 해산

elastic
[ilǽstik]

ⓐ 신축성이 있는

Elastic materials such as spandex are used to make swimming suits.
수영복을 만드는 데는 스판덱스처럼 신축성 있는 직물이 사용된다.

cf. elasticity n. 탄력, 신축성

equivalent
[ikwívələnt]

ⓐ 상당하는
ⓝ 동의어

One horsepower is **equivalent** to 0.746 kilowatts.
1마력은 0.746 킬로와트에 해당한다.

This Korean word does not have an **equivalent** in English.
이 한국어 단어는 영어에 같은 단어가 없다.

cf. equivalence n. 등가, 동량; 동의성

evaporate
[ivǽpərèit]

v 증발하다

Water **evaporates** at 100 degrees Celsius or 212 degrees Fahrenheit.
물은 섭씨 100도, 즉 화씨 212도에서 증발한다.

cf. evaporation n. 증발
vapor n. 증기

explosive
[iksplóusiv]

a 폭발(성)의

Hydrogen is safe when handled correctly although it is a highly **explosive** gas.
수소는 폭발성이 강한 기체이지만 제대로 다루면 안전하다.

cf. explode v. 폭발하다
explosion n. 폭발
explosiveness n. 폭발성

exposure
[ikspóuʒər]

n 노출; 적발

Exposure to radioactive waste could cause cancer.
방사성 폐기물에 노출되면 암을 유발할 수 있다.

The **exposure** of the lobbyist as a Chinese spy shocked people.
로비스트가 중국 스파이라는 것이 적발되자 사람들은 충격에 빠졌다.

cf. expose v. 드러내다, 폭로하다
exposition n. 박람회, 전시회

extract
[ikstrǽkt]

v 추출하다

Scientists have developed a new technology to **extract** oil from oil sands.
과학자들이 유사에서 석유를 추출하는 신기술을 개발했다.

cf. extraction n. 추출

exude
[igzú:d]

v 발산하다; 넘치다

The old vanilla extract **exuded** a strange smell.
오래된 바닐라 추출물이 이상한 냄새를 풍겼다.

People like Anthony because he always **exudes** confidence.
앤소니는 항상 자신감이 넘쳐서 사람들이 그를 좋아한다.

formula
[fɔ́:rmjulə]

ⓝ 화학식; 유아용 유동식

H_2SO_3 is the molecular **formula** for sulfurous acid.
H_2SO_3는 아황산을 나타내는 분자식이다.

Although breast milk is the healthiest choice for babies, many mothers use baby **formula**.
모유가 아기들의 건강을 위해 가장 좋은 선택이지만 많은 어머니들이 유아용 유동식을 사용한다.

frequency
[frí:kwənsi]

ⓝ 주파수; 빈도

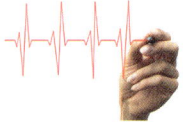

Dogs can hear high **frequency** sounds that are not perceived by human ears.
개는 인간의 귀가 인지하지 못하는 고주파 소리를 들을 수 있다.

Traffic accidents have increased in **frequency** for the last five years.
지난 5년간 교통사고 빈도가 늘었다.

cf. frequent a. 자주 일어나는
frequently ad. 자주

friction
[fríkʃən]

ⓝ 마찰

Lubricants are used to reduce **friction** in moving parts of engines.
엔진 가동부의 마찰을 줄이기 위해 윤활유를 사용한다.

friction between two parties
[labor and industry] 양당 간의(노사 간의) 알력
friction between the two countries
두 나라 사이의 불화

fuse
[fjú:z]

ⓥ 융합하다

When hydrogen atoms **fuse** together, they produce helium.
수소 원자들이 융합하면 헬륨이 된다.

cf. fusion n. 융합

nuclear fusion 핵융합
nuclear fusion reaction[reactor]
핵융합 반응(핵융합로)

inertia
[iné:rʃə]

n. 관성; 무력(증)

When a bus stops suddenly, passengers fall forward due to the law of **inertia**.
버스가 급정거하면 관성의 법칙 때문에 승객들은 앞으로 넘어진다.

I just cannot do anything when I have a feeling of **inertia**.
나는 무력감을 느끼면 아무것도 할 수가 없다.

initiate
[iníʃièit]

v. 시작하다

The Washington Education Commission **initiated** an annual physics competition for high school students.
워싱턴 교육 위원회는 고등학생들을 위해 연례 물리학 대회를 시작했다.

cf. initiation n. 가입; 입회; 입문
　　initiative n. 계획; 결단력
　　initial a. 처음의 n. 이름의 첫 글자

molecule
[máləkjù:l]

n. 분자, 미립자

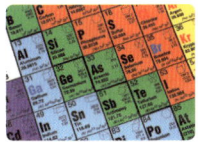

Scientists knew about the existence of **molecules** in the early 19th century.
과학자들은 19세기 초에 분자의 존재에 대해 알고 있었다.

cf. molecular a. 분자의

momentum
[mouméntəm]

n. 운동량; 타성, 여세

Momentum is in proportion to mass and velocity.
운동량은 질량과 속도에 비례한다.

The basketball team gained **momentum** in the third quarter.
농구팀은 3쿼터에 탄력이 붙었다.

 기출표현

gain[gather] momentum 탄력이 붙다
lose momentum 세가 꺾이다, 탄력을 잃다
keep the momentum going 여세를 몰아가다

nuclear
[njúːkliər]

ⓐ 원자력의

Nuclear power is still regarded as an important source of energy.
원자력은 여전히 중요한 에너지원으로 여겨진다.

cf. nucleus n. 핵, 중심

nuclear weapons 핵무기

oxidation
[àksədéiʃən]

ⓝ 산화 (작용)

Oxidation is a process in which a substance combines chemically with oxygen and changes.
산화는 물질이 산소와 화학적으로 결합해 변화하는 과정이다.

cf. oxidize v. 산화시키다
oxidant n. 산화제

⟵ antioxidant n. 산화[노화] 방지제

perpendicular
[pə̀ːrpəndíkjulər]

ⓐ 수직의

The wind turbines are **perpendicular** to the ground.
풍력 발전용 터빈은 지면과 수직을 이루고 있다.

= vertical a. 수직의

⟵ horizontal a. 수평의, 가로의

pliable
[pláiəbl]

ⓐ 잘 휘어지는

This substance is **pliable** but sturdy.
이 물질은 잘 휘어지지만 견고하다.

react
[riːǽkt]

ⓥ 반응하다, 화학 반응을 일으키다

Some metals do not **react** with water.
일부 금속은 물과 화학 반응을 일으키지 않는다.

cf. reaction n. 반응, 반작용
reactive a. 민감한, 반작용적인

resilient
[rizíliənt]
ⓐ 탄력 있는

Latex is a durable and **resilient** material.
라텍스는 내구성이 있고 탄력이 있는 물질이다.
cf. resilience n. 탄성

sterilize
[stérəlàiz]
ⓥ 소독하다; 불임 시술을 하다

These chemicals are used to **sterilize** equipment.
이 화학 약품들은 장비를 소독하는 데 사용된다.

It is common for pet owners to have their pets **sterilized**.
애완동물 주인이 반려동물에게 불임 시술을 시키는 것은 흔한 일이다.

cf. sterile a. 불모의, 메마른

substance
[sʌ́bstəns]
ⓝ 물질; 요지

Water, ice, and vapor are the same **substance**.
물, 얼음, 수증기는 같은 물질이다.

There is no **substance** in Paul's report.
폴의 보고서에는 요지가 없다.

cf. substantial a. 상당한

trigger
[trígər]
ⓥ 유발하다

The catalyst **triggered** a chemical reaction.
촉매제가 화학 반응을 유발했다.

ultrasonic
[ʌ̀ltrəsánik]

ⓐ 초음파의

Ultrasonic waves are used to show images of organs.
초음파는 장기의 영상을 보여주는 데 사용된다.

cf ultrasound n. 초음파 (검사)

verify
[vérəfài]

ⓥ 증명하다

The physicist **verified** his theory by experiment.
물리학자는 실험으로써 자신의 이론을 증명했다.

cf verification n. 확인; 입증

volatile
[válətl]

ⓐ 휘발성의; 변동하는

Alcohol, gasoline, and ammonia are **volatile** substances.
알코올, 휘발유, 암모니아는 휘발성 물질이다.

Commodity prices are currently highly **volatile**.
현재 원자재 가격은 변동성이 매우 높다.

cf volatility n. 휘발성; 변덕

Day 09 DAILY TEST

A 의미상 적절한 단어를 골라 빈칸에 넣고, 필요 시 단어의 형태를 어법에 맞게 바꾸시오.

보기: ⓐ catalyst ⓑ decompose ⓒ dilute ⓓ disperse ⓔ dissolve
     ⓕ exude ⓖ frequency ⓗ momentum ⓘ trigger ⓙ volatile

1 Fortunately, violent crimes have decreased in _____.
2 The reform measures lost _____ after the ruling party's crushing defeat in the election.
3 It takes a plastic bag more than one hundred years to _____.
4 Like many celebrities, Tyler _____ arrogance.
5 You can _____ the juice with water if it is too thick.
6 The political situation in this country is very _____.
7 The democratic movement was a(n) _____ for reform.
8 The crowd began to _____ after dark.
9 In 1999, the president's remarks _____ an anti-government protest.
10 This instant coffee _____ very well even in cold water.

B 단어의 의미가 올바르게 설명된 보기를 찾아 연결하시오.

11 pliable   ⓐ to come together and form a larger group or system
12 inertia   ⓑ one of the parts that form something when they combine
13 sterilize   ⓒ the tendency of a physical object to remain still or to continue moving, unless a force is applied to it
14 constituent   ⓓ easily bent or shaped
15 coalesce   ⓔ to kill all the bacteria on or in something and to make it completely clean

 **NEW TEPS VOCA**

- catch [kætʃ] — v. 잡다
- cave painting — phr. 동굴 벽화
- celebration [sèləbréiʃən] — n. 기념행사
- chubby [tʃʌ́bi] — a. 통통한
- docile [dásəl] — a. 고분고분한

- dock [dɑk] — n. 부두
- gain [gein] — v. 얻다
- gall [gɔːl] — n. 뻔뻔스러움
- gloss over — phr. 얼버무리고 넘어가다
- ground [graund] — n. 근거

- offense [əféns] — n. 반칙, 위반; 공격
- officer [ɔ́(ː)fisər] — n. 경관, 장교, 관리
- officially [əfíʃəli] — ad. 공식적으로
- passionate [pǽʃənit] — a. 열렬한
- patchy [pǽtʃi] — a. 군데군데 있는

- patron [péitrən] — n. 단골, 고객; 후원자
- pause [pɔːz] — n. 잠시 멈춤
- pave [peiv] — v. 길을 포장하다
- pay off — v. 성과를 올리다
- result [rizʌ́lt] — n. 결과

- retail [ríːtèil] — v. 소매하다
- retaliatory [ritǽliətɔ̀ːri] — a. 보복적인
- reticent [rétisənt] — a. 말이 없는
- retired [ritáiərd] — a. 은퇴한
- retract [ritrǽkt] — v. 철회하다

☐ **retrieve** [ritríːv]	v. 회수하다
☐ **sporadic** [spərǽdik]	a. 산발적인
☐ **spot** [spɑt]	n. 위치, 자리
☐ **spray** [sprei]	v. 뿌리다
☐ **spread** [spred]	v. 펼치다
☐ **spy plane**	phr. 정찰기
☐ **squander** [skwάndər]	v. 낭비하다
☐ **squeamish** [skwíːmiʃ]	a. 비위가 약한
☐ **stripe** [straip]	n. 줄무늬
☐ **strive** [straiv]	v. 노력하다, 힘쓰다
☐ **stroke** [strouk]	v. 쓰다듬다
☐ **struggle** [strʌ́gl]	v. 고군분투하다
☐ **stubbed** [stʌ́bid]	a. 뭉뚝한
☐ **stubborn** [stʌ́bərn]	a. 고집 센
☐ **subject** [sʌ́bdʒikt]	n. 그림이나 사진의 대상
☐ **submit** [səbmít]	v. 제출하다
☐ **take off**	phr. 이륙하다
☐ **take sides**	phr. 편들다
☐ **take to**	phr. 좋아하게 되다
☐ **take up**	phr. 받아들이다
☐ **takeover** [téikòuvər]	n. 기업 인수
☐ **toil** [tɔil]	v. 장시간 고생스럽게 일하다
☐ **trader** [tréidər]	n. 상인, 거래자
☐ **traffic in**	phr. ~을 밀거래하다
☐ **yearn** [jəːrn]	v. 갈망하다

Day 09 **123**

DAY 10

중요한 건 사람 마음
심리

aloof
[əlúːf]
ⓐ 떨어진; 무관심한, 냉담한

She always keeps **aloof** because she is very introverted.
그녀는 매우 내성적이라 항상 거리를 두고 지낸다.

animosity
[æ̀nəmásəti]
ⓝ 반감, 적대감

The teenage girl felt **animosity** towards her teacher.
십 대 소녀는 선생님에게 반감을 느꼈다.

antipathy
[æntípəθi]
ⓝ 반감, 혐오

Robert felt a deep **antipathy** toward illegal immigrant workers.
로버트는 불법 이주 노동자들에게 강한 반감을 느꼈다.

anxiety
[æŋzáiəti]
ⓝ 불안(감), 걱정; 열망, 갈망

She practices yoga and meditation to relieve **anxiety**.
그녀는 불안감을 진정시키기 위해 요가와 명상을 수련한다.

Thomas has a keen **anxiety** to succeed in his career.
토마스는 일에서 성공하고 싶은 강한 열망이 있다.

cf anxious a. 불안한; 열망하여

 기출표현
anxiety disorder 불안 장애

arrogant
[ǽrəgənt]
ⓐ 거만한, 오만한

He is so **arrogant** that he thinks he knows everything.
그는 너무 거만해서 자신이 모든 것을 다 안다고 생각한다.

cf arrogance n. 거만, 오만

assuage
[əswéidʒ]

Ⓥ 진정시키다, 완화하다, 달래다

It was not easy for him to **assuage** his daughter's anxiety.

딸의 불안감을 진정시키는 것은 그에게는 쉽지 않은 일이었다.

cf. **assuasive** a. 진정시키는

complacent
[kəmpléisnt]

Ⓐ 자기만족의, 현실에 안주하는

Unfortunately, Rachael has become **complacent** after years of success.

안타깝게도 레이첼은 오랫동안 성공을 거듭한 이후 자기만족에 빠졌다.

cf. **complacency** n. 자기만족, 안주

console
[kənsóul]

Ⓥ 위로하다, 위문하다

Nothing could **console** her when she was dismissed from her job.

그녀가 해고를 당했을 때 아무것도 위로가 되지 못했다.

cf. **consolation** n. 위로, 위안

counsel
[káunsəl]

Ⓥ 상담을 하다, 충고[조언]하다
Ⓝ 상담, 조언

Both psychologists and psychiatrists **counsel** patients but only psychiatrists can prescribe medication.

심리학자와 정신과 의사 모두 환자를 상담하지만, 약 처방은 정신과 의사만 할 수 있다.

cf. **counseling** n. 상담, 카운슬링
   counselor n. 상담 전문가, 카운슬러

 기출표현

marriage counseling 결혼 생활 상담

detached
[ditǽtʃt]
ⓐ 거리를 두는; 무심한

The lawyer always tries to remain emotionally **detached** from his clients.
변호사는 항상 의뢰인들과 감정적으로 거리를 두려 노력한다.
cf. detach v. 분리하다
detachment n. 거리를 둠, 객관성

distraught
[distrɔ́:t]
ⓐ 완전히 제정신이 아닌

Ross and Alice were extremely **distraught** at the news of their son's death.
로스와 앨리스는 아들의 사망 소식을 듣고 제정신이 아니었다.

empathize
[émpəθàiz]
ⓥ 공감하다, 감정 이입하다

Clinical psychologists should be able to **empathize** with their patients.
임상 심리학자들은 환자들과 공감을 할 수 있어야 한다.
cf. empathy n. 공감, 감정 이입
empathetic a. 공감할 수 있는, 감정 이입의

fret
[frét]
ⓥ 초조해하다, 애타다

He is **fretting** about the upcoming job interview.
그는 다가오는 입사면접 때문에 초조해하고 있다.

gratify
[grǽtəfài]
ⓥ 만족시키다, 기쁘게 하다

Christine was **gratified** to hear the news that her son passed the exam.
크리스틴은 아들이 시험에 합격했다는 소식을 듣고 기뻤다.
cf. gratification n. 만족감, 기쁨

grudge
[grʌdʒ]

n 원한, 유감

The teenage hacker bore a **grudge** against society without any reason.
십 대 해커는 아무 이유도 없이 사회에 원한을 품고 있었다.

 기출표현
hold a grudge 원한을 품다

hypnosis
[hipnóusis]

n 최면 (상태), 최면술

Hypnosis has helped him overcome the trauma.
최면은 그가 트라우마를 극복하는 데 도움이 됐다.

cf. hypnotism n. 최면, 최면술
hypnotize v. 최면을 걸다
hypnotic a. 최면술의, 졸음을 유발하는

insomnia
[insámniə]

n 불면(증)

People with depression often suffer from **insomnia** or excessive sleep.
우울증이 있는 사람들은 불면증이나 수면 과다를 겪는 경우가 많다.

cf. insomniac n. 불면증 환자 a. 불면증의

jittery
[dʒítəri]

a 초조해하는, 조마조마한

He felt **jittery** about meeting his girlfriend's parents.
그는 여자 친구의 부모님을 만나는 것 때문에 초조했다.

cf. jitter v. 안달하다, 안절부절못하다

lethargic
[ləθáːrdʒik]

a 무기력한

I recommend you listen to upbeat music when you feel **lethargic**.
무기력할 때는 경쾌한 음악을 들어보세요.

cf. lethargy n. 무기력

melancholy
[mélənkàli]
- n 우울, 침울
- a 우울한

The dreary weather made me feel **melancholy**.
음산한 날씨는 나를 우울하게 만들었다.

cf melancholic a. 우울한

moody
[mú:di]
- a 감정 기복이 심한; 침울한

Moody people's emotions fluctuate frequently.
감정 기복이 심한 사람은 기분이 자주 바뀐다.

cf mood n. 기분, 분위기

 기출표현

mood swing 잦은 기분 변화

morbid
[mɔ́:rbid]
- a 병적인

She came to have a **morbid** fear of high places after the accident.
그녀는 사고 이후 높은 곳에 대한 병적인 공포심이 생겼다.

cf morbidity n. 병적 상태, (어떤 병의) 사망률

nostalgia
[nɑstǽldʒiə]
- n 옛날을 그리워함, 향수

People at the high school reunion were filled with **nostalgia**.
고등학교 동창회에 모인 사람들은 옛 시절에 대한 향수에 젖었다.

cf nostalgic a. 옛날을 그리워하는

obsess
[əbsés]
- v ~에 집착하게 하다, 강박감을 갖다

Some Japanese women are **obsessed** with brand-name bags.
일부 일본 여성들은 명품 가방에 집착한다.

cf obsession n. 강박 상태, 집착
obsessive a. 사로잡혀 있는, 강박적인

 기출표현

obsession with weight 몸무게에 대한 집착
obsessive-compulsive disorder 강박 장애

overjoyed
[òuvərdʒɔ́id]
ⓐ 매우 기뻐하는

He was **overjoyed** to hear that his wife was pregnant.
그는 아내가 임신했다는 말을 듣고 크게 기뻐했다.

paranoid
[pǽrənɔ̀id]
ⓐ 피해망상적인, 편집증의
ⓝ 편집증 환자

Paranoid people often think that other people are trying to harm them.
편집증이 있는 사람들은 흔히 남들이 자신을 해치려 한다는 생각을 한다.

cf. paranoia n. 피해망상, 편집증
    paranoiac a. 편집증의 n. 편집증 환자

pessimistic
[pèsəmístik]
ⓐ 비관적인, 비관주의적인

He looks like a cheerful person but he is actually **pessimistic** about his future.
그는 쾌활한 사람처럼 보이지만 사실 자신의 미래에 대해 비관적이다.

cf. pessimism n. 비관주의, 비관론
    optimistic a. 낙관적인
    optimism n. 낙관주의, 낙관론

 기출표현
cautiously optimistic 조심스럽게 낙관적인

phobia
[fóubiə]
ⓝ 공포증, 혐오증

Mr. Smith was known to have a **phobia** about flying.
스미스 씨는 비행에 대한 공포증이 있는 것으로 알려졌다.

cf. phobic a. 공포증의 n. 공포증이 있는 사람

psychological
[sàikəládʒikəl]
ⓐ 심리적인, 정신적인

Sometimes, **psychological** abuse could cause more problems than physical abuse.
때로는 정신적 학대가 육체적 학대보다 더 많은 문제를 야기할 수도 있다.

cf psychology n. 심리, 심리학
psychologist n. 심리학자

relieved
[rilíːvd]
ⓐ 안심한, 안도한

She was **relieved** to be back home safely after the long drive.
그녀는 장거리 운전 끝에 안전하게 집에 돌아와서 안심이 되었다.

cf relieve v. 완화하다; 안심하게 하다
relief n. 완화, 안심

remorse
[rimɔ́ːrs]
ⓝ 후회, 양심의 가책, 회한

She was filled with **remorse** for the crime she committed.
그녀는 자신이 저지른 범죄에 대해 후회로 가득 찼다.

Psychopaths do not feel **remorse** for the crimes they commit.
사이코패스는 자신이 저지르는 범죄에 대해 양심의 가책을 느끼지 않는다.

cf remorseful a. 후회하는, 양심의 가책을 받는

solace
[sάləs]
ⓝ 위안, 위로
ⓥ 위로하다

When his wife left him, he sought **solace** in his old friends.
아내가 그를 떠났을 때, 그는 옛 친구들에게서 위안을 찾았다.

soothe
[súːð]
ⓥ 달래다, 진정시키다

He took a walk to **soothe** his anger.
그는 분을 삭이기 위해 산책을 했다.

cf. soothing a. 달래는, 진정하는
soother n. 고무젖꼭지

sympathize
[símpəθàiz]
ⓥ 동감하다, 동정하다

The therapist **sympathized** with Joey over his troubles.
치료사는 조이의 문제에 대해 공감했다.

cf. sympathy n. 공감, 동정
sympathetic a. 동정적인

temper
[témpər]
ⓝ 기질, 성질, 성미, 화

Chandler lost his **temper** with his boss and punched him.
챈들러는 상사에게 화가 나서 주먹질을 했다.

cf. temperament n. 기질; 격한 성미
temperamental a. 신경질적인

 기출표현

have a quick temper 성미가 급하다
short-tempered 성마른

tension
[ténʃən]
ⓝ 긴장, 불안, 갈등

Taking a warm bath helps relieve **tension** and stress.
따뜻한 물에 목욕을 하는 것은 긴장과 스트레스 완화에 도움이 된다.

cf. tense a. 긴장한

trauma
[tráumə]
ⓝ 정신적 외상, 충격

Earthquake survivors may suffer **trauma** later.
지진 생존자들은 나중에 정신적 외상을 겪을 수도 있다.

cf. traumatic a. 매우 충격적인

ulterior
[ʌltíəriər]

ⓐ 이면의, 숨은, 마음속의

Jessica had an **ulterior** motive for being nice to Tiffany.

제시카가 티파니에게 잘 대해준 데에는 뭔가 속셈이 있었다.

vigilant
[vídʒələnt]

ⓐ 경계하는, 방심하지 않는

Security guards on duty should remain **vigilant** at all times.

근무 중인 경비원은 항상 경계하고 있어야 한다.

cf vigilance n. 경계, 불침번

vulnerable
[vʌ́lnərəbl]

ⓐ (신체적·정서적으로) 취약한, 연약한

Dana is a successful career woman but she is very **vulnerable** to stress.

다나는 성공한 커리어 우먼이지만 스트레스에는 매우 약하다.

cf vulnerability n. 취약성

Day 10 DAILY TEST

A 의미상 적절한 단어를 골라 빈칸에 넣고, 필요 시 단어의 형태를 어법에 맞게 바꾸시오.

> 보기 ⓐ complacent ⓑ detached ⓒ vulnerable ⓓ moody ⓔ temper
> ⓕ remorse ⓖ morbid ⓗ insomnia ⓘ solace ⓙ pessimistic

1. I don't like _____ people because their emotions change like a roller coaster.
2. _____ people think that only bad things will happen in the future.
3. People who suffer from _____ find it difficult to sleep at night.
4. Mickey is an introverted boy and he is _____ from what is going on around him.
5. I was shocked that John showed no sign of _____ for betraying me.
6. We should not be _____ even though we are successful at the moment.
7. He had a(n) _____ fear of fire after he got burned.
8. Those who have a quick _____ are not patient.
9. Some people seek _____ in religion in hard times.
10. She is _____ now because her boyfriend dumped her a couple of days ago.

B 단어의 의미가 올바르게 설명된 보기를 찾아 연결하시오.

11. distraught   ⓐ kept hidden so as to get a particular outcome
12. assuage   ⓑ very careful to notice any signs of danger or trouble
13. empathize   ⓒ to make an unpleasant feeling less severe
14. vigilant   ⓓ extremely upset and anxious so that you cannot think clearly
15. ulterior   ⓔ to understand how someone feels because you can imagine what it is like to be them

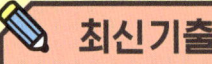 **NEW TEPS VOCA**

- **ascension** [əsénʃən]   n. 오름
- **askew** [əskjúː]   a. 비틀어진
- **aspect** [ǽspekt]   n. 측면
- **aspire** [əspáiər]   v. 열망하다
- **conform** [kənfɔ́ːrm]   v. 순응하다

- **confounded** [kɑnfáundid]   a. 어리둥절한
- **conjecture** [kəndʒéktʃər]   n. 추측
- **connect** [kənékt]   v. 연결하다
- **connotation** [kɑ̀nətéiʃən]   n. 함축
- **director** [diréktər]   n. 이사, 임원

- **dish out**   phr. 마음껏 나눠주다
- **dismantle** [dismǽntl]   v. 분해하다
- **ebb away**   phr. ~서서히 약해지다
- **edifice** [édəfis]   n. 대건축물
- **effectively** [iféktivli]   ad. 효과적으로

- **elasticity** [ilæstísəti]   n. 탄성
- **elated** [iléitid]   a. 마냥 행복해하는
- **invoke** [invóuk]   v. 호소하다
- **irascible** [irǽsəbl]   a. 화를 잘 내는
- **irregular** [irégjələr]   a. 불규칙한

- **irresponsibility** [ìrispɑ̀nsəblìləti]   n. 무책임
- **issue** [íʃuː]   v. 발행하다
- **make a play**   phr. ~노리다
- **make it through**   phr. 견디다
- **make it**   phr. ~시간 맞춰 가다

☐ **make mischief**	phr.	기분 나쁘게 하다
☐ **make out**	phr.	알아듣다
☐ **make up**	phr.	지어내다
☐ **occupy** [ákjəpài]	v.	차지하다
☐ **odious** [óudiəs]	a.	혐오스러운
☐ **off balance**	phr.	균형을 잃은
☐ **off the hook**	phr.	수화기를 내려놓은, 처벌을 면하는
☐ **off the mark**	phr.	표적을 빗나간
☐ **precarious** [prikɛ́(:)əriəs]	a.	위태로운
☐ **precedence** [présidəns]	n.	우선
☐ **precursor** [prikə́:rsər]	n.	선도자
☐ **predilection** [prèdəlékʃən]	n.	편애, 호감
☐ **preface** [préfis]	v.	서문을 쓰다
☐ **preheat** [pri:hí:t]	v.	예열하다
☐ **premise** [prémis]	n.	전제
☐ **premonition** [priməníʃən]	n.	불길한 예감
☐ **recant** [rikǽnt]	v.	철회하다
☐ **recapitulate** [rì:kəpítʃəlèit]	v.	개요를 말하다
☐ **recede** [risí:d]	v.	약해지다
☐ **receive** [risí:v]	v.	받다
☐ **receptive** [riséptiv]	a.	수용적인
☐ **recession** [riséʃən]	n.	경기 침체
☐ **reciprocity** [rèsəprásəti]	n.	호혜주의
☐ **term** [tə:rm]	n.	용어
☐ **termination** [tə̀:rmənéiʃən]	n.	종료

Day 10 **135**

DAY 11 ~20

- **Day 11**   환경
- **Day 12**   경영
- **Day 13**   첨단 기술
- **Day 14**   직장 업무
- **Day 15**   법
- **Day 16**   모임, 행사
- **Day 17**   정치
- **Day 18**   생물학
- **Day 19**   음식, 식품, 식당
- **Day 20**   예술

DAY 11

현대 사회 최대의 이슈
환경

alleviate
[əlíːvièit]

ⓥ 완화하다

Scientists are developing renewable energy sources in an effort to **alleviate** the effects of climate change.
과학자들이 기후 변화의 영향을 완화하기 위한 노력으로 재생 가능 에너지를 개발하고 있다.

cf. alleviation n. 경감, 완화

기출표현
alleviate the symptoms of a cold
감기 증상을 완화하다

alternative
[ɔːltə́ːrnətiv]

ⓝ 대안
ⓐ 대안의, 대체의

Solar power and wind power are well-known examples of **alternative** energy sources.
태양열 발전과 풍력은 대체 에너지원으로 잘 알려진 예이다.

cf. alternate v. 번갈아 하다 a. 교대의
    alternation n. 교대

annihilate
[ənáiəlèit]

ⓥ 전멸[멸망]시키다

I think that mankind could be **annihilated** by a nuclear disaster.
나는 핵 재앙으로 인류가 전멸할 수도 있다고 생각한다.

cf. annihilation n. 전멸

ascertain
[æ̀sərtéin]

ⓥ 확인하다, 규명하다

The researchers **ascertained** that the new factory was causing air pollution.
연구원들은 새 공장이 대기 오염의 원인이 되고 있음을 확인했다.

cf. certain a. 확실한

barren
[bǽrən]
ⓐ (토지가) 메마른; 임신 못하는

This **barren** land is not suitable for food production.
이 척박한 땅은 식량 생산에 적합하지 않다.

The **barren** woman made up her mind to adopt a child.
불임 여성은 아이를 입양하기로 결정했다.

↔ fertile a. 기름진; 가임의

brazen
[bréizn]
ⓐ 뻔뻔한

The factory owner was **brazen** about discharging wastewater without treatment.
공장주는 폐수를 처리하지 않고 방출하는 것에 대해 뻔뻔했다.

compel
[kəmpél]
ⓥ 억지로 ~시키다, 강요하다

New environmental regulations **compel** businesses to reduce greenhouse gas emissions.
새로운 환경 규제는 기업들이 온실가스 배출을 줄이도록 강요한다.

cf. compelling a. 강제적인

 기출표현

compelling evidence 강력한 증거

conserve
[kənsə́ːrv]
ⓥ (자원·에너지 등을) 절약하다; 보존[보호]하다

Using public transportation instead of driving can help **conserve** energy.
자가용 대신 대중교통을 이용하는 것은 에너지 절약에 도움이 될 수 있다.

cf. conservation n. 보호, 보존
　　 conservative a. 보수적인

 기출표현

conservative estimate 적게 잡은 추산

contaminant
[kəntǽmənənt]

n 오염 물질

China immediately banned food imports from Japan after finding radioactive **contaminants** in vegetables grown near Fukushima.
중국은 후쿠시마 근방에서 재배된 채소에서 방사능 오염 물질을 발견한 뒤 즉시 일본으로부터의 식품 수입을 금지했다.

cf contaminate v. 오염시키다
= pollutant n. 오염 물질, 오염원

converge
[kənvə́ːrdʒ]

v 한 점에 모이다, 수렴하다

Wastewater from the factory is flowing into the streams that **converge** into the Han River.
공장 폐수가 한강으로 모이는 개천으로 흘러들고 있다.

cf convergence n. 집합점, 수렴, 융합
↔ diverge v. 갈라지다, 분기하다

 기출표현

digital convergence 디지털 융합

deforest
[diːfɔ́ːrist]

v 삼림을 벌채[파괴]하다

Villagers **deforested** the whole area and planted corn.
마을 사람들은 지역 전체를 벌채하고 옥수수를 심었다.

cf deforestation n. 삼림 벌채
↔ reforest v. 다시 나무를 심다

deplete
[diplíːt]

v 대폭 감소시키다, 고갈시키다

Freon was banned because it **depletes** the ozone layer.
프레온은 오존층을 감소시키기 때문에 금지되었다.

cf depletion n. 고갈, 소모

 기출표현

depletion of oil 석유 고갈
depletion of assets[stocks] 자산[재고] 감소
fuel depletion 연료 손실
oxygen depletion 산소 결핍

detrimental
[dètrəméntl]

ⓐ 해로운, 불리한

Not only carbon dioxide but also methane is **detrimental** to the environment.
이산화탄소뿐만 아니라 메탄가스도 환경에 해롭다.

cf. detriment n. 손상, 손해

disposable
[dispóuzəbl]

ⓐ 일회용의; (세금을 지불하고) 자유로이 쓸 수 있는

We encourage our employees to bring their own mugs instead of using **disposable** paper cups.
우리는 직원들에게 일회용 종이컵 대신 각자 머그잔을 가져오도록 권장한다.

Most working class people do not have much **disposable** income.
대부분의 임금 노동자는 가처분 소득이 얼마 되지 않는다.

cf. disposal n. 처리, 처분

 기출표현

at one's disposal ~의 마음대로 이용할 수 있게
dispose of ~을 없애다

ecosystem
[í:kousìstəm]

ⓝ 생태계

Overfishing and overhunting are detrimental to the **ecosystem**.
어류 남획과 과도한 사냥은 생태계에 해롭다.

emission
[imíʃən]

ⓝ 배출, 방출, 배기가스

Electric cars are truly eco-friendly in that they generate no **emissions**.
전기 자동차는 배기가스를 전혀 배출하지 않는다는 점에서 정말로 친환경적이다.

cf. emit v. 내뿜다

endangered
[indéindʒərd]

ⓐ 멸종될 위기에 이른

We can conserve **endangered** species by preserving their habitats.
우리는 멸종 위기에 처한 종의 서식지를 보존함으로써 이들을 보호할 수 있다.

cf. endanger v. 위험에 빠뜨리다

eradicate
[irǽdəkèit]

ⓥ 박멸하다, 근절하다

The Ministry of Environment's efforts to **eradicate** bullfrogs in the wild have failed.
야생에서 황소개구리를 박멸하려는 환경부의 노력은 실패했다.

cf. eradication n. 근절, 박멸

 기출표현

eradicate poverty 빈곤을 퇴치하다
eradicate corruption 부패를 뿌리 뽑다

exotic
[igzátik]

ⓐ 이국적인, 외래의

We should eradicate **exotic** species such as bluegills and bass that disturb the ecosystem.
우리는 생태계를 교란하는 블루길과 베스와 같은 외래종을 박멸해야 한다.

exploit
[ikspl5it]

ⓥ 개발하다; (노동력을) 착취하다

We need to **exploit** natural resources in a more sustainable way.
우리는 천연자원을 좀 더 지속 가능한 방식으로 개발할 필요가 있다.

The multinational company was accused of **exploiting** child laborers in Asia.
다국적 기업은 아시아에서 어린이 노동자들을 착취한다는 비난을 받았다.

cf. exploitation n. 개발, 착취
exploitive[exploitative] a. 착취하는

extinct
[ikstíŋkt]

ⓐ 멸종된

Tigers became **extinct** in Korea due to overhunting under the Japanese colonial rule.
일제 식민 지배 당시 남획으로 인해 한국에서 호랑이는 멸종되었다.

cf. extinction n. 멸종

extraction
[ikstrǽkʃən]
n 추출

The equipment for the oil **extraction** plant was estimated at $5 million.
기름 추출 공장을 위한 그 장비는 500만 달러로 추정된다.

cf. extract v. 추출하다

fertile
[fə́ːrtl]
a 비옥한, 기름진; 가임의

Immigrant farmers settled on the **fertile** land near the river.
이주 농민들이 강 근처의 비옥한 땅에 정착했다.

Female pandas are not **fertile** for about one and a half years after giving birth.
암컷 판다는 산후 1년 반 동안 임신을 할 수 없다.

cf. fertilize v. 수정시키다, 비료를 주다
fertility n. 비옥, 생식력
fertilizer n. 비료

⟷ infertile, barren a. 불모의, 불임의
= prolific a. 다작(다산)하는; 영양분이 풍부한

fume
[fjúːm]
n (유독) 가스, 매연(주로 복수형으로 사용)
v 연기[매연]를 내뿜다; (화가 나서) 씩씩대다

Bus exhaust **fumes** used to be one of the major sources of air pollution in Seoul.
버스의 배기가스는 서울의 주요 대기오염원 중 하나였다.

Wendell was **fuming** with rage about Jordan's rude behavior.
웬델은 조던의 무례한 행동에 화가 나서 씩씩대고 있었다.

harness
[háːrnis]
v (폭포 등의 자연력을) 이용하다

The government plans to build a new wind farm to **harness** wind power.
정부는 풍력을 이용하기 위해 새 풍력 발전 지대를 건설할 계획이다.

hostile
[hástl]
ⓐ 부적당한; 적대적인

The Sahara Desert is infertile and **hostile** to most plants.
사하라 사막은 불모의 땅이며 대부분의 식물이 살기에 부적당하다.
cf. hostility n. 적의; 반대

initiative
[iníʃiətiv]
ⓝ 솔선; 계획

Leaders of our society should take the **initiative** to reduce the use of disposable products.
사회 지도층이 앞장서서 일회용품 사용을 줄여야 한다.

The government announced a $50 million **initiative** to conserve the rainforests.
정부는 5천만 달러 규모의 열대 우림 보호 계획을 발표했다.
cf. initiate v. 시작하다
initiation n. 가입, 시작

noxious
[nákʃəs]
ⓐ 유독한

He inhaled too much **noxious** gas from briquettes and died.
그는 연탄에서 나오는 유독 가스를 너무 많이 마셔서 사망했다.

obligation
[àbləgéiʃən]
ⓝ 의무

It is our **obligation** to pursue sustainable development.
지속 가능한 개발을 추구하는 것은 우리의 의무이다.
cf. obligate v. 의무를 지우다
obligatory a. 의무적인

🐻 기출표현
be obligated to V ~할 의무가 있다

permanent
[pə́:rmənənt]
ⓐ 영구적인

Extensive use of fossil fuel will cause **permanent** damage to the environment.
광범위한 화석 연료 사용은 환경에 영구적인 피해를 초래할 것이다.
cf. perm[permanent wave] n. 파마

pollutant
[pəlú:tnt]

ⓝ 오염 물질, 오염원

An increasing number of households are using air purifiers to filter air **pollutants**.

점점 더 많은 가정에서 대기 오염 물질을 걸러 내기 위해 공기 청정기를 사용하고 있다.

cf. pollute v. 오염시키다
　　pollution n. 오염
＝contaminant n. 오염 물질

recyclable
[ri:sáikləbl]

ⓐ 재활용할 수 있는

Contrary to popular belief, paper cups used in to-go coffee shops are not **recyclable**.

일반인들의 생각과는 달리 테이크아웃 커피숍에서 사용하는 종이컵은 재활용할 수 없다.

cf. recycle v. 재활용하다
　　recyclability n. 재활용성

reforest
[ri:fɔ́:rist]

ⓥ 다시 나무를 심다, 다시 숲을 가꾸다

In the 1970s, Korea successfully **reforested** bare mountains across the nation.

1970년대에 한국은 전국의 민둥산을 다시 가꾸는 데 성공했다.

cf. reforestation n. 다시 숲 가꾸기
⟷ deforest v. 삼림을 벌채하다

repercussion
[rì:pərkʌ́ʃən]

ⓝ (부정·간접적인) 영향, 반향
(주로 복수형으로 사용)

Global warming will have serious **repercussions** on the environment.

지구 온난화는 환경에 심각한 영향을 미칠 것이다.

species
[spí:ʃi:z]

ⓝ (분류상의) 종

The research institute's attempts to clone endangered **species** aroused controversy.

멸종 위기에 처한 종을 복제하려는 연구소의 시도는 논란을 불러일으켰다.

sustainability
[səstèinəbíləti]
n 지속 가능성

Now it is time companies considered **sustainability** in all of their business decisions.
이제 기업이 모든 사업상의 결정에 지속 가능성을 고려해야 할 때이다.

cf. sustain v. 지속하다, 유지하다
sustainable a. 지속 가능한

toxic
[táksik]
a 유독한

Almost 100 factory workers who were exposed to **toxic** substances developed leukemia.
독성 물질에 노출된 약 100명의 공장 근로자가 백혈병에 걸렸다.

vast
[væst]
a 광대한

Vast areas of forest are being cleared for cultivation.
광대한 삼림 지역이 경작을 위해 개간되고 있다.

wildlife
[wáildlàif]
n 야생 생물

Maintaining the ecological balance of the forest is crucial in our effort to preserve **wildlife**.
숲의 생태학적 균형 유지는 우리의 야생 생물 보호 노력에 있어 매우 중요하다.

withstand
[wiθstǽnd]
v 버티다

Only the species that can **withstand** the effects of climate change will be able to survive.
기후 변화의 영향을 견딜 수 있는 종만이 살아남을 수 있을 것이다.

Day 11 DAILY TEST

A 의미상 적절한 단어를 골라 빈칸에 넣고, 필요 시 단어의 형태를 어법에 맞게 바꾸시오.

> 보기
> ⓐ alleviate ⓑ alternative ⓒ ascertain ⓓ compel ⓔ conserve
> ⓕ deplete ⓖ detrimental ⓗ extinct ⓘ obligation ⓙ repercussion

1 Researchers are trying to _____ what caused the death of hundreds of birds in Lake Agnes.

2 Dodos went _____ in the seventeenth century and do not exist anymore.

3 Advanced countries are investing heavily in _____ energy technology.

4 Climate change will have severe _____ on wildlife.

5 The new chemical plant will have a(n) _____ effect on the ecosystem.

6 Congress enacted new laws to _____ wildlife in the northern region.

7 Developed countries have a moral _____ to help developing countries protect the environment.

8 The government should _____ companies to be more environmentally friendly.

9 Scientists are trying to find ways to _____ the effects of global warming.

10 Some experts say that oil will be _____ in about 150 years.

B 단어의 의미가 올바르게 설명된 보기를 찾아 연결하시오.

11 barren   ⓐ to destroy completely

12 emission   ⓑ to come from different directions to reach the same point

13 annihilate   ⓒ not good enough for plants to grow on it

14 harness   ⓓ a substance, especially a gas, that goes into the air

15 converge   ⓔ to get control of and use something

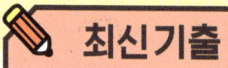 **NEW TEPS VOCA**

☐ admire [ədmáiər]	v. 존경하다, 칭찬하다
☐ admit [ədmít]	v. 인정하다
☐ admonition [ædməníʃən]	n. 충고
☐ bring back	phr. 상기시키다
☐ broach [broutʃ]	v. 꺼집어내다
☐ broaden [brɔ́:dən]	v. 넓히다
☐ buckle up	phr. 안전벨트를 매다
☐ censor [sénsər]	v. 검열하다
☐ census [sénsəs]	n. 인구 조사
☐ call for	phr. 요구하다, 필요로 하다
☐ chafe [tʃeif]	v. 괴롭히다
☐ chalk up to	phr. ~ 탓으로 돌리다
☐ charge [tʃɑ:rdʒ]	v. 청구하다
☐ defray [difréi]	v. 비용을 부담하다
☐ degrade [digréid]	v. 비하하다
☐ dejected [didʒéktid]	a. 낙담한
☐ enrollment [inróulmənt]	n. 등록, 입학
☐ ensconce [inskáns]	v. 안락하게 자리를 잡다
☐ ensure [inʃúər]	v. 보장하다, 반드시 ~하게 하다
☐ enterprise [éntərpràiz]	n. 기업; 사업
☐ enthusiasm [inθjú:ziæzəm]	n. 열정, 열의
☐ enunciate [inʌ́nsièit]	v. 명확히 발음하다
☐ fine [fain]	v. 벌금을 물리다
☐ fire [fáiər]	v. 해고하다
☐ fissure [fíʃər]	n. 길게 갈라진 틈

☐ fix [fiks]	v. 준비하다, 마련하다	
☐ hallowed [hǽloud]	a. 신성한	
☐ hallway [hɔ́ːlwèi]	n. 복도	
☐ halt [hɔːlt]	v. 중단하다	
☐ inserted [insə́ːrtid]	a. 끼워 넣은	
☐ insight [ínsàit]	n. 이해, 간파; 통찰력	
☐ insinuate [insínjuèit]	v. 넌지시 비치다	
☐ insist [insíst]	v. 고집하다, 우기다	
☐ inspect [inspékt]	v. 조사하다, 검사하다	
☐ inspire [inspáiər]	v. 주입하다, 불어넣다	
☐ keepsake [kíːpsèik]	n. 기념품	
☐ kick the bucket	phr. 죽다	
☐ kindle [kíndl]	v. 불을 붙이다	
☐ low [lou]	n. 낮은 수준, 최저치	
☐ loyalty [lɔ́iəlti]	n. 충성심	
☐ lugubrious [lu(ː)gúːbriəs]	a. 침울한	
☐ lurid [ljúː(ː)ərid]	a. 충격적인, 선정적인, 색상이 요란스러운	
☐ nonchalant [nὰnʃəláːnt]	a. 차분한, 무심한	
☐ nonetheless [nὰnðəlés]	ad. 그렇기는 하지만	
☐ notice [nóutis]	n. 주목	
☐ notion [nóuʃən]	n. 생각	
☐ notoriously [noutɔ́ːriəsli]	ad. 악명 높게	
☐ obstruct [əbstrʌ́kt]	v. 막다	
☐ obtain [əbtéin]	v. 얻다	
☐ object [ábdʒikt]	n. 물체	

DAY 12 경영
인기 전공, 인기 주제

acquire
[əkwáiər]

v 획득하다; 습득하다

Pearl Peach Network has **acquired** a large number of companies since 2001.
펄 피치 네트워크는 2001년부터 많은 기업을 인수했다.

Children **acquire** language in different ways from adults.
아이들은 성인과는 다른 방식으로 언어를 습득한다.

cf. acquisition n. 획득; 이득
acquired a. 획득한; 후천적인

 기출표현

second language acquisition
제2언어 습득

acquisition of a start-up company
신생 기업의 인수

allot
[əlát]

v 할당하다

Eighty thousand dollars have been **allotted** to our marketing project.
우리 마케팅 프로젝트에 8만 달러가 할당됐다.

cf. allotment n. 할당; 몫

approve
[əprúːv]

v 승인하다; 찬성하다

Any new project should be **approved** by the board of directors.
새로운 프로젝트는 이사회의 승인을 받아야만 한다.

Jeremy doesn't **approve** of teenagers having plastic surgery.
제레미는 10대의 성형 수술을 찬성하지 않는다.

cf. approval n. 승인; 찬성

disapprove (of) v. 찬성하지 않다

assign
[əsáin]

v (일·사물 등을) 할당하다

The manager **assigned** Michelle the task of editing the newsletter.
부장은 미쉘에게 소식지를 편집하는 일을 맡겼다.

cf. assignment n. (임명된) 직; 숙제

benefit
[bénəfit]

n 복리 후생; 이익

The company offers **benefits** such as health insurance, pensions, and employee discounts.
그 회사는 의료 보험, 연금, 직원 할인과 같은 복리 후생을 제공한다.

cf. beneficial a. 유익한, 이로운

 기출표현

benefits package 복리 후생 제도
fringe benefit 부가 급부
perk 임직원의 혜택

conglomerate
[kəngláməret]

n (거대) 복합 기업

Hatsushiba is a **conglomerate** that operates in various business segments including financial services, construction, and chemicals.
하츠시바는 금융 서비스, 건설, 화학 등 다양한 사업 부문에서 활동하는 복합 기업이다.

cf. conglomeration n. 복합(체)

consensus
[kənsénsəs]

n 일치; 교감

The management has not reached a **consensus** on whether to enter the Chinese market.
경영진은 중국 시장 진출 여부에 대해 의견 일치를 보지 못했다.

cf. consensual a. 합의의, 합의에 의한

 기출표현

reach a consensus on ~에 대해 합의를 보다

consolidate
[kənsálədèit]

v 굳건하게 하다; 통합하다

KIMS Chemical has **consolidated** its position as the world's largest producer of secondary cells.
킴스 화학은 세계 최대의 2차 전지 생산업체로서의 입지를 굳혔다.

In 2010, the two subsidiaries were **consolidated** into one.
2010년에 두 자회사가 하나로 통합됐다.

cf. consolidation n. 강화; 통합

counter
[káuntər]

v ~에 대항하다
n 반작용, 반대

Manufacturers are trying to stock up on commodities to **counter** the effects of inflation.
제조업체들은 인플레이션의 영향에 대응하기 위해 원자재를 비축하려 하고 있다.

cutback
[kʌ́tbæ̀k]

n 삭감, 감축

Phoenix Motors announced a 30% **cutback** in production due to shortage of parts.
피닉스 모터스는 부품 부족으로 30% 생산 감축을 한다고 발표했다.

cf. cut back phr. 줄이다

discharge
[distʃá:rdʒ]

v (직무를) 수행[이행]하다; 해고하다

Natasha was severely reprimanded for failing to faithfully **discharge** her duties.
나타샤는 자신의 의무를 충실히 이행하지 못한 것에 대해 호된 질책을 받았다.

Macrohard **discharged** Alex for embezzlement of company funds.
매크로하드는 회사 자금 횡령을 이유로 알렉스를 해고했다.

dismiss
[dismís]

v 해고하다

Caroline was **dismissed** for substandard performance.
캐롤라인은 저조한 실적으로 인해 해고되었다.

cf. dismissal n. 해고

downsize
[dáunsàiz]
- ⓥ (인력을) 줄이다, 감원하다

The sales drop forced Frux Motors to **downsize** its workforce by 20%.
프럭스 자동차는 매출 감소 때문에 인력을 20% 감원할 수밖에 없었다.

enterprise
[éntərpràiz]
- ⓝ 기업, 회사

In Korea, 88% of jobs are created by small and medium-sized **enterprises**.
한국은 일자리의 88%가 중소기업에서 창출된다.

entrepreneur
[à:ŋtrəprəné:r]
- ⓝ 기업가, 사업가

The ambitious **entrepreneur** set up a new business venture in Silicon Valley.
야심에 찬 사업가는 실리콘 밸리에서 새 벤처 기업을 창설했다.

cf. entrepreneurial a. 기업가의
entrepreneurship n. 기업가 정신, 기업가 활동

factor in
- phr ~을 고려하다

Don't forget to **factor in** labor costs when you plan office renovations.
사무실 개조를 계획할 때 인건비를 고려해야 한다는 것을 잊지 마십시오.

implement
[ímpləmènt]
- ⓥ 실시하다

The company will **implement** a new policy on sick leave in the second quarter of this year.
회사는 올 2분기에 병가에 대한 새로운 정책을 실시할 것이다.

cf. implementation n. 이행, 실행

incentive
[inséntiv]
- ⓝ 격려; 장려금

Koala Confectionary offers **incentives** to high performing employees.
코알라 제과는 실적이 좋은 직원들에게 장려금을 제공한다.

lay off
[phr] 정리 해고하다

During the Asian financial crisis, many Korean companies had to **lay off** their employees.
아시아 금융 위기 당시 많은 한국 기업은 직원들을 정리 해고해야 했다.

cf. layoff n. 해고

lucrative
[lúːkrətiv]

ⓐ 수익성이 좋은, 돈이 벌리는

These days medical tourism is emerging as a **lucrative** business in Korea.
요즘 한국에서 의료 관광이 수익성 좋은 사업으로 부상하고 있다.

manage
[mǽnidʒ]

ⓥ 경영[운영]하다; 간신히[용케] 해내다, 이럭저럭 해내다

Mr. Kim's father **manages** one of the largest resorts in Bali.
김 씨의 아버지는 발리에서 가장 큰 휴양 시설 중 하나를 경영한다.

Garcia **managed** to meet the deadline by working day and night.
가르시아는 밤낮없이 일해서 겨우 마감일을 지켰다.

manage to V 용케 ~해내다

manufacture
[mæ̀njufǽktʃər]

ⓥ 제조[생산]하다

Chinese companies are **manufacturing** quality goods at low prices.
중국 기업들이 저가에 고품질 제품을 생산하고 있다.

cf. manufacturing a. 제조(업)의 n. 제조업
manufacturer n. 제조업자

meet
[míːt]

ⓥ (필요·요구 등을) 충족시키다, (기한 등을) 지키다

We are always doing our utmost to best **meet** the needs of consumers.
우리는 소비자들의 요구를 가장 잘 충족시키기 위해 항상 최선을 다하고 있다.

meet the deadline 마감에 맞추다

merge
[mə́:rdʒ]

ⓥ 합병하다, 병합하다

The two companies **merged** to become the largest automaker in Europe.
두 기업이 합병하여 유럽 최대의 자동차 회사가 되었다.

cf. merger n. 합병

 기출표현

merger and acquisition 인수합병(M&A)

motivate
[móutəvèit]

ⓥ ~에게 동기를 주다

Motivating employees is an important part of a supervisor's job.
직원들에게 동기 부여를 하는 것은 상사의 의무 중 중요한 부분이다.

cf. motivation n. 동기 부여
motivational a. 동기 부여의

 기출표현

motivational speaker 동기 부여 연설가

occupation
[àkjəpéiʃən]

ⓝ 직업; 점령

The interpretation agency is having difficulty finding male interpreters because an interpreter is not a popular **occupation** among men.
통역사는 남자들 사이에서 인기 있는 직업이 아니기 때문에 그 통역 에이전시는 남성 통역사를 찾는 데 어려움을 겪고 있다.

Many democratic activists are against Chinese **occupation** of Tibet.
많은 민주화 운동가들은 중국의 티베트 점령에 반대한다.

cf. occupy v. 차지하다; 점령하다
occupational a. 직업의
occupancy n. 점유, 거주

 기출표현

be occupied with ~으로 바쁘다
be preoccupied with ~에 사로잡힌, 정신이 팔린

outsource
[àutsɔ́:rs]

ⓥ 외주 제작하다, 외부에 위탁하다

Many American companies now **outsource** their software development to Indian firms.
요즘 많은 미국 기업은 소프트웨어 개발을 인도 회사에 위탁한다.

cf. outsourcing n. 아웃소싱, 외주제작

overtake
[òuvərtéik]
ⓥ 추월하다, 따라잡다

Our company has finally **overtaken** Morea in both sales and profits.
우리 회사는 마침내 매출과 이익 모두에서 모리아를 추월했다.

personnel
[pə̀:rsənél]
ⓝ (전)사원

All of our sales **personnel** have great communication skills.
우리 영업 사원은 모두 의사소통 능력이 뛰어나다.

personnel department 인사과

potential
[pəténʃəl]
ⓐ 잠재하는
ⓝ 잠재력

Sales personnel should always look for new ways to reach **potential** customers.
영업자들은 항상 잠재 고객에게 다가갈 새로운 방법을 찾아야 한다.

Rex Williams has the **potential** to become a successful CEO.
렉스 윌리엄스는 성공적인 최고 경영자가 될 잠재력이 있다.

procure
[proukjúər]
ⓥ 마련하다

The general affairs department has allotted three thousand dollars to **procure** computers and peripherals for next year.
총무부는 내년도 컴퓨터 및 주변 기기 마련에 3천 달러를 할당했다.

cf. **procurement** n. 획득; 조달

promote
[prəmóut]
ⓥ 홍보하다; 승진시키다

SN International plans to make an infomercial to **promote** its latest product.
SN 인터내셔널은 신제품을 홍보하기 위해 정보 광고를 제작할 계획이다.

David Mills was **promoted** to senior vice president in May 2018.
데이비드 밀스는 2018년 5월에 수석 부사장으로 승진했다.

cf. **promotional** a. 홍보의, 판촉의

promotional video 홍보 영상

prospective
[prəspéktiv]

ⓐ 예상된

Prospective employees should ask about pension plans before accepting a job offer.
예비 직원들은 취업 제의를 받아들이기 전에 연금 제도에 대해 질문해야 한다.

cf. prospect n. 가망, 전망

quarter
[kwɔ́:rtər]

ⓝ 1분기(1년의 1/4)

J Mart is expected to overtake Apple-Mart in the number of stores worldwide in the third **quarter** of this year.
제이 마트는 올해 3분기에 전 세계 점포 수에서 애플 마트를 따라잡을 것으로 예상된다.

cf. quarterly a. 분기별의

redundant
[ridʌ́ndənt]

ⓐ 정리 해고된; 불필요한

More than two hundred workers were made **redundant** due to the recession.
경기 침체 때문에 200명 이상의 직원들이 정리 해고됐다.

Smartphones have made MP3 players **redundant**.
스마트폰으로 인해 MP3 플레이어는 불필요해졌다.

cf. redundancy n. 여분, 과잉

reward
[riwɔ́:rd]

ⓥ 보상하다; 보수를 주다

James quit because he felt he was not properly **rewarded** for his work.
제임스는 자신의 일에 대해 제대로 보상을 못 받는다고 느껴서 사퇴했다.

cf. rewarding a. 보답하는, ~할 보람이 있는

shareholder
[ʃɛ́ərhòuldər]

ⓝ 주주

A new investment decision will be made at a **shareholders'** meeting.
새로운 투자 문제는 주주 총회에서 결정될 것이다.

turnover
[tə́:rnòuvər]
- n (기업의) 매출(액); 이직률

In 2017, Thompson Department Store recorded an annual **turnover** of 437 million euros.
2017년에 톰슨 백화점은 4억 3천 7백만 유로의 연간 총매출을 기록했다.

The company has a low **turnover** of staff thanks to its great benefits package.
그 회사는 뛰어난 복리 후생 제도 덕분에 직원 이직률이 매우 낮다.

vacillate
[vǽsəlèit]
- v 망설이다

The management **vacillated** between diversification and concentration.
경영진은 다각화냐 집중이냐를 두고 망설였다.

cf. vacillation n. 망설임, 우유부단

volume
[válju:m]
- n 부피, 크기; 총액
- a 대량 판매의

We might have to lay off some people if the sales **volume** continues to drop at the current rate.
매출이 현재와 같은 비율로 계속 하락한다면 일부 직원을 정리 해고 해야 할지도 모른다.

We offer a **volume** discount to customers who buy more than ten boxes.
열 상자 이상 구매하시는 고객들에게 대량 판매에 대한 할인을 제공한다.

Daily Test

A 의미상 적절한 단어를 골라 빈칸에 넣고, 필요 시 단어의 형태를 어법에 맞게 바꾸시오.

> 보기 ⓐ acquire ⓑ allot ⓒ consensus ⓓ consolidate ⓔ dismiss
> ⓕ entrepreneur ⓖ implement ⓗ turnover ⓘ lucrative ⓙ motivate

1. Orange Computer will _____ new measures to enhance efficiency.
2. The company's _____ rate is quite high because its employees are not well rewarded.
3. The management decided to _____ more money to advertising.
4. Kellan and Emma have reached a(n) _____ on the issue.
5. The company became the largest automaker by _____ JJ Motors.
6. In the U.S., there are many _____ jobs that do not require a college degree.
7. Due to policies unfriendly to business, young _____ are leaving the country.
8. He was _____ when he was caught stealing the company's money.
9. Employees here are not very _____ because they feel they are unfairly treated.
10. KG Telecom has _____ its status as the biggest wireless carrier in Europe.

B 단어의 의미가 올바르게 설명된 보기를 찾아 연결하시오.

11. merge   ⓐ to keep changing your ideas about something
12. redundant   ⓑ to combine or make two or more things, combine to form a single thing
13. discharge   ⓒ not necessary or useful
14. potential   ⓓ the possibility of something happening or being developed or used
15. vacillate   ⓔ to remove from office or employment

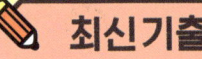 **NEW TEPS VOCA**

- assault [əsɔ́:lt] — n. 공격
- assert [əsə́:rt] — v. 강하게 주장하다
- assertion [əsə́:rʃən] — n. 주장
- assess [əsés] — v. 재다, 평가하다
- assign [əsáin] — v. 할당하다

- can't afford — phr. ~할 여유가 없다
- cast around for — phr. 두루 찾다
- circulation [sə̀:rkjəléiʃən] — n. 판매 부수
- circumstance [sə́:rkəmstæns] — n. 상황
- circumvent [sə̀:rkəmvént] — v. 우회하다

- claim [kleim] — v. 주장하다
- damp [dæmp] — a. 축축한, 눅눅한
- dapper [dǽpər] — a. 말쑥한
- daring [dɛ́(:)əriŋ] — a. 대담한
- daunt [dɔ:nt] — v. 기죽게 하다

- ephemeral [ifémərəl] — a. 수명이 짧은
- epidemic [èpidémik] — n. 유행성 전염병
- epitomize [ipítəmàiz] — v. 예가 되다, ~을 예시하다
- equal [í:kwəl] — a. 동일한
- fondness [fándnis] — n. 애정

- food aid — phr. 식량 원조
- for decades — phr. 수십 년 동안
- forbearance [fɔ:rbɛ́(:)ərəns] — n. 관용
- hub [hʌb] — n. 중심, 중추
- humanitarian [hju:mæ̀nitɛ́(:)əriən] — a. 인도주의적인

☐ hundreds of	phr.	수백 개의
☐ intact [intǽkt]	a.	온전한
☐ intangible [intǽndʒəbl]	a.	무형의
☐ integral [íntəgrəl]	a.	필수적인
☐ intellectual [ìntəléktʃuəl]	a.	지적인
☐ intend [inténd]	v.	의도하다
☐ intensively [inténsivli]	ad.	집중적으로, 강하게
☐ knight [nait]	n.	기사
☐ knock off	phr.	해치우다
☐ lead to	phr.	~로 이어지다
☐ lease [li:s]	n.	임대차 계약
☐ leather [léðər]	n.	가죽
☐ lesson [lésən]	n.	수업, 강의
☐ operative [ápərèitiv]	a.	가동되는
☐ oppose [əpóuz]	v.	반대하다
☐ opposing [əpóuziŋ]	a.	반대하는
☐ oppressive [əprésiv]	a.	억압적인
☐ permissive [pərmísiv]	a.	관대한
☐ perseverance [pə̀:rsəví(:)ərəns]	n.	인내
☐ persistence [pərsístəns]	n.	끈기
☐ personify [pə:rsánəfài]	v.	의인화하다
☐ persuade [pərswéid]	v.	설득하다
☐ working order	phr.	정상적으로 작동하는 상태
☐ workout [wə́:rkàut]	n.	운동
☐ worthless [wə́:rθlis]	a.	쓸모없는, 보잘것없는

Day 12

DAY 13

뉴텝스의 얼리어답터
첨단 기술

access
[ǽkses]

- ⓝ 접근, 접속
- ⓥ (컴퓨터에) 접속하다

Employees need a user ID and password to gain **access** to the company network.
직원들이 회사 네트워크에 접속하기 위해서는 이용자 ID와 비밀번호가 필요하다.

With this device, you can **access** the Internet anytime anywhere.
이 기기가 있으면 언제 어디서든 인터넷에 접속할 수 있다.

cf. accessible a. 접근 가능한, 이해하기 쉬운
accessibility n. 접근 (가능성)

act up
- phr (기계 등이) 기능이 나빠지다; 떠들다

The old photocopier in the office is **acting up** again.
사무실의 낡은 복사기가 또 말썽이다.

Most children begin to **act up** when they are bored.
아이들은 대부분 지루해지면 떠들기 시작한다.

advent
[ǽdvent]
- ⓝ 도래, 출현

With the **advent** of wireless Internet, people can now work on the go.
무선 인터넷의 출현으로 사람들은 이제 이동 중에도 일을 할 수 있다.

assemble
[əsémbl]
- ⓥ 조립하다; 소집하다

He was computer illiterate so he asked his tech-savvy friend to **assemble** the computer.
그는 컴맹이라 기계를 잘 다루는 친구에게 컴퓨터를 조립해 달라고 부탁했다.

All the executives **assembled** in the conference room.
모든 임원이 회의실에 모였다.

cf. assembly n. 집회, 의회; 조립
⟵ disassemble v. 분해하다

assistance
[əsístəns]

ⓝ 거듦, 조력

The software company promised to provide technical **assistance** to the local library.
소프트웨어 기업은 지역 도서관에 기술 지원을 제공하기로 약속했다.

cf. assist v. 돕다
assistant n. 조수, 보조자

attach
[ətǽtʃ]

ⓥ 첨부하다; 애착을 갖게 하다

Don't forget to **attach** the Powerpoint file to your email.
이메일에 파워포인트 파일 첨부하는 것을 잊지 마세요.

It is natural for teachers to become **attached** to their students.
선생님들이 학생들에게 애착을 갖게 되는 것은 자연스러운 일이다.

cf. attached a. 첨부된; 애착을 갖는
attachment n. 첨부 파일; 애착

 기출표현

attachment to children 아이들에 대한 애착

audible
[ɔ́ːdəbl]

ⓐ 들리는, 들을 수 있는

PGR Soft developed computer software that translates text into **audible** speech.
PGR 소프트는 글을 귀로 들을 수 있는 말로 바꾸는 소프트웨어를 개발했다.

cf. inaudible a. 들리지 않는

breakdown
[bréikdàun]

ⓝ 고장; 쇠약

Some important files have been erased by a sudden **breakdown** of the storage device.
저장 장치의 갑작스러운 고장으로 몇몇 중요한 파일들이 삭제됐다.

I think Alice is having a nervous **breakdown.**
앨리스가 신경 쇠약을 앓고 있는 것 같다.

 기출표현

break down 고장 나다; 건강을 해치다

breakthrough
[bréikθrù:]

ⓝ 큰 발전, 약진, 돌파구

The research team made a **breakthrough** in the development of hydrogen fuel cells.
연구팀은 수소 연료 전지 개발에 큰 발전을 이루었다.

compile
[kəmpáil]

ⓥ (자료 등을) 편집[편찬]하다

Most stock investors use a spreadsheet program to **compile** the data they have researched.
대부분의 주식 투자자들은 자신이 조사한 자료를 편집하기 위해 스프레드시트 프로그램을 사용한다.

cf. compilation n. 편집

complicated
[kámpləkèitid]

ⓐ 복잡한

This model is not popular because it is too **complicated** to use.
이 모델은 사용하기 너무 복잡해서 인기가 없다.

cf. complicate v. 복잡하게 하다
complication n. 복잡; 합병증

constraint
[kənstréint]

ⓝ 제약

We can now access information without the **constraints** of time and space.
이제 우리는 시간과 공간의 제약 없이 정보를 입수할 수 있다.

cf. constrain v. 강요하다; 압박하다

cutting-edge
[kʌ́tiŋ édʒ]

ⓐ 최첨단의

Advanced countries are applying **cutting-edge** technology to agriculture.
선진국들은 농업에 최첨단 기술을 적용하고 있다.

device
[diváis]

ⓝ 장치[기구]

This small portable **device** can store 800 gigabytes of data.
이 작은 휴대용 기기는 800기가바이트의 데이터를 저장할 수 있다.

cf. devise v. 고안하다, 궁리하다

devise a scheme 계획을 세우다

dimension
[diménʃən]

ⓝ 차원

Thanks to 3D technology, we can watch movies in three **dimensions**.
3D 기술 덕분에 우리는 3차원으로 영화를 볼 수 있다.

cf. dimensional a. ~차원의

four-dimensional world 4차원의 세계

duplicate
[djú:plikèit] ⓥ 복사하다, 복제하다

[djú:plikət] ⓐ 사본의, 중복의, 이중의

It is recommended that you **duplicate** important files stored on your computer's hard drive onto backup disks.
컴퓨터 하드 드라이브에 저장된 중요한 파일을 백업 디스크에 복사해 둘 것을 권고합니다.

I think the superintendent has a **duplicate** key.
관리인한테 복제 열쇠가 있는 것 같다.

in duplicate 두 통으로

encode
[inkóud]

ⓝ 암호화하다, 부호화하다

We use special software to **encode** confidential business data.
우리는 사업 기밀 자료를 암호화하기 위해 특별한 소프트웨어를 사용한다.

feasible
[fíːzəbl]

ⓐ 실현[실행] 가능한, 있음직한

Cloning a human being, although controversial, is **feasible** with the current technology.
논란은 있겠지만 인간 복제는 현재 기술로 실현 가능하다.

cf. feasibility n. 실행 가능성

 기출표현
feasibility study 예비 조사

generate
[dʒénərèit]

ⓥ 발생시키다, 만들어 내다

It is not yet feasible to **generate** all the energy we need without **generating** any greenhouse gases.
온실가스를 전혀 배출하지 않고 우리가 필요한 모든 에너지를 생산하는 것은 아직 불가능하다.

cf. generation n. 세대, 대
generator n. 발전기
generative a. 생산하는, 생식력이 있는

glitch
[glítʃ]

ⓝ 사소한 결함, 고장

The recently released beta version still contains some **glitches**.
최근 발표된 베타 버전에 여전히 몇 가지 결함이 있다.

groundbreaking
[gráundbrèikiŋ]

ⓐ 획기적인, 신기원을 이룬

This **groundbreaking** technology allows carbon dioxide to be easily transformed into plastics.
이 획기적인 기술은 이산화탄소가 쉽게 플라스틱으로 변모되도록 한다.

impetus
[ímpətəs]

ⓝ 힘, 자극

The advent of smartphones and wireless Internet has given **impetus** to technological innovations.
스마트폰과 무선 인터넷의 도래는 기술 혁신에 자극을 주었다.

insert
[insə́ːrt]

ⓥ 끼워 넣다, 삽입하다

It is not difficult to **insert** video clips into Powerpoint slides.
파워포인트 슬라이드에 동영상을 삽입하는 것은 어렵지 않다.

cf. insertion n. 삽입

intermittent
[ìntərmítnt]

ⓐ 때때로 중단되는

Smartphone users often experience **intermittent** connection due to frequency shortage.
스마트폰 이용자들은 주파수 부족 때문에 때때로 연결이 끊기는 현상을 자주 경험한다.

mechanical
[məkǽnikəl]

ⓐ 기계(상)의, 기계에 의한

I think the server broke down due to **mechanical** failure, not software failure.
서버가 고장 난 것은 기계 고장 때문이지 소프트웨어 문제는 아니라고 생각한다.

novelty
[návəlti]

ⓝ 신기한 물건

Hybrid vehicles are not a **novelty** any more.
하이브리드 자동차는 더 이상 신기한 것이 아니다.

cf. novel a. 새로운, 신기한

obsolete
[àbsəlíːt]

ⓐ 쓸모없게 된

Floppy discs have become **obsolete** with the advent of portable USB flash drives.
휴대용 USB 플래시 드라이브의 도래로 플로피 디스크는 쓸모없게 되었다.

peripheral
[pərífərəl]
- ⓐ 주위의, 주변적인
- ⓝ (컴퓨터) 주변 장치

TP Electronics manufactures various computer **peripherals** such as portable hard drives, printers, and scanners.
TP전자는 휴대용 하드 드라이브, 프린터, 스캐너 등 다양한 컴퓨터 주변 기기를 제조한다.

cf. periphery n. 주위, 주변

on the periphery of ~의 주변에

portable
[pɔ́ːrtəbl]
- ⓐ 휴대용의, 간편한

In the 1970's, a **portable** TV was still something of a novelty.
1970년대에 휴대용 TV는 여전히 신기한 물건이었다.

cf. portability n. 휴대할 수 있음

recharge
[riːtʃɑ́ːrdʒ]
- ⓥ 재충전하다

This cutting-edge device enables you to **recharge** your laptop battery in about five minutes.
이 최첨단 기기로 노트북 배터리를 약 5분 안에 재충전할 수 있다.

cf. rechargeable a. 재충전되는
recharger n. 충전기

recipient
[risípiənt]
- ⓝ 수신자, 수령인

A **recipient** of an email should never open a suspicious attachment.
이메일 수신자들은 수상한 첨부 파일을 절대 열어서는 안 된다.

cf. receive v. 받다

reliable
[riláiəbl]
- ⓐ 믿을 만한, 신뢰할 수 있는

Reliable Internet security is a must for people who frequently do online banking.
온라인 은행 거래를 자주 하는 사람들에게 믿을 만한 인터넷 보안은 필수이다.

cf. reliability n. 믿음직함, 신뢰도

retrieve
[rití:v]

ⓥ (정보를) 검색하다

Web browsers allow users to **retrieve** information from the Internet.
웹 브라우저로 사용자들은 인터넷에서 정보 검색이 가능하다.

cf. retrieval n. 회수, 검색

sophisticated
[səfístəkèitid]

ⓐ 정교한; 세련된

Embryonic stem cell research requires **sophisticated** equipment and facilities.
배아줄기세포 연구는 정교한 장비와 시설을 필요로 한다.

The CEO of the clothing company was a young man with **sophisticated** tastes.
의류회사 최고 경영자는 세련된 취향을 가진 젊은 남자였다.

cf. sophistication n. 지적 교양

sort out
phr 분류하다; 해결하다

This program helps you **sort out** the files on your computer.
이 프로그램은 컴퓨터 파일을 분류하는 데 도움을 준다.

I had to call the police to **sort out** the problem.
문제를 해결하기 위해 경찰을 불러야 했다.

supplant
[səplǽnt]

ⓥ 대신[대체]하다

I don't think e-books will completely **supplant** printed books.
전자책이 종이책을 완전히 대체할 것이라고는 보지 않는다.

switch
[swítʃ]

ⓝ 전환

Wireless carriers in Korea are preparing to **switch** over to more advanced technology.
한국의 이동통신사들은 더 발전된 기술로의 전환을 준비하고 있다.

transmit
[trænsmít]

ⓥ 보내다, 전송하다; 전염시키다

This is currently the fastest way to **transmit** data over long distances.
이것이 현재 장거리로 데이터를 전송하는 가장 빠른 방법이다.

Many animals can directly **transmit** disease to humans.
많은 동물이 인간에게 병을 직접 전염시킬 수 있다.

cf. transmission n. 전달, 전송; (자동차의) 변속기
transmitter n. 송신기

viable
[váiəbl]

ⓐ 실행 가능한, (태아·신생아가) 생존 가능한

Carbon capture and storage is technically **viable** but not commercially **viable** yet.
탄소 포집 및 저장은 기술적으로는 실행 가능해도 아직 상업적으로는 아니다.

A fetus becomes **viable** outside the womb at 24 weeks' gestation.
태아는 임신 24주가 되면 자궁 밖에서도 생존할 수 있게 된다.

cf. unviable a. 실행 불가능한

 기출표현

viable alternative 실행 가능한 대안

virtual
[vɔ́ːrtʃuəl]

ⓐ 〈컴퓨터〉 가상의; 사실상의

Many Americans became addicted to the online **virtual** world called "Kamilia."
많은 미국인들이 '카밀리아'라는 온라인 가상 세계에 중독되었다.

cf. virtually ad. 사실상, 가상으로

 기출표현

virtually impossible 사실상 불가능한

Day 13 DAILY TEST

A 의미상 적절한 단어를 골라 빈칸에 넣고, 필요 시 단어의 형태를 어법에 맞게 바꾸시오.

보기	ⓐ access	ⓑ act up	ⓒ advent	ⓓ duplicate	ⓔ feasible
	ⓕ generate	ⓖ glitch	ⓗ novelty	ⓘ obsolete	ⓙ supplant

1 Back in the early '90s, owning a cell phone was something of a _____.

2 Kayoto cars were recalled due to a technical _____.

3 Digital cameras have almost completely _____ film cameras.

4 Last night he _____ the files on his USB drive in case his computer breaks down.

5 The old laptop was _____ again.

6 Time travel is not _____ yet.

7 Since the _____ of the Internet, the influence of TV has diminished.

8 MP3 players have made cassette and CD players _____.

9 These days almost everyone knows how to _____ the Internet on a mobile phone.

10 Nuclear power does not _____ much CO_2.

B 단어의 의미가 올바르게 설명된 보기를 찾아 연결하시오.

11 retrieve   ⓐ something that encourages a process or activity to develop more quickly

12 constraint   ⓑ to bring back again

13 transmit   ⓒ to send out an electronic signal such as a radio or television signal

14 impetus   ⓓ something that limits or controls what you can do.

15 viable   ⓔ capable of success or continuing effectiveness

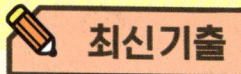# NEW TEPS VOCA

- apprehensive [æprihénsiv] a. 걱정하는, 불안한
- apprise [əpráiz] v. 알리다
- approach [əpróutʃ] v. 접근하다
- approbation [æprəbéiʃən] n. 칭찬
- be associated with phr. ~와 결부되다

- be descended from phr. ~의 자손이다
- be determined to phr. ~하기로 결심하다
- clear [kliər] a. 뚜렷한, 분명한
- clement [klémənt] a. 온화한
- clerical [klérikəl] a. 사무직의

- decent [dí:sənt] a. 괜찮은
- decimate [désəmèit] v. 대량으로 죽이다
- decked out phr. 화려하게 입은
- eschew [istʃú:] v. 멀리하다
- esoteric [èsətérik] a. 난해한

- espouse [ispáuz] v. 옹호하다
- fairly [fέərli] ad. 공정하게
- fake [feik] a. 가짜의
- far from -ing phr. 전혀 ~가 아닌
- farm land phr. 농지

- in person phr. 직접, 실물로
- in place phr. 준비가 되어 있는
- in response to phr. ~에 대응하여
- means [mi:nz] n. 갖고 있는 재력, 수입
- measure [méʒər] v. 측정하다

- merge [mə:rdʒ]   v. 합병하다
- merit [mérit]   n. 장점
- ordain [ɔ:rdéin]   v. 정하다
- order [ɔ́:rdər]   n. 명령
- ordination [ɔ̀:rdənéiʃən]   n. 성직위 수여

- organism [ɔ́:rgənìzəm]   n. 유기체, 생물체
- origin [ɔ́(:)ridʒin]   n. 기원
- originate [ərídʒənèit]   v. 유래하다
- penchant [péntʃənt]   n. 애호, 기호
- perceptive [pərséptiv]   a. 통찰력 있는

- perforate [pə́:rfərit]   v. 구멍을 뚫다
- perform [pərfɔ́:rm]   v. 수행하다
- perish [périʃ]   v. 죽다, 소멸되다
- radiation [rèidiéiʃən]   n. 방사선
- rage [reidʒ]   n. 격렬한 분노

- raid [reid]   n. 급습
- raise [reiz]   n. 증가
- rally [rǽli]   n. 집회
- scale [skeil]   v. 저울질하다
- scam artist   phr. 사기꾼

- scanty [skǽnti]   a. 부족한
- scarce [skɛərs]   a. 드문
- scathing [skéiðiŋ]   a. 혹독한
- scenic [sí:nik]   a. 경치가 좋은
- scheme [ski:m]   n. 계획

Day 13

DAY 14

취업하면 꼭 필요한 비즈니스 영어
직장 업무

address
[ǝdrés]

ⓥ 연설하다; (문제를) 다루다, 처리하다

The CEO is scheduled to **address** shareholders and analysts at the annual meeting.
최고 경영자는 연례 주주 총회에서 주주와 애널리스트에게 연설하기로 되어 있다.

The management has failed to **address** the problem of sluggish sales.
경영진은 매출 부진 문제를 처리하는 데 실패했다.

adjourn
[ǝdʒə́:rn]

ⓥ (회의 등을) 휴회하다

I think we should **adjourn** the meeting for today and reconvene tomorrow.
오늘 회의는 여기까지 하고 내일 다시 모이는 게 좋을 것 같습니다.

adroit
[ǝdrɔ́it]

ⓐ 능숙한, 손재주가 있는

He is **adroit** at dealing with demanding customers.
그는 까다로운 고객을 상대하는 데 능숙하다.

agenda
[ǝdʒéndǝ]

ⓝ 의제, 안건

The second item on the **agenda** at the last week's board meeting was cost-cutting measures.
지난주 이사회 회의에서 비용 절감 조치가 두 번째 의제였다.

appoint
[əpɔ́int]
ⓥ 지명[임명]하다

To her surprise, she was **appointed** marketing manager.
놀랍게도 그녀는 마케팅 책임자로 임명되었다.
cf. appointment n. 약속; 임명

available
[əvéiləbl]
ⓐ 이용할 수 있는; 시간이 있는

The regional manager of Europe is currently not **available** because she is on a business trip.
유럽 지역 담당자는 출장 중이라 현재 만날 수 없다.
cf. availability n. 유용성
↔ unavailable a. 이용할 수 없는; (사람이) 없는

beforehand
[bifɔ́:rhænd]
ⓐⓓ 사전에, 미리

You should make an appointment two days **beforehand** if you want to tour the manufacturing facility.
제조 시설을 견학하고 싶다면 이틀 전에 예약하셔야 합니다.

collaborate
[kəlǽbərèit]
ⓥ 협력하다, 공동으로 일하다

Designers are **collaborating** with engineers on product development.
디자이너들이 제품 개발을 위해 엔지니어들과 공동 작업하고 있다.
cf. collaboration n. 협동, 공동 연구
collaborative a. 협력적인

 기출표현
in collaboration with ~와 협력하여
collaborative efforts 공동의 노력

colleague
[káli:g]
ⓝ (같은 직장·직종에 다니는) 동료

I ran into an old **colleague** of mine at the trade show.
무역 박람회에서 옛 동료와 마주쳤다.

come up with
phr ~을 제시[제안]하다

Lynette always **comes up with** creative ideas at a monthly meeting.
리넷은 항상 월례회의 때 창의적인 아이디어를 제시한다.

competence
[kámpətəns]
n 능력

Shareholders began to question his **competence** as a CEO.
주주들이 최고 경영자로서의 그의 능력을 의심하기 시작했다.

cf. competent a. 유능한

⟷ incompetence n. 무능력

 기출표현

beyond one's competence ~의 능력 밖인
linguistic competence 언어 능력

conference
[kánfərəns]
n 회의

The marketing director participated in a **conference** on the bio-industry.
마케팅 이사는 바이오산업에 관한 회의에 참석했다.

 기출표현

press conference 기자 회견
conference call (3인 이상이 하는) 전화 회담

confidential
[kànfədénʃəl]
a 기밀의, 비밀의

Unauthorized personnel must not access **confidential** documents.
권한이 없는 직원들은 기밀 서류에 접근해서는 안 된다.

cf. confidentiality n. 비밀성, 기밀성

 기출표현

confidentiality agreement 비밀 협정
doctor-patient confidentiality
의사의 환자 비밀 유지

credential
[kridénʃəl]
n 자격, 적격

Mark has all the necessary **credentials** to become a chief financial officer.
마크는 최고 재무 관리자가 되는 데 필요한 자격을 모두 갖추고 있다.

draft
[dræft]

ⓥ 초안을 작성하다
ⓝ 초안

We had to hire a lawyer to **draft** a contract.
우리는 계약서 초안을 작성하기 위해 변호사를 고용해야 했다.

The first **draft** of the term paper is due on November 1.
학기말 리포트 초안은 11월 1일까지 제출해야 한다.

eligible
[élidʒəbl]

ⓐ 자격이 있는; 바람직한

Non-regular workers employed for over a year are **eligible** for severance pay.
1년 이상 일한 비정규직 근로자는 퇴직금을 받을 자격이 있다.

cf. eligibility n. 적임, 적격

enclose
[inklóuz]

ⓥ 동봉하다

Please **enclose** your bank statement in the application form.
지원서에 은행 거래 내역서를 동봉하세요.

cf. enclosure n. 동봉(한 것)

executive
[igzékjutiv]

ⓝ 임원, 관리직

A designated parking space is one of the perks for **executives**.
전용 주차 공간은 임원진을 위한 특전 중 하나이다.

cf. execute v. 실행하다
 execution n. 실행, 집행; 사형

 기출표현

be executed for ~죄로 처형당하다

extension
[iksténʃən]

ⓝ 구내전화; 연장

You can reach me at **extension** 9486 during office hours.
근무 시간에는 내선번호 9486으로 전화하시면 됩니다.

The subcontractor asked for an **extension** of the contract for another year.
하청업체는 계약을 1년 더 연장해 달라고 요청했다.

cf. extend v. 연장하다

 기출표현

extend hospitality to ~에게 환대를 베풀다

inform
[infɔ́ːrm]

ⓥ 알리다, 통지하다

You should **inform** your employees of the safety procedures at the workplace.
직장 내 안전 수칙에 대해 직원들에게 알려야 한다.

cf. information n. 정보
informative a. 정보를 제공하는, 유익한

in the red
phr 적자로

The company has been **in the red** for three consecutive quarters.
회사가 3분기 연속 적자 상태이다.

⟷ in the black phr. 흑자로

motion
[móuʃən]

ⓝ 발의, 제안, 동의; 움직임, 흔들림

One of the executives put forward a **motion** to extend the contract.
임원 중 한 명이 계약 연장을 제안했다.

Your children should remain seated while the bus is still in **motion**.
버스가 아직 움직이는 동안 아이들은 자리에 앉아 있어야 합니다.

 기출표현

carry a motion 동의를 가결하다
reject a motion 동의를 부결하다
second a motion 동의에 찬성하다
motion sickness 멀미
in motion 움직이고 있는, 운전 중인

notify
[nóutəfài]

ⓥ 알리다, 통지[통보]하다

Under the current regulations, you have twenty days to **notify** your employer of any work related injury.
현재 규정에 따르면, 업무상 재해에 대해 고용주에게 20일 이내에 알려야 한다.

cf. notification n. 통지, 공고

 기출표현

notify ~ in writing ~에게 서면으로 통지하다

oversee
[òuvərsíː]
- ⓥ 감독하다

Tom Cavos was appointed to **oversee** the construction project.
톰 카보스는 건설 프로젝트 감독으로 임명되었다.

overwork
[òuvərwə́ːrk]
- ⓥ 과로시키다, 지나치게 부리다

Korean conglomerates are infamous for **overworking** their employees.
한국 대기업들은 직원을 혹사시키는 것으로 악명이 높다.

perform
[pərfɔ́ːrm]
- ⓥ 수행하다; 공연하다

Exhausted employees are more likely to **perform** poorly.
지친 직원들은 업무 수행을 제대로 하지 못할 가능성이 더 높다.

The singer chose to **perform** his songs live.
가수는 자신의 노래를 라이브로 공연하기로 결정했다.

cf. performer n. 연기자, 연주자
performance n. 실적, 성과; 상연

 기출표현
performance-based payment 성과급 제도

posture
[pástʃər]
- ⓝ (몸의) 자세; 정신적 태도

Some employees get back pains from sitting in a particular **posture** for an extended period of time.
일부 직원은 오랫동안 특정 자세로 앉아 있다가 허리 통증이 생긴다.

The board of directors took a defensive **posture** on the issue.
이사회는 그 문제에 대해 방어적인 태도를 취했다.

propose
[prəpóuz]
- ⓥ 제안[제의]하다; 청혼하다

He **proposed** an office building renovation project at the meeting.
그는 회의에서 사무실 건물 개보수 프로젝트를 제안했다.

cf. proposal n. 제안, 제의, 청혼
proposition n. 제안, 제의

rebuke
[ribjúːk]

- ⓥ 비난하다
- ⓝ 비난, 질책

The manager **rebuked** Jason for failing to turn in the first draft on time.
부장은 제이슨이 초안을 제때 제출하지 못한 것에 대해 질책했다.

recall
[rikɔ́ːl]

- ⓥ (물건을) 회수하다; 생각해 내다, 상기하다
- ⓝ 회수; 회상, 상기

The automaker had to **recall** 1.5 million vehicles due to defective parts in their braking systems.
자동차 회사는 브레이크 시스템의 부품 결함 때문에 자동차 150만 대를 회수해야 했다.

I cannot **recall** exactly who set the agenda.
누가 의제를 정했는지 정확히 기억이 나지 않는다.

representative
[rèprizéntətiv]

- ⓝ 대표(자), 대표물
- ⓐ 대표하는; 전형적인; 상징하는

Representatives from the industry will address environmental issues at the conference.
업계 대표들은 회의에서 환경 문제를 다룰 것이다.

Bibimbap is **representative** of Korean cuisine.
비빔밥은 한식을 대표한다.

cf. representation n. 대표; 묘사

reprimand
[réprəmænd]

- ⓥ 질책하다; 견책[징계]하다
- ⓝ 질책; 견책

Julio was **reprimanded** for tardiness by his boss.
훌리오는 지각해서 상사에게 질책을 받았다.

resignation
[rèzignéiʃən]

- ⓝ 사직, 사임

His unexpected **resignation** came as a surprise to all of us.
그의 예상치 못한 사임에 우리 모두가 놀랐다.

cf. resign v. 사직하다

résumé
[rézumèi]

ⓝ 이력서

You should turn in your **résumé** in duplicate.
이력서 2부를 제출해야 합니다.

strike
[stráik]

ⓥ 파업에 들어가다; ~에게 인상을 주다
ⓝ 동맹 파업

The labor union decided to go on **strike** for better wages.
노조는 임금 인상을 위해 파업을 하기로 결정했다.

He **struck** me as a competent salesman.
그는 능력 있는 세일즈맨이라는 인상을 주었다.

cf. striking a. 파업 중인; 인상적인

turn in

phr 제출하다

I am supposed to **turn** the report **in** by next Wednesday.
나는 다음 주 수요일까지 보고서를 제출하기로 되어 있다.

unanimous
[ju:nǽnəməs]

ⓐ 만장일치의

The board made a **unanimous** decision to acquire Hanson Toys.
이사회는 만장일치로 핸슨 토이즈를 인수하기로 결정했다.

cf. unanimity n. 만장일치

undertake
[ʌ̀ndərtéik]

ⓥ (일·책임 등을) 맡다; 착수하다

Mr. Howard will **undertake** the new marketing project.
하워드 씨가 새 마케팅 프로젝트를 맡을 것이다.

cf. undertaker n. 인수인; 장의사

unreachable
[ʌnríːtʃəbl]
ⓐ 도달할 수 없는

He forgot to take his cell phone and now he is **unreachable**.
그가 핸드폰 가져가는 것을 깜박해서 지금 연락이 되지 않는다.

urgent
[ə́ːrdʒənt]
ⓐ 긴급한; 강요하는

I have some **urgent** issues to discuss with Mr. Peterson but he is not available now.
피터슨 씨와 급히 논의할 문제가 있는데 지금은 그를 만날 수 없다.
cf. urgency n. 긴급; 절박

Day 14 DAILY TEST

A 의미상 적절한 단어를 골라 빈칸에 넣고, 필요 시 단어의 형태를 어법에 맞게 바꾸시오.

보기: ⓐ extension ⓑ appoint ⓒ strike ⓓ confidential ⓔ address
       ⓕ competence ⓖ come ⓗ rebuke ⓘ beforehand ⓙ adroit

1. You are not allowed to read _____ papers.
2. You cannot be a successful businessman if you are not _____ at negotiating.
3. I think this project is beyond his _____.
4. I recommend you make a reservation one month _____.
5. I don't understand why no one seems willing to _____ this issue.
6. After failing to reach an agreement with management, the employees went on _____.
7. The two sides agreed on a(n) _____ of the contract for six months.
8. Ava was _____ for being repeatedly late.
9. At last week's meeting, Olivia _____ up with a great solution to the problem.
10. Martha was _____ vice president of advertising.

B 단어의 의미가 올바르게 설명된 보기를 찾아 연결하시오.

11. credential   ⓐ agreed or shared by everyone in a group
12. adjourn   ⓑ to tell someone officially and in a serious way that something they have done is wrong
13. reprimand   ⓒ personal qualities, achievements, or experiences that make someone suitable for something
14. unanimous   ⓓ the position in which you stand or sit
15. posture   ⓔ to stop a meeting or an official process, especially a trial, for a period of time

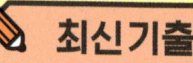 **NEW TEPS VOCA**

- archaeologist [ɑ́ːrkiəlɑ̀ʒist]　　n. 고고학자
- archive [ɑ́ːrkaiv]　　n. 기록 보관소
- arduous [ɑ́ːrdʒuəs]　　a. 고된
- argue [ɑ́ːrgjuː]　　v. 주장하다, 논증하다
- arid [ǽrid]　　a. 무미건조한

- arrange [əréindʒ]　　v. 배치하다
- articulate [ɑːrtíkjəlit]　　v. 분명히 표현하다
- artwork [ɑ́ːrtwə̀ːrk]　　n. 삽화; 예술품
- combat [kɑ́mbæt]　　n. 전투
- combine [kəmbáin]　　v. 결합하다

- come forward　　phr. 나서다
- comely [kʌ́mli]　　a. 예쁜
- devastated [dévəstèitid]　　a. 완전히 파괴된
- deviate [díːvieit]　　v. 벗어나다
- deviation [dìːviéiʃən]　　n. 일탈

- devote [divóut]　　v. 헌신하다
- devotion [divóuʃən]　　n. 헌신
- devout [diváut]　　a. 독실한
- eager [íːgər]　　a. 열렬한
- exertion [igzə́ːrʃən]　　n. 노력

- exhaustion [igzɔ́ːstʃən]　　n. 탈진, 기진맥진
- exhume [igzúːm]　　v. 유해를 발굴하다
- exile [égzail]　　n. 망명, 유배
- exonerate [igzɑ́nərèit]　　v. 무죄임을 밝히다
- exorbitant [igzɔ́ːrbitənt]　　a. 과도한

☐ form [fɔːrm]	v. 형성하다	
☐ forte [fɔ́ːrtei]	n. 강점	
☐ fortuitous [fɔːrtjúːitəs]	a. 우연한	
☐ fortunate [fɔ́ːrtʃənit]	a. 운이 좋은, 다행인	
☐ forward [fɔ́ːrwərd]	v. 보내다	
☐ foster [fɔ́(ː)stər]	v. 조성하다	
☐ founder [fáundər]	v. (배가) 물이 차서 가라앉다	
☐ ingratiate [ingréiʃièit]	v. 환심을 사다	
☐ inhibit [inhíbit]	v. 억제하다	
☐ inimical [inímikəl]	a. 적대적인	
☐ initiate [iníʃieit]	v. 시작하다	
☐ overbooking [óuvərbúkiŋ]	n. 예약 초과	
☐ overburden [óuvərbə̀ːrdən]	v. 지나치게 많이 싣다	
☐ overcharge [óuvərtʃɑ̀ːrdʒ]	v. 과다 청구하다	
☐ overhaul [óuvərhɔ̀ːl]	n. 기계 정비	
☐ overlap [óuvərlæ̀p]	n. 공통 부분	
☐ overseas [óuvərsìːz]	ad. 해외로	
☐ oversee [òuvərsíː]	v. 감독하다	
☐ pesticide [péstisàid]	n. 살충제	
☐ petulant [pétʃələnt]	a. 심통 사나운	
☐ pharmaceutical [fɑ̀ːrməsjúːtikəl]	a. 제약의, n. 약	
☐ philosopher [filásəfər]	n. 철학자	
☐ phlegmatic [flegmǽtik]	a. 침착한, 냉정한	
☐ physical [fízikəl]	a. 육체적인	
☐ physicist [fízisist]	n. 물리학자	

Day 14

DAY 15 법

법 없이 살 사람도 법률 어휘는 알아야지

accomplice
[əkɑ́mplis]
ⓝ 공범자

The fraud escaped with the help of an **accomplice**.
사기꾼은 공범의 도움으로 달아났다.

accuse
[əkjúːz]
ⓥ 고발하다

A former colleague from work **accused** John of defamation.
전 직장 동료가 존을 명예 훼손 혐의로 고발했다.
cf. accusation n. 비난, 고발
　　the accused n. 피의자, 피고인

acquit
[əkwít]
ⓥ 무죄를 선고하다

Michael Aldrin was **acquitted** of arson for lack of evidence.
마이클 알드린은 증거 부족으로 방화 혐의에 대해 무죄를 선고받았다.
cf. acquittal n. 무죄 방면

allegation
[æ̀ligéiʃən]
ⓝ (충분한 증거가 없는) 주장

Their **allegation** that she stole the wallet proved to be false.
그녀가 지갑을 훔쳤다는 그들의 주장은 사실이 아닌 것으로 밝혀졌다.
cf. allege v. (충분한 증거도 없이) 단언하다
　　alleged a. (증거 없이) 주장된
　　allegedly ad. 주장한 바에 의하면

apprehend
[æprihénd]

ⓥ (범인을) 체포하다; (의미를) 이해하다

Police **apprehended** the identity theft suspect in the train station.
경찰은 신원을 도용한 용의자를 기차역에서 체포했다.

The prodigy was quick to **apprehend** the complicated concept.
그 천재는 복잡한 개념을 빨리 이해했다.

cf. apprehension n. 우려; 이해력
apprehensive a. 우려하는; 이해가 빠른
apprehensible a. 이해할 수 있는

assault
[əsɔ́ːlt]

ⓥ 폭행하다
ⓝ 공격, 폭행

He **assaulted** the victim with a golf club.
그는 골프채로 피해자를 폭행했다.

attest
[ətést]

ⓥ 증언하다, 증명하다, 인증하다

Three witnesses **attested** to the genuineness of the signature.
증인 세 명은 그 서명이 진짜라고 증언했다.

commit
[kəmít]

ⓥ 범하다, 저지르다

Once you **commit** a sin, you cannot get away with it.
죄를 저지르고 나면, 너는 그것에서 벗어날 수 없다.

constitutional
[kɑ̀nstətjúːʃənl]

ⓐ 헌법의; 타고난

China's parliament has passed a **constitutional** amendment removing presidential term limits.
중국 의회는 대통령 임기 제한을 철회하는 헌법 수정안을 통과시켰다.

cf. constitute v. 구성하다
constitution n. 헌법

 기출표현

constitutional amendment 개헌, 헌법 수정안
constitutional rights 헌법상의 권리

Day 15

convict
[kənvíkt] v 유죄를 선고하다
[kánvikt] n 죄인

The teenage boy was **convicted** of theft.
10대 소년은 절도죄로 유죄 판결을 받았다.

cf. conviction n. 유죄의 판결; 신념, 확신

 기출표현
ex-convict 전과자

detain
[ditéin]
v 유치[구류·감금]하다

The police **detained** the suspicious man for questioning.
경찰은 수상한 남자를 심문하기 위해 구금했다.

cf. detention n. 구금
    detainee n. 억류자

enforce
[infɔ́ːrs]
v (법률 등을) 집행하다; 강요하다

Protesters condemned the government for failing to **enforce** the law fairly.
시위대는 정부의 불공정한 법 집행을 비난했다.

The professor **enforces** his political opinion on his students.
교수는 자신의 정치적 견해를 학생들에게 강요한다.

cf. enforcement n. (법률의) 시행; (의견 등의) 강조

 기출표현
law enforcement official 경관

establish
[istǽbliʃ]
v (제도·법률을) 제정하다; (~로서의 지위·명성을) 확고히 하다

The Constitution of the United States was **established** in 1787.
미국 헌법은 1787년에 제정되었다.

The band firmly **established** themselves as superstars in Japan with their third single, "Roller Coaster Love."
밴드는 세 번째 싱글 '롤러코스터 러브'로 일본에서 슈퍼스타로서의 입지를 확고히 했다.

cf. establishment n. 설립, 제정; 확립
    established a. 인정받는, 확립된

exonerate
[igzánəréit]

ⓥ 무죄임을 입증하다, 혐의를 풀어 주다

The convict was **exonerated** of the murder charge by DNA testing after 20 years of imprisonment.
재소자가 20년을 복역한 뒤에 DNA검사를 통해 살인 혐의가 무죄로 입증되었다.

extenuate
[iksténjuéit]

ⓥ 정상을 참작하다, (죄 등을) 경감하다

His poverty does not **extenuate** his crime.
가난이 그의 범죄에 대한 정상 참작의 이유는 되지 못한다.

 기출표현

extenuating circumstances
정상참작이 가능한 상황

fabricate
[fǽbrikèit]

ⓥ 꾸며내다; 조립하다

Investigators later found out the evidence had been **fabricated** against the accused.
수사관들은 증거가 피의자에게 불리하게 조작됐다는 점을 나중에 알게 됐다.

He runs a factory that **fabricates** auto parts.
그는 자동차 부품을 조립하는 공장을 운영한다.

cf. fabrication n. 위조; 제작
prefabricated a. (건물이) 조립식의

falsify
[fɔ́:lsəfài]

ⓥ (서류 등을) 위조하다

He **falsified** his transcript to get into a prestigious graduate school.
그는 일류 대학원에 진학하기 위해 성적 증명서를 위조했다.

cf. false a. 거짓의, 위조의
falsification n. 위조, 변조

file
[fáil]

ⓥ (고소 등을) 제기하다

He **filed** for divorce after his wife cheated on him.
그는 아내가 바람을 피우자 이혼 소송을 제기했다.

 기출표현

file a suit 소송을 제기하는

forge
[fɔ́ːrdʒ]
ⓥ 위조하다; (합의·친교 등을) 맺다

Lynn was accused of **forging** her supervisor's signature on the company's documents.
린은 회사 문서에 상사의 서명을 위조한 혐의로 기소되었다.

Korea has **forged** a strategic partnership with more than ten countries.
한국은 10개국 이상의 나라와 전략적 동반자 관계를 맺었다.

cf. forgery n. 위조(죄), 위조문서

fraudulent
[frɔ́ːdʒulənt]
ⓐ 사기의, 부정의

He made **fraudulent** claims that he can cure cancer with vitamins.
그는 비타민으로 암을 치료할 수 있다는 거짓 주장을 했다.

cf. fraud n. 사기(죄), 사기꾼

injustice
[indʒʌ́stis]
ⓝ 불공평; 권리 침해

People believed the young prosecutor was something of a hero who fights social **injustice**.
사람들은 젊은 검사가 사회적 불평등과 맞서 싸우는 일종의 영웅이라고 믿었다.

⟵ justice n. 정의, 공정

interrogate
[intérəgèit]
ⓥ 심문하다; 질문하다

Police **interrogated** the bank robber to find out where he hid the money.
경찰은 은행 강도가 돈을 어디에 숨겼는지 알아내기 위해 그를 심문했다.

cf. interrogator n. 질문자, 심문자
    interrogation n. 심문, 질문

investigate
[invéstəgèit]
ⓥ 수사하다

Police plan to **investigate** drug trafficking in Busan.
경찰은 부산 지역의 마약 밀매를 수사할 계획이다.

cf. investigation n. 조사, 수사
    investigator n. 수사관
    investigative a. 조사의, 취조의

🎯 기출표현

under investigation 조사 중

involved
[inválvd]

ⓐ (사건 등에) 깊이 관련된; 복잡한

Three ex-convicts were **involved** in the credit card fraud.
세 명의 전과자가 신용 카드 사기에 연루되어 있었다.

cf. involve v. 수반하다, 관련시키다
　　involvement n. 연루
= implicated a. 연루된

jury
[dʒúəri]

ⓝ 배심(원단)

The **jury** returned a verdict of not guilty for the accused.
배심원단이 피고에 대해 무죄 평결을 내렸다.

cf. juror n. 배심원

lawsuit
[lɔ́ːsùːt]

ⓝ 소송, 고소

A consumer filed a **lawsuit** against the smartphone maker for failing to provide adequate customer service.
스마트폰 제조업체가 적절한 고객 서비스를 제공하지 않는다는 이유로 한 소비자가 소송을 제기했다.

legitimate
[lidʒítəmət]

ⓐ 합법적인

Running an online gambling site is not **legitimate** in Korea.
한국에서 온라인 도박 사이트 운영은 불법이다.

cf. legitimize v. 합법(정당)화하다
　　legitimacy n. 합법성
⟷ illegitimate a. 불법의

offender
[əféndər]

ⓝ 범죄자, 위반자

The habitual **offender** was apprehended again for shoplifting.
상습범은 가게에서 물건을 훔친 혐의로 다시 체포되었다.

cf. offend v. 위반하다; 성나게 하다

 기출표현
first offender 초범

overturn
[òuvərtə́ːrn]
- ⓥ 뒤집다; 타도하다

Her two-year sentence was **overturned** by a court of appeals.
그녀의 징역 2년 구형은 항소 법원에서 뒤집혔다.

plead
[plíːd]
- ⓥ 변호하다; 진술하다

He **pleaded** not guilty to corruption charges.
그는 부패 혐의에 대해 무죄를 주장했다.

cf. plea n. 탄원

🔸 기출표현
plead guilty to ~의 죄를 인정하다
plead not guilty to ~의 무죄를 주장하다

prosecute
[prásikjùːt]
- ⓥ 기소하다

Gang members were **prosecuted** for smuggling gold bars.
폭력단 조직원들이 금괴를 밀수한 혐의로 기소되었다.

cf. prosecution n. 기소, 고발
prosecutor n. 검사

provision
[prəvíʒən]
- ⓝ 조항; 제공; (장래에 대한) 준비

The contract includes a **provision** on benefits for employees.
계약에는 직원 복리 후생에 대한 조항이 포함되어 있다.

She believes that the government should be in charge of the **provision** of health care.
그녀는 정부가 의료 서비스 제공을 책임져야 한다고 생각한다.

He has already made **provision** for retirement.
그는 이미 은퇴를 대비해 두었다.

cf. provide v. 제공하다

revoke
[rivóuk]

ⓥ (명령·약속·면허 등을) 취소하다

After the accident, his driving license was **revoked** for 60 days.
사고 이후, 그의 운전면허는 60일 동안 취소되었다.
cf. revocation n. 취소, 폐지

sentence
[séntəns]

ⓥ 선고하다, 판결하다
ⓝ (형사상의) 선고, 판결

He was **sentenced** to five years in prison.
그는 징역 5년을 선고 받았다.

life sentence 무기 징역
death sentence 사형

sequester
[sikwéstər]

ⓥ 격리하다

The jury is supposed to be **sequestered** during the trial.
배심원단은 재판 기간 동안 격리되어야 한다.

specify
[spésəfài]

ⓥ 명기하다

The contract clearly **specifies** the date by which the items should be delivered.
계약서는 물건이 배달되어야 하는 날짜를 분명히 명시하고 있다.

stringent
[stríndʒənt]

ⓐ (규칙 등이) 엄격한

Some of the provisions in the tax law are too **stringent**.
세법의 일부 조항은 지나치게 엄격하다.

suspect
[səspékt] 의심을 두다
[sʌ́spekt] n 용의자, 혐의자

He is **suspected** of forging the passport.
그는 여권을 위조했다는 의심을 받고 있다.

Investigators apprehended and interrogated the fraud **suspect**.
수사관들이 사기 용의자를 체포해 심문했다.

cf. suspicion n. 의심, 혐의
suspicious a. 의심하는, 의심스러운

🔖 기출표현
be suspicious of ~을 의심하다

trial
[tráiəl]

n 재판; (품질·성능 등의) 실험

The former mayor of Shanghai is currently on **trial** for corruption.
상하이 전 시장이 부패 혐의로 현재 재판을 받고 있다.

Common side effects reported in clinical **trials** include dry eyes and nausea.
임상 실험에 보고된 일반적인 부작용에는 안구 건조와 메스꺼움이 있다.

cf. try v. 재판하다; 시험하다
retrial n. 재심

🔖 기출표현
free trial period 무료 체험 기간

warrant
[wɔ́:rənt]

n (체포·수색을 허락하는) 영장

The court issued an arrest **warrant** for the former chairman of WorldCom.
법원은 월드콤 전 회장에 대한 구속 영장을 발부했다.

cf. warranty n. 품질 보증(서)

Day 15 DAILY TEST

A 의미상 적절한 단어를 골라 빈칸에 넣고, 필요 시 단어의 형태를 어법에 맞게 바꾸시오.

보기
ⓐ accuse ⓑ acquit ⓒ apprehend ⓓ enforce ⓔ fabricate
ⓕ file ⓖ interrogate ⓗ involved ⓘ plead ⓙ stringent

1. Legislators make the law, and police officers _____ it.
2. All the government officials _____ in the scandal resigned in the end.
3. Detectives _____ the burglary suspect when he was wandering in the park.
4. It turned out that the corrupt police officer had _____ evidence against the innocent person.
5. He was _____ of murder because there was no evidence.
6. When I went to high school, the dress code was too _____.
7. He was _____ by prosecutors for more than ten hours.
8. He was caught shoplifting and _____ of theft.
9. After talking to his lawyer, Knox decided to _____ guilty to the burglary charge.
10. She _____ a lawsuit against her former employer two years ago.

B 단어의 의미가 올바르게 설명된 보기를 찾아 연결하시오.

11. exonerate   ⓐ to officially cancel something so that it is no longer valid

12. extenuate   ⓑ to officially state or prove that someone is not to be blamed for something

13. forge   ⓒ to keep someone in a police station or prison and not allow them to leave

14. detain   ⓓ to lessen or attempt to lessen the magnitude or seriousness of, especially by providing partial excuses

15. revoke   ⓔ to make an illegal copy of something in order to cheat people

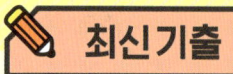

NEW TEPS VOCA

- ailment [éilmənt]   n. 질병
- airtight [ɛ́ərtàit]   a. 밀폐된
- aisle [ail]   n. 통로
- block [blɑk]   v. 차단하다
- blow up   phr. 폭파되다

- comply [kəmplái]   v. 따르다
- comprehensible [kàmprihénsəbl]   a. 이해할 수 있는
- compulsion [kəmpʌ́lʃən]   n. 강요
- departure [dipɑ́ːrtʃər]   n. 출발
- deplete [diplíːt]   v. 고갈시키다, 바닥내다

- excel [iksél]   v. 뛰어나다, 탁월하다
- exceptional [iksépʃənəl]   a. 특출한, 뛰어난
- excerpt [éksəːrpt]   n. 발췌
- excess [ékses]   a. 과도한, 지나친
- fraught with   phr. 가득한

- freely [fríːli]   ad. 자유롭게
- frequent [fríːkwənt]   a. 빈번한
- frugal [frúːɡəl]   a. 검소한
- frustrating [frʌ́strèitiŋ]   a. 불만스러운, 좌절시키는
- instability [ìnstəbíləti]   n. 불안정

- instance [ínstəns]   n. 사례
- instate [instéit]   v. 취임시키다
- instigate [ínstəgèit]   v. 선동하다
- insulated [ínsəlèitid]   a. 절연 처리가 된
- ostensible [ɑsténsəbl]   a. 표면적인

☐ ostentatiously [àstəntéiʃəsly]	ad. 과시적으로
☐ ostracize [ástrəsàiz]	v. 배척하다
☐ otherwise [ʌ́ðərwàiz]	ad. 그렇지 않았다면
☐ oust [aust]	v. 몰아내다
☐ pace [peis]	n. 속도
☐ pack [pæk]	v. 포장하다
☐ pamper [pǽmpər]	v. 애지중지하다
☐ parch [pɑːrtʃ]	v. 바싹 마르다
☐ participate [pɑːrtísəpèit]	v. 참가하다
☐ party [pɑ́ːrti]	n. 정당
☐ refined [rifáind]	a. 정제된, 세련된
☐ reformation [rèfərméiʃən]	n. 개혁
☐ reformed [rifɔ́ːrmd]	a. 개선된
☐ refrain [rifréin]	v. 삼가다
☐ refreshing [rifréʃiŋ]	a. 상쾌한, 신선한
☐ refuge [réfjuːdʒ]	n. 피난처
☐ refuse [réfjuːs]	v. 거절하다
☐ scoff [skɔ(ː)f]	v. 비웃다
☐ scold [skould]	v. 야단치다
☐ scope [skoup]	n. 범위
☐ scorch [skɔːrtʃ]	v. 불에 그슬리다
☐ scour [skáuər]	v. 샅샅이 뒤지다
☐ vocation [voukéiʃən]	n. 직업, 천직
☐ volatile [válətil]	a. 변덕스러운
☐ voucher [váutʃər]	n. 상품권

DAY 16

일도 열심히, 인간관계도 열심히

모임, 행사

accompany
[əkʌ́mpəni]

ⓥ (사람이) 동반하다; 반주를 하다

Jessica will **accompany** me on a trip to Peru.
페루 여행에 제시카가 나와 동행할 것이다.

Lady Gaga sang and Elton John **accompanied** her on the piano.
레이디 가가가 노래를 불렀고 엘튼 존이 피아노 반주를 했다.

cf. accompaniment n. 부속물, 반주

acquaintance
[əkwéintəns]

ⓝ 아는 사람[사이]

Kenneth is just a business **acquaintance** but not a friend.
케네스는 일 때문에 아는 사람이지 친구는 아니다.

cf. acquaint v. 익히 알게 하다, 소개하다
acquainted a. 안면이 있는

 기출표현

be acquainted with 아는 사이이다
acquaint oneself with ~을 알다

amicable
[ǽmikəbl]

ⓐ 우호적인

It is important to maintain an **amicable** relationship with business acquaintances.
사업상 지인들과 우호적인 관계를 유지하는 것이 중요하다.

applaud
[əplɔ́ːd]

ⓥ 박수치다

When Tom finished his speech, the audience **applauded** him.
톰의 연설이 끝나자 청중들은 그에게 박수를 쳤다.

cf. applause n. 박수

 기출표현

Please give a big round of applause to …
~에게 큰 박수 부탁드립니다

attire
[ətáiər]

ⓝ 의복, 복장

You are supposed to wear formal **attire** at the official dinner.
공식 만찬에는 정장을 입어야 한다.

boast
[bóust]

ⓥ 자랑하다
ⓝ 허풍, 자랑

I think he goes to a class reunion just to **boast** of his wealth.
그는 부를 과시하기 위해 동창회에 나가는 것 같다.

cf. boastful a. 자랑하는

breakup
[bréikʌ̀p]

ⓝ (애정 관계의) 불화, 이별

She hardly goes to any social gatherings after her **breakup** with her boyfriend.
그녀는 남자 친구와 헤어진 뒤 사교 모임에 거의 나가지 않는다.

 기출표현

break up with ~와 헤어지다

come across
phr 우연히 마주치다[발견하다]

I **came across** an old colleague from work at the banquet.
연회에서 옛 직장 동료를 우연히 만났다.

Day 16 199

come over
phr (누구의 집에) 들르다

After my boyfriend dumped me, my friends **came over** to my place to cheer me up.
남자 친구와 헤어진 뒤, 친구들은 나를 위로하러 우리 집에 들렀다.

commemoration
[kəmèməréiʃən]
n 기념, 축하

Various events will be held in **commemoration** of the company's 50th anniversary.
회사 창립 50주년을 기념하여 다양한 행사가 열릴 것이다.

condolence
[kəndóuləns]
n 애도

Charles offered his **condolences** to the bereaved family.
찰스는 유족에게 애도를 표했다.

confide
[kənfáid]
v (비밀을) 털어놓다

Paul had no friend so he **confided** in one of his acquaintances about his breakup.
폴은 친구가 없어서 지인 중 한 명에게 자신의 이별에 대해서 털어놓았다.

cf. confidence n. 신뢰; 자신
confident a. 확신하고 있는
confidential a. 내밀한, 기밀의

 기출표현

confidential information 비밀 정보

congenial
[kəndʒíːnjəl]
a 마음이 맞는; 알맞은

When he immigrated to Australia, he had a hard time finding **congenial** friends.
그는 호주로 이민 갔을 때 마음이 잘 맞는 친구를 찾기가 어려웠다.

The school has an atmosphere **congenial** to learning foreign languages.
그 학교는 외국어를 배우기에 알맞은 환경을 가지고 있다.

cf. congeniality n. 일치; 친화성

cordially
[kɔ́:rdʒəli]
ad 진심으로, 성심껏

You are **cordially** invited to attend the commemoration ceremony.
기념식에 귀하를 성심으로 초대합니다.

cf. cordial a. 진심의, 마음에서 우러난

 기출표현
a cordial welcome 따뜻한 환영

designate
[dézignèit]
v 지명하다, 임명하다; 지정하다

He was **designated** as the president of the alumni association.
그는 동창회장으로 임명됐다.

This room has been **designated** as a smoking area.
이 방은 흡연 구역으로 지정되었다.

engagement
[ingéidʒmənt]
n (회합 등의) 약속; 약혼

He was not able to attend the occasion because he had a prior **engagement**.
그는 선약이 있어서 행사에 참석할 수 없었다.

Terry and Nicole are planning to host an **engagement** party at the end of next month.
테리와 니콜은 다음 달 말에 약혼 파티를 열 계획을 세우고 있다.

cf. engage v. 약속하다, 약혼시키다
engaged a. 약혼한

 기출표현
previous engagement 선약

eulogy
[júːlədʒi]
n 추도 연설; 찬사

He delivered the **eulogy** at the funeral of his uncle.
그는 삼촌의 장례식에서 추도 연설을 했다.

cf. eulogize v. 칭송하다, 찬양하다

flatter
[flǽtər]
ⓥ 아첨하다, 추켜세우다

All the guests were busy **flattering** the host.
모든 손님들이 주인에게 아첨하느라 바빴다.

cf. flattered a. 우쭐해진, 으쓱해진
flattering a. 아첨하는, 비위 맞추는

 기출표현
I'm flattered. 과찬이십니다.

gaiety
[géiəti]
ⓝ 명랑(함); 잔치 기분

His song added to the **gaiety** of the gathering.
그의 노래가 모임의 흥겨움을 더해 주었다.

cf. gay a. 명랑한; 화사한

gathering
[gǽðəriŋ]
ⓝ 모임

She will address an audience at the annual **gathering** of journalists.
그녀는 언론인들의 연례 모임에서 청중에게 연설할 것이다.

cf. gather v. 모이다

get along with
phr 사이좋게 지내다

Ethan **gets along with** all of his colleagues.
에단은 모든 동료와 사이좋게 지낸다.

grateful
[gréitfəl]
ⓐ 고맙게 여기는, 감사하는

I feel really **grateful** to each and every one of you for your active support.
적극적으로 지원해주신 데 대해 여러분 모두에게 정말 감사합니다.

cf. gratitude n. 감사, 사의

hang out
[phr] 놀다, 시간을 보내다

I **hang out** with my old friends from high school almost every Saturday.
나는 거의 매주 토요일에 고등학교 때부터 오랜 친구들과 시간을 보낸다.

cf. **hangout** n. 단골로 가는 곳

housewarming
[háuswɔ́:rmiŋ]
n 집들이

She is going to throw a **housewarming** party this Sunday.
그녀는 이번 일요일에 집들이를 할 것이다.

interpersonal
[ìntərpə́:rsənəl]
a 대인 관계의

You can improve your **interpersonal** skills by participating in seminars and workshops.
세미나나 워크숍에 참여해서 대인 관계 기술을 향상시킬 수 있다.

intimate
[íntəmət]
a 친밀한

She confided in her **intimate** friends about her financial problems.
그녀는 친한 친구들에게 금전적인 문제에 대해 털어놓았다.

cf. **intimacy** n. 친밀, 친교

introverted
[ìntrəvə́:rtid]
a 내성적인, 내향적인

The boy is **introverted** so he hangs out only with congenial friends.
소년은 내성적이라서 마음이 잘 맞는 친구하고만 논다.

⟶ **extroverted** a. 외향적인

Day16 203

keynote
[kíːnòut]
n 기조

Professor Jackson will give a **keynote** speech on Korea's financial market at the conference.
잭슨 교수가 회의에서 한국의 금융 시장에 대한 기조연설을 할 것이다.

laureate
[lɔ́ːriət]
n 수상자

Nobel **laureate** Professor Johnson will make a keynote speech at the forum.
노벨상 수상자 존슨 교수가 포럼에서 기조연설을 할 것이다.

look forward to
phr ~을 기대하다, 고대하다

Everyone was **looking forward to** seeing Joe at the gathering.
모든 사람들이 모임에서 조를 만나길 기대하고 있었다.

mingle
[míŋgl]
v 어울리다; 섞다

He is very extroverted so he had no problem **mingling** with strangers.
그는 매우 외향적인 사람이라 낯선 사람들과 어울리는 데 문제가 없었다.

on behalf of
phr ~을 대신[대표]하여

At the conference, Chairman Kim delivered a speech **on behalf of** all the Korean entrepreneurs.
회의에서 김 회장은 모든 한국의 기업가들을 대표해 연설했다.

orator
[ɔ́ːrətər]
n 연설자

The keynote speaker was a really great **orator**.
기조연설자는 정말 훌륭한 연설가였다.
cf oratory n. 웅변(술)

participant
[pɑːrtísəpənt]

ⓝ 참가자, 참여자

All **participants** under the age of 16 should be accompanied by a parent or guardian.
16세 이하 참가자는 모두 부모나 보호자를 동반해야 한다.

cf. participate v. 참가하다
participation n. 참가

peculiar
[pikjúːljər]

ⓐ 특유한; 이상한

This type of social gathering is **peculiar** to Italian culture.
이런 종류의 사교 모임은 이탈리아 문화의 특유한 것이다.

She had a **peculiar** feeling that she had been there before.
그녀는 전에 그곳에 와본 적이 있다는 이상한 기분이 들었다.

pending
[péndiŋ]

ⓐ 임박한; 계류 중의
prep ~까지

The annual conference is **pending** but we haven't chosen a keynote speaker yet.
연례 회의가 임박했지만 아직 기조연설자를 고르지 못했다.

In addition to the murder case, another three cases are **pending** in court.
살인 사건 이외에도, 또 다른 세 건의 사건이 법원에 계류 중이다.

The suspect was released **pending** further interrogation.
용의자는 추가 심문이 있을 때까지 석방되었다.

cf. impending a. (위험·파멸 등이) 절박한, 임박한

stand up
phr ~를 바람맞히다

Jane **stood** Brian **up** on their third date.
제인은 세 번째 데이트를 하는 날 브라이언을 바람맞혔다.

terms
[tə́:rms]

ⓝ 교제 관계, (친한) 사이;
(합의·계약 등의) 조건, 조항

Brian has not been on speaking **terms** with Jane ever since she stood him up.
제인이 브라이언을 바람맞힌 이후, 브라이언은 제인과 말도 하지 않는 사이이다.

Under the **terms** of the lease, the landlord should pay utility bills.
임대 계약 조건에 따르면 집주인이 공과금을 내야 한다.

cf. term n. 용어, 기간

 기출표현

be on good terms 사이가 좋은

upcoming
[ʌ́pkʌ̀miŋ]

ⓐ 다가오는, 곧 있을

Employees were preparing the **upcoming** company party.
직원들은 곧 있을 회사 파티를 준비하고 있었다.

venue
[vénju:]

ⓝ (행사) 장소

Mary Hall will be the **venue** for the upcoming concert.
곧 있을 콘서트 장소는 메리홀이 될 것이다.

Day 16 DAILY TEST

A 의미상 적절한 단어를 골라 빈칸에 넣고, 필요 시 단어의 형태를 어법에 맞게 바꾸시오.

| 보기 | ⓐ acquaintance ⓑ amicable ⓒ boast ⓓ come ⓔ condolence ⓕ confide ⓖ introverted ⓗ mingle ⓘ pending ⓙ venue |

1 She is so shy and _____ that she finds it hard to talk to strangers.
2 Yesterday I _____ across an old friend from middle school.
3 Korea has maintained _____ relations with the U.S.
4 He expressed his _____ at the funeral.
5 Jamsil Stadium is the _____ for the Korean Wave Festival.
6 He invited not only his friends but also _____ to the party.
7 Finally, Emily _____ all her secrets to her mother.
8 A presidential election is _____ in the United States.
9 He _____ with other guests at the party last night.
10 People don't like him because he always _____ of his background.

B 단어의 의미가 올바르게 설명된 보기를 찾아 연결하시오.

11 congenial   ⓐ to praise someone in order to get something that you want, especially in a way that is not sincere

12 flatter   ⓑ pleasant to spend time with because their interests and character are similar to your own

13 commemoration   ⓒ having a close and friendly relationship

14 intimate   ⓓ feeling or showing thanks because somebody has done something kind for you or has done as you asked

15 grateful   ⓔ the act of honoring the memory of or serving as a memorial to someone or something

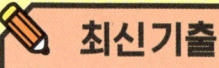

NEW TEPS VOCA

- athlete [ǽθliːt] — n. 운동선수
- attach [ətǽtʃ] — v. 첨부하다
- attain [ətéin] — v. 획득하다
- attentive [əténtiv] — a. 주의를 기울이는
- attest [ətést] — v. 입증하다

- attractive [ətrǽktiv] — a. 매력적인
- bet on — phr. 내기하다
- binge [bindʒ] — v. 폭식하다
- branded [brǽndid] — a. 유명 상표의
- buy out — phr. 매수하다

- convalescent [kànvəlésənt] — a. 회복하는
- convene [kənvíːn] — v. 회의를 소집하다
- convenient [kənvíːnjənt] — a. 편리한
- convert [kánvəːrt] — v. 전환시키다
- convey [kənvéi] — v. 전달하다

- convince [kənvíns] — v. 설득하다
- dedication [dèdəkéiʃən] — n. 전념, 헌신
- deem [diːm] — v. 여기다, 생각하다
- debase [dibéis] — v. 저하시키다
- destine [déstin] — v. 운명 짓다

- desultory [désəltɔ̀ːri] — a. 일관성 없는
- enable [inéibl] — v. ~을 가능하게 하다
- engagement [ingéidʒmənt] — n. 참여
- exaltedly [igzɔ́ːltidli] — ad. 기고만장하게
- exasperate [igzǽspərèit] — v. 화나게 하다

☐ **excavate** [ékskəvèit]	v.	발굴하다
☐ **file a complaint**	phr.	항의를 제기하다
☐ **full refund**	phr.	전액 환불
☐ **fussy** [fʌ́si]	a.	깐깐한, 까다로운
☐ **gain weight**	phr.	체중이 늘다
☐ **goods** [gudz]	n.	제품
☐ **have no clue**	phr.	전혀 알지 못하다
☐ **hold out on**	phr.	비밀로 하다
☐ **hold up**	phr.	견디다
☐ **intentional** [inténʃənəl]	a.	의도적인
☐ **intercede** [ìntərsíːd]	v.	중재하다
☐ **interruption** [ìntərʌ́pʃən]	n.	중단
☐ **intervention** [ìntərvénʃən]	n.	개입
☐ **intimate** [íntəmit]	a.	친밀한
☐ **intimidate** [intímidèit]	v.	위협하다
☐ **largely** [láːrdʒli]	ad.	대체로, 주로
☐ **lastly** [lǽstli]	ad.	마지막으로
☐ **mobile** [móubəl]	a.	이동하는, 이동식의
☐ **murky** [mə́ːrki]	a.	흐린, 탁한
☐ **muster** [mʌ́stər]	v.	소집하다
☐ **mysterious** [mistí(ː)əriəs]	a.	불가사의한, 신비한
☐ **plug away**	phr.	부지런히 하다
☐ **plunder** [plʌ́ndər]	v.	약탈하다
☐ **plunge** [plʌndʒ]	v.	급락하다
☐ **plural** [plú(ː)ərəl]	n.	복수형

Day 16

DAY 17 정치
용어를 알아야 비판도 하지

abolish
[əbáliʃ]
ⓥ (법률·제도·조직을) 폐지하다

They want to **abolish** the presidential system and adopt a parliamentary system.
그들은 대통령제를 폐지하고 의원 내각제를 도입하길 원한다.

cf. abolition n. 폐지

기출표현

the abolition of slavery 노예 제도 폐지
abolish the death penalty 사형 제도를 폐지하다

absolute
[ǽbsəlùːt]
ⓐ 절대적인

Under the monarchy, the king ruled with **absolute** power.
군주제 하에서 왕은 절대 권력으로 통치했다.

More than one billion people are still mired in **absolute** poverty.
10억 명 이상의 인구가 여전히 절대 빈곤에 빠져있다.

cf. absolutely ad. 절대적으로

기출표현

absolute monarch 전제 군주
absolute truth 절대 진리
absolute majority 절대 다수

administration
[ædmìnəstréiʃən]
ⓝ 정부; 운영

The Lincoln **administration** abolished slavery in 1865.
링컨 정부는 1865년에 노예 제도를 폐지했다.

The Chief Operating Officer is responsible for the efficient **administration** of a company.
최고 운영 책임자는 기업의 효율적인 운영을 책임진다.

amnesty
[ǽmnəsti]

ⓝ 사면

The Kim Dae-jung administration granted **amnesty** to political prisoners in 1998.
김대중 정부는 1998년에 정치범들을 사면했다.

 기출표현
grant (an) amnesty 사면하다
general[special] amnesty 일반(특별) 사면

authority
[əθɔ́ːrəti]

ⓝ 권한; 권위, 권력
pl 당국

The legislature has the **authority** to impeach a government officer including the president.
입법부에는 대통령을 포함한 정부 관료를 탄핵할 권한이 있다.

Chinese **authorities** announced that 34 people were killed in the plane crash.
중국 당국에서는 비행기 추락 사고로 34명이 사망했다고 발표했다.

cf. authoritative a. 권위 있는, 위압적인
authoritarian a. 권위주의의, 독재주의적인
authoritarianism n. 권위주의

autonomy
[ɔːtánəmi]

ⓝ 자치, 자치권; 자립

People want the central government to grant greater **autonomy** to local governments.
사람들은 중앙 정부가 지방 정부에 더 많은 자치권을 부여하길 원한다.

cf. autonomous a. 자율의, 자발적인

ballot
[bǽlət]

ⓝ (무기명) 투표
ⓥ 투표하다

Only 51.3% of voters cast their **ballots** in the recent local election.
최근 지방 선거에서 유권자의 51.3%만 투표했다.

 기출표현
cast a ballot 투표를 하다
open ballot 공개 투표, 기명 투표
secret ballot 비밀 투표, 무기명 투표
ballot rigging 투표 조작, 부정 투표
absentee ballot 부재자 투표

bureaucracy
[bjuərákrəsi]

ⓝ 관료제, 관료주의

Government **bureaucracy** is impeding the reform of the educational system.
정부의 관료주의가 교육 제도 개혁을 방해하고 있다.

cf. bureaucrat n. 관료, 관료주의자
bureaucratic a. 관료주의적인

bureaucratic red tape 관료주의적 절차

candidate
[kǽndidèit]

ⓝ 후보자

As many as ten **candidates** are running for mayor.
무려 열 명의 후보가 시장 선거에 출마한다.

cf. candidacy n. 입후보

coalition
[kòuəlíʃən]

ⓝ 연립

The three parties in Japan agreed to form a **coalition** government.
일본의 세 정당은 연립 정부를 구성하기로 합의했다.

compromise
[kámprəmàiz]

ⓥ 타협하다, ~을 위태롭게 하다
ⓝ 타협, 절충

The ruling party **compromised** with the opposition parties on the immigration issue.
여당은 이민 문제에 대해 야당과 타협했다.

The bribery scandal seriously **compromised** the candidate's prospects of election.
뇌물 수수 스캔들로 인해 그 후보의 당선 가능성이 위태로워졌다.

reach a compromise 타협에 이르다

defy
[difái]

ⓥ 도전하다

Protesters openly **defied** the authority of the government.
시위대는 공개적으로 정부의 권위에 도전했다.

cf. defiance n. 도전; 무시
defiant a. 도전적인

defy the authority of ~의 권위에 도전하다
defy the law 법을 위반하다

delegate
[déligət] n. 대표, 사절, 대리인
[déligèit] v. 권한을 위임하다

Korea sent **delegates** to Canada to negotiate a free trade agreement.
한국은 자유 무역 협정을 협상하기 위해 캐나다에 대표단을 파견했다.

The president **delegated** more authority to the defense minister.
대통령은 국방 장관에게 더 많은 권한을 위임했다.

cf. delegation n. 대표단, 대표 임명

deter
[ditə́:r]
v. 단념시키다, (못하게) 막다

Conservative politicians are trying to **deter** stem cell research.
보수 정치인들이 줄기세포 연구를 막으려 하고 있다.

cf. deterrent n. 전쟁 억지력, 핵무기
deterrence n. 저지, 전쟁 억제력

dissent
[disént]
n. 반대, 이의
v. 반대하다, 의견을 달리하다

Even some in the ruling party **dissented** from the government's foreign policy.
몇몇 여당 인사들조차 정부의 외교 정책에 반대했다.

cf. dissension n. 불일치, 불화
dissenter n. 반대자, 국교 반대자

enact
[inǽkt]
v. (법을) 제정하다

Congress has **enacted** a new law that will grant more autonomy to local governments.
의회는 지방 정부에 더 많은 자치권을 부여하는 새 법을 제정했다.

cf. enactment n. (법의) 제정, 법령

garner
[gɑ́:rnər]
v. (정보·지지 등을) 얻다

The governor **garnered** widespread support from the public.
주지사는 대중의 폭넓은 지지를 받았다.

impeach
[impí:tʃ]
v. 탄핵하다

William Holden was the second governor to be **impeached** in U.S. history.
윌리엄 홀든은 미국 역사상 두 번째로 탄핵을 당한 주지사였다.

cf. impeachment n. 탄핵

Day 17

impose
[impóuz]
ⓥ (의무·벌 등을) 부과하다

The National Assembly has enacted legislation that **imposes** a new tax on gasoline.
국회는 휘발유에 새로운 세금을 부과하는 법률을 제정했다.

cf. imposition n. 부과; 부담

inauguration
[inɔ́:gjuréiʃən]
ⓝ 취임(식)

Even some foreigners celebrated the **inauguration** of President Barack Obama.
일부 외국인들도 오바마 대통령의 취임을 축하했다.

cf. inaugural a. 취임(식)의
inaugurate v. 취임시키다

inaugural address 취임 연설

incumbent
[inkʌ́mbənt]
ⓐ 현직의
ⓝ 재임자

The **incumbent** governor failed to get reelected.
현직 주지사가 재선에 실패했다.

institute
[ínstətjù:t]
ⓥ 시행하다
ⓝ 연구소

As soon as he was inaugurated, he **instituted** a new trade policy.
그는 취임하자마자 새 무역 정책을 시행했다.

The municipal government established a non-profit research **institute**.
시에서 비영리 연구소를 설립했다.

cf. institution n. 학회; 시설
institutional a. 기관의, 제도상의
institutionalize v. 규정하다

institutional changes 제도적 변화

interim
[íntərəm]
ⓐ 임시의

The finance minister is currently leading an **interim** government.
현재 재무 장관이 임시 정부를 이끌고 있다.

lay claim to
phr ~에 대한 소유권을 주장하다

Japan is **laying claim to** the Korean islets of Dokdo.
일본은 한국의 섬 독도에 대한 영유권을 주장하고 있다.

legislate
[lédʒislèit]
ⓥ 법률을 제정하다

Last year, the parliament **legislated** against racial discrimination.
작년에 의회가 인종 차별을 금지하는 법을 제정했다.

cf. legislation n. 법률 제정, 입법 행위
　legislative a. 입법상의
　legislator n. 입법자, 국회 의원
　legislature n. 입법부

　legislative branch 입법부
　judicial branch 사법부
　executive branch 행정부

oblivious
[əblíviəs]
ⓐ 염두에 없는

Unfortunately, some of the politicians in my country are **oblivious** to the needs of the public.
안타깝게도 우리나라의 일부 정치인들은 대중의 요구를 잘 알지 못한다.

pledge
[plédʒ]
ⓝ 약속, 맹세, 서약
ⓥ 약속하다, 맹세하다

The presidential candidate **pledged** to lower the corporate tax rate.
대통령 후보자는 법인세율을 낮추겠다고 약속했다.

　carry out a campaign pledge
　선거 공약을 실행하다
　honor an election pledge 선거 공약을 지키다

proclaim
[proukléim]

ⓥ 선언하다, 선포하다

Georgia **proclaimed** its independence from the USSR in 1991.
조지아는 1991년에 소련으로부터 독립을 선언했다.

cf. proclamation n. 선포, 선언(서)

 기출표현

proclaim war on ~에 전쟁을 선포하다

proliferation
[prəlìfəréiʃən]

ⓝ 증식; 급증

The international community is making every effort to prevent the **proliferation** of nuclear weapons.
국제 사회는 핵무기 확산을 막기 위해 온갖 노력을 기울이고 있다.

cf. proliferate v. 증식하다, 급격히 증가하다

radical
[rǽdikəl]

ⓐ 급진적인, 근본적인

Radical left-wing politicians pledged to nationalize the oil industry.
급진 좌파 정치인들은 석유 산업의 국유화를 약속했다.

cf. radicalism n. 급진주의

refugee
[rèfjudʒíː]

ⓝ 난민, 망명자

Hundreds of thousands of North Korean **refugees** are expected to pour into the South if a war breaks out.
전쟁이 나면 수십만 명의 북한 난민들이 남한으로 밀려올 것으로 예상된다.

cf. refuge n. 피난(처), 도피(처)

 기출표현

take refuge 피난하다
a political refugee 정치적 망명자
a refugee camp 난민 수용소
refugee status 난민 신분

rescind
[risínd]

ⓥ (법률·조약 등을) 폐지하다

Conservative lawmakers are making efforts to **rescind** automatic citizenship for those born on American soil.
보수 의원들이 미국 출생자에 대한 자동 시민권 부여를 폐지하려 하고 있다.

 기출표현

rescind an agreement 합의를 백지화하다
rescind one's resignation 사임을 취소하다

rhetoric
[rétərik]

ⓝ 미사여구

What we heard from the prime minister was just empty **rhetoric**.
우리가 국무총리에게 들은 말은 공허한 미사여구에 불과했다.

cf. rhetorical a. 수사적인, 미사여구의

 기출표현

political rhetoric 정치적 수사

ruling
[rúːliŋ]

ⓐ 지배하는, 통치하는
ⓝ (특히 판사의) 판결

The majority of people voted against the **ruling** party.
대부분의 사람들이 여당에 반대표를 던졌다.

An appeals court judge overturned the original **ruling**.
항소 법원 판사가 원심 판결을 뒤집었다.

sanction
[sǽŋkʃən]

ⓝ 제재

Many countries including the U.S. and Japan have imposed economic **sanctions** on North Korea.
미국과 일본을 포함해 많은 국가들이 북한에 대해 경제 제재 조치를 취해왔다.

 기출표현

impose sanctions 제재 조치를 내리다
lift sanctions 제재 조치를 해제하다

session
[séʃən]

ⓝ 회기, 회의; (법정의) 개정 (기간)

The financial reform bill is not likely to be passed during this **session**.
금융 개혁 법안은 이번 회기에 통과될 것 같지 않다.

 기출표현
- in session 개회 중의
- meet in closed session 비공개 회의를 하다

suppress
[səprés]

ⓥ (반란 · 폭동 등을) 진압하다

The riot police brutally **suppressed** protesters calling for democracy.
전투 경찰이 민주주의를 요구하는 시위대를 잔인하게 진압했다.

cf. suppression n. 진압, 억압

 기출표현
- suppress a riot 폭동을 진압하다
- suppress anger 분노를 억누르다, 화를 참다
- suppress a smile 미소를 참다

topple
[tápl]

ⓥ 실각시키다

Opposition parties joined forces to **topple** the prime minister in Canada.
캐나다에서 야당들이 총리를 실각시키려고 힘을 모았다.

turmoil
[tə́:rmɔil]

ⓝ 혼란, 소동

France fell into political **turmoil** after the election.
프랑스는 선거 이후 정치적 혼란에 빠졌다.

unification
[jù:nəfikéiʃən]

ⓝ 통일, 통합

Unification of the Korean Peninsula will bring peace and stability to Northeast Asia.
한반도의 통일은 동북아에 평화와 안정을 가져올 것이다.

cf. unify v. 통일하다, 통합하다

Day 17 DAILY TEST

A 의미상 적절한 단어를 골라 빈칸에 넣고, 필요 시 단어의 형태를 어법에 맞게 바꾸시오.

보기	ⓐ impose	ⓑ sanction	ⓒ interim	ⓓ garner	ⓔ dissent
	ⓕ radical	ⓖ oblivious	ⓗ defy	ⓘ rhetoric	ⓙ proclaim

1 Most dictators are _____ to what people want.
2 The _____ government will lead the country until the next election.
3 People have become sick and tired of political _____.
4 The U.S. is willing to lift _____ on North Korea if the North gives up its nuclear programs.
5 He _____ strong support from young voters in last month's election.
6 Giving women the right to vote was a _____ idea in the 19th century.
7 She has _____ from the prime minister's opinion on environmental issues.
8 In 1945, the Soviet Union _____ war on Japan.
9 The government will _____ fines on employers who hire illegal immigrants.
10 Many people say that the beauty of the lake _____ description.

B 단어의 의미가 올바르게 설명된 보기를 찾아 연결하시오.

11 proliferation   ⓐ currently holding a specified office

12 incumbent   ⓑ to make someone in authority lose their power

13 compromise   ⓒ a sudden increase in number or amount

14 coalition   ⓓ to give up some of your demands after a disagreement with somebody in order to reach an agreement

15 topple   ⓔ a government consisting of people from two or more political parties

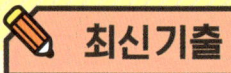

NEW TEPS VOCA

- [ ] **animosity** [ǽnəmásəti]   n. 적대감
- [ ] **annex** [ǽneks]   v. 합병하다
- [ ] **antagonistic** [æntǽgənístik]   a. 적대적인
- [ ] **anticipation** [æntìsəpéiʃən]   n. 기대, 예상
- [ ] **consequence** [kánsəkwèns]   n. 결과

- [ ] **considerate** [kənsídərit]   a. 사려 깊은
- [ ] **consign** [kənsáin]   v. 맡기다, 위탁하다
- [ ] **console** [kánsoul]   v. 위로하다
- [ ] **consolidation** [kənsàlidéiʃən]   n. 강화
- [ ] **conspicuous** [kənspíkjuəs]   a. 눈에 잘 띄는

- [ ] **conspire** [kənspáiər]   v. 공모하다
- [ ] **dispel** [dispél]   v. 없애다
- [ ] **dispense** [dispéns]   v. 나누어 주다
- [ ] **display** [displéi]   v. 전시하다
- [ ] **dispose** [dispóuz]   v. 배치하다

- [ ] **disqualify** [diskwáləfài]   v. 실격시키다
- [ ] **disrespect** [dìsrispékt]   n. 무례, 결례
- [ ] **disrupt** [disrʌ́pt]   v. 방해하다
- [ ] **estimate** [éstəmit]   n. 추정
- [ ] **eternal** [i(:)tə́:rnəl]   a. 영원한

- [ ] **euphemism** [jú:fəmìzəm]   n. 완곡한 표현
- [ ] **intone** [intóun]   v. 읊다
- [ ] **intractable** [intrǽktəbl]   a. 다루기 힘든
- [ ] **intrude** [intrú:d]   v. 침범하다
- [ ] **inundate** [ínʌndèit]   v. 넘치게 하다

☐ **piece** [piːs]	n. 조각	
☐ **pile** [pail]	n. 더미, 무더기	
☐ **pilgrimage** [pílgrəmidʒ]	n. 순례, 성지 참배	
☐ **pinnacle** [pínəkl]	n. 절정	
☐ **pious** [páiəs]	a. 독실한	
☐ **piquant** [píːkənt]	a. 매콤한	
☐ **pivotal** [pívətəl]	a. 중요한	
☐ **quaff** [kwæf]	v. 벌컥벌컥 마시다	
☐ **qualify** [kwáləfài]	v. 자격이 있다	
☐ **quench** [kwentʃ]	v. 갈증을 풀다	
☐ **quest** [kwest]	n. 탐험, 탐구	
☐ **quibble** [kwíbl]	n. 트집	
☐ **quit** [kwit]	v. 그만두다, 그만하다	
☐ **reconciliation** [rèkənsìliéiʃən]	n. 화해	
☐ **record** [rékərd]	n. 기록	
☐ **recoup** [rikúːp]	v. 만회하다	
☐ **recover** [rikʌ́vər]	v. 회복하다	
☐ **rectify** [réktəfài]	v. 시정하다, 고치다, 바로잡다	
☐ **redeem** [ridíːm]	v. 만회하다	
☐ **redistribute** [rìːdistríbju(ː)t]	v. 재분배하다	
☐ **shatter** [ʃǽtər]	n. 산산조각 내다	
☐ **sheer** [ʃiər]	a. 순수한, 순전한	
☐ **shell** [ʃel]	n. 껍질	
☐ **shelter** [ʃéltər]	n. 주거지	
☐ **shift** [ʃift]	n. 교대 근무	

DAY 18

뉴텝스가 좋아하는 과학

생물학

avian
[éiviən]
ⓐ 새의, 조류의

Avian influenza is not transmitted through properly cooked poultry.
조류 독감은 적절히 조리된 가금류를 통해서는 전염되지 않는다.
cf. aviation n. 항공, 항공기 산업

breed
[brí:d]
ⓥ (새끼를) 낳다

There are some animals that can mate and **breed** only once a year.
1년에 한 번만 짝짓기를 하고 새끼를 낳을 수 있는 동물들이 있다.
cf. breeding n. 번식, 사육

cardiac
[káːrdiǽk]
ⓐ 심장(병)의

Even young and healthy athletes could die from **cardiac** arrest.
젊고 건강한 운동선수도 심장 마비로 사망할 수 있다.

 기출표현

cardiac arrest 심장 마비
cardiac failure 심부전

cell
[sél]
ⓝ 세포

A single **cell** can proliferate by constantly dividing into two or more identical **cells**.
하나의 세포는 2개 이상의 동일한 세포로 끊임없이 분열함으로써 증식할 수 있다.

 기출표현

cellular 세포의, 휴대전화의
cellular phone 휴대폰
cellulous 세포로 된, 세포성의
unicellular 단세포의(↔ multicellular)

circulation
[sə́ːrkjuléiʃən]

n 순환; 유통; 발행 부수

When a wood frog hibernates, its body stops blood **circulation**.
송장개구리는 겨울잠을 잘 때 혈액 순환을 멈춘다.

This old banknote is not in **circulation** anymore.
이 옛날 지폐는 더 이상 유통되지 않는다.

The Wall Street Journal is a newspaper with the largest **circulation** in the U.S.
월스트리트 저널은 미국에서 발행 부수가 가장 많은 신문이다.

cf. circulate v. 순환하다, 유포되다

classify
[klǽsəfài]

v 분류하다

An animal should have a beak and feathers and lay eggs to be **classified** as a bird.
어떤 동물이 조류로 분류되기 위해서는 부리와 깃털이 있고 알을 낳아야 한다.

cf. classification n. 분류

disguise
[disgáiz]

v 변장시키다; 감추다
n 위장, 변장

Some animals **disguise** themselves by blending into their surroundings to hide from predators.
일부 동물들은 포식자로부터 숨기 위해 자신을 주변 환경과 뒤섞어 위장한다.

dominant
[dάmənənt]

a 우세한, 지배적인, 우성의

No humans existed when the dinosaurs were the **dominant** species on earth.
공룡이 지구를 지배하는 종이었을 때 인간은 존재하지 않았다.

cf. dominate v. 지배하다
   domination n. 지배, 통치, 우세

 기출표현

dominant character 우성 형질
dominant gene 우성 유전자

embryo
[émbriòu]

n 배아

It is a controversial issue whether destroying an **embryo** for research is murder or not.

연구를 위해 배아를 파괴하는 것이 살인인가 아닌가는 논란이 많은 문제이다.

cf. embryonic a. 배아의, 초기의

 기출표현

embryonic stem cell 배아 줄기세포

evolve
[iválv]

v 진화하다; 서서히 발전시키다

Charles Darwin wrote in his book that humans and apes **evolved** from a common ancestor.

찰스 다윈은 자신의 저서에 인간과 영장류는 공통의 조상에서 진화했다고 썼다.

cf. evolution n. 진화, 발전
evolutionary a. 진화적인

 기출표현

evolutionary theory 진화론
creationism 창조론
intelligent design 지적 창조론

fetus
[fí:təs]

n 태아

Pregnant women should not take medications that could have detrimental effects on the **fetus**.

임신한 여성들은 태아에 해로운 영향을 줄 수 있는 약을 복용해서는 안 된다.

cf. fetal a. 태아의

fossil
[fɑ́səl]

n 화석

Scientists have found countless **fossils** that prove evolution since Darwin died in 1882.

1882년에 다윈이 사망한 이후 과학자들은 진화를 증명하는 무수한 화석을 발견했다.

cf. fossilize v. 화석으로 만들다
fossilization n. 화석화, 고착화

 기출표현

living fossil 살아 있는 화석, 화석 동물
fossil fuel 화석 연료

genetic
[dʒənétik]

ⓐ 유전의, 유전학적인

Both **genetic** and environmental factors can cause depression.
유전적 요인과 환경적 요인 모두 우울증의 원인이 될 수 있다.

cf. gene n. 유전자
genetically ad. 유전적으로
genetics n. 유전학

genetic engineering 유전 공학
genetically modified organism (GMO) 유전자 변형 농산물
genetic copying 유전자 복제
genetic manipulation 유전자 조작

habitat
[hǽbitæt]

ⓝ 서식지

Jane Goodall observed wild chimpanzees in their natural **habitat** for decades.
제인 구달은 수십 년간 자연 서식지에서 야생 침팬지를 관찰했다.

cf. habitable a. 거주할 수 있는
habitant n. 주민, 거주자
habitation n. 주거, 거주(지)

hibernate
[háibərnèit]

ⓥ 동면하다, 겨울잠 자다

Various amphibians, reptiles, and mammals **hibernate** during the winter.
다양한 양서류, 파충류, 포유류가 겨울에 겨울잠을 잔다.

cf. hibernation n. 동면

indigenous
[indídʒənəs]

ⓐ 원산의, 토착의, 자생종의

The red panda is **indigenous** to southwestern China and the eastern Himalayas.
너구리판다는 중국 서남부와 히말라야 동부가 원산지이다.

indigenous people 토착민, 원주민

indispensable
[ìndispénsəbl]
ⓐ 필요 불가결한

Air and water are **indispensable** to all living creatures.
공기와 물은 모든 생명체에 필수적이다.
➡ dispensable a. 없어도 되는

infest
[infést]
ⓥ (쥐·해충·병 등이) 들끓다

The average human mouth is **infested** with both good and bad bacteria.
평균적인 인간의 입에는 좋은 박테리아와 나쁜 박테리아 모두 우글거린다.
cf. infestation n. 횡행, 만연

ingest
[indʒést]
ⓥ 섭취하다

Plants **ingest** carbon dioxide and emit oxygen through photosynthesis.
식물은 광합성을 통해 이산화탄소를 섭취하고 산소를 배출한다.
cf. ingestion n. 섭취
    digestion n. 소화

inherit
[inhérit]
ⓥ 물려받다

Darren **inherited** oily skin from both of his parents.
대런은 부모 모두로부터 지성 피부를 물려받았다.

Andy **inherited** property from his father.
앤디는 아버지로부터 재산을 물려받았다.

cf. inheritance n. 유전, 상속 재산
    inherent a. 고유의, 타고난

 기출표현

inherited disease 유전병
inheritance tax 상속세
inherited quality 유전 형질

innate
[inéit]
ⓐ 타고난, 선천적인

Some animals seem to have an **innate** desire to chase moving objects.
어떤 동물들은 움직이는 물체를 뒤쫓고 싶은 선천적인 욕구가 있는 것 같다.

instinct
[ínstiŋkt]

n. 본능

Interestingly, some male animals have stronger maternal **instincts** than females.
흥미롭게도 일부 동물은 수컷이 암컷보다 모성본능이 더 강하다.

cf. instinctive a. 본능적인

 기출표현
innate instinct 타고난 본능
homing instinct 귀소 본능

lethal
[líːθəl]

a. 치명적인

Some flowers and plants have poison **lethal** to humans.
일부 꽃과 식물에는 사람에게 치명적인 독이 있다.

 기출표현
lethal dose (약의) 치사량
lethal weapon 흉기

lure
[lúər]

v. 꾀다, 유혹하다

Carnivorous plants **lure** insects with brightly-colored leaves.
식충 식물은 밝은 색의 잎으로 곤충을 유혹한다.

lurk
[lə́ːrk]

v. 숨다, 잠복하다

A cobra was **lurking** in the grass to ambush its prey.
코브라 한 마리가 사냥감을 매복 공격하기 위해 풀밭에 숨어 있었다.

metabolism
[mətǽbəlìzm]

n. 신진[물질]대사, 대사

It is hard for people with a high **metabolism** to gain weight.
신진대사가 빠른 사람은 살찌기가 어렵다.

cf. metabolic a. 신진[물질]대사의

 기출표현
metabolism rate 신진대사율

microbe
[máikroub]

ⓝ 미생물, 세균, 병원균

In the past, people wrongly believed that all diseases are caused by **microbes**.
옛날 사람들은 모든 질병의 원인은 미생물이라고 잘못 생각했다.

migrate
[máigreit]

ⓥ (새·동물이) 이동하다; (사람이) 이주하다

Migratory birds **migrate** south in winter and north in summer.
철새는 겨울에는 남쪽으로, 여름에는 북쪽으로 이동한다.

In the 1960's and 1970's, many Koreans **migrated** from rural to urban areas in search of work.
1960년대와 1970년대에 많은 한국인들은 일자리를 찾아 농촌에서 도시로 이주했다.

cf migration n. 이주, 이동
migratory a. 이주하는
emigrate v. (타국으로) 이주하다
immigrate v. (타국에서) 이주하다
immigration n. 이민, 이주
immigrant n. 이주자, 입주민

mutate
[mjú:teit]

ⓥ 돌연변이하다

The Ebola Virus **mutated** into a more dangerous form.
에볼라 바이러스는 더 위험한 형태로 돌연변이를 일으켰다.

cf mutation n. 돌연변이, 변화
mutant a. 돌연변이의 n. 돌연변이체, 변종

offspring
[ɔ́:spriŋ]

ⓝ 자식, 새끼, 자손

Animals use various strategies to ensure their **offspring**'s survival.
동물은 자손의 생존을 보장하기 위해 다양한 전략을 사용한다.

pollen
[pálən]

ⓝ 꽃가루, 화분

Flowers reproduce when bees gather **pollen** from a flower and transfer it onto another flower.
꽃은 벌이 꽃에서 꽃가루를 모아 다른 꽃으로 옮겨 번식한다.

cf. pollinate v. (꽃에) 수분시키다

pollen allergy 꽃가루 알레르기, 화분증
cross-pollinate 타화 수분시키다
self-pollinate 자가 수분시키다

predator
[prédətər]

ⓝ 포식자, 포식 동물

Some **predators** like lions teach their young how to hunt prey.
사자와 같은 일부 포식 동물은 새끼들에게 먹이를 사냥하는 법을 가르친다.

cf. predation n. 포식
predatory a. 포식성의

⟷ prey n. 먹이

predispose
[prì:dispóuz]

ⓥ (병에) 걸리기 쉽게 하다

There are people who are genetically **predisposed** to heart disease.
유전적으로 심장병에 걸리기 쉬운 사람들이 있다.

cf. predisposition n. (병 등에 걸리기 쉬운) 소질

prone
[próun]

ⓐ (~하기) 쉬운

People with fair skin are generally more **prone** to skin cancer.
일반적으로 피부가 흰 사람들이 피부암에 걸리기 더 쉽다.

accident-prone 사고를 많이 내기(당하기) 쉬운
be prone to infections 감염되기 쉽다

reptile
[réptail]

ⓝ 파충류 동물

Unlike amphibians, **reptiles** can live in arid regions.
양서류와 달리 파충류는 건조한 지역에서 살 수 있다.

resistant
[rizístənt]

ⓐ 저항력이 있는

The bugs have mutated to become **resistant** to pesticides.
벌레들은 살충제에 내성을 갖도록 돌연변이를 일으켰다.

cf resist v. 저항하다, 방해하다
resistance n. 저항, 방해
resistible a. 저항할 수 있는
irresistible a. 저항할 수 없는

 기출표현
immunity resistant 면역 저항체

spawn
[spɔ́ːn]

ⓥ (알을) 낳다; (결과·상황을) 가져오다
ⓝ 알

Salmon and trout go upstream to **spawn**.
연어와 송어는 알을 낳기 위해 상류로 간다.

Violent revenge will only **spawn** more hatred and violence.
폭력적인 복수는 더 큰 증오와 폭력만을 낳을 것이다.

stem
[stém]

ⓝ (식물의) 줄기
ⓥ (~에서) 생기다, 일어나다

A cactus has a **stem** that can store water.
선인장에는 물을 저장할 수 있는 줄기가 있다.

The train accident **stemmed** from poor maintenance.
열차 사고는 정비 불량 때문에 일어났다.

 기출표현
stem cell 줄기세포

susceptible
[səséptəbl]

ⓐ 영향을 받기 쉬운

Young plants are more **susceptible** to frost damage than fully grown ones.
어린 식물은 다 자란 식물보다 서리 피해에 더 약하다.

cf susceptibility n. 민감

 기출표현
susceptibility test 감수성 검사

vital
[váitl]

ⓐ 필수적인, 생명의; 생생한

Unlike the brain or the heart, the appendix is not a **vital** organ.
뇌나 심장과는 달리, 맹장은 생명 유지에 필수적인 기관이 아니다.

cf vitality n. 활력, 생기

Day 18 DAILY TEST

A 의미상 적절한 단어를 골라 빈칸에 넣고, 필요 시 단어의 형태를 어법에 맞게 바꾸시오.

보기
ⓐ susceptible ⓑ inherit ⓒ evolve ⓓ lure ⓔ hibernate
ⓕ circulation ⓖ infest ⓗ resistant ⓘ genetic ⓙ spawn

1 Regular workout will improve blood _____.
2 Some bears do not _____ during the winter because they can find food all year long.
3 The obese are more _____ to heart disease.
4 Flowers _____ bees and butterflies with nectar.
5 Some fish species die right after they _____.
6 The house was _____ with cockroaches.
7 Scientists have discovered dangerous new strains of bacteria that are _____ to antibiotics.
8 Some experts say that _____ modified food is not dangerous.
9 I think he _____ his musical talent from his mother.
10 More complex species have _____ from simple species.

B 단어의 의미가 올바르게 설명된 보기를 찾아 연결하시오.

11 indispensable   ⓐ the chemical processes in living things that change food, etc. into energy and materials for growth

12 indigenous   ⓑ to change your appearance so that people cannot recognize you

13 disguise   ⓒ to make it likely that you will suffer from a particular illness

14 metabolism   ⓓ originating and growing or living in an area or environment

15 predispose   ⓔ difficult or impossible to exist without or to do something without

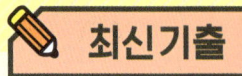

NEW TEPS VOCA

- assistance [əsístəns]   n. 도움, 지원
- associate [əsóuʃieit]   v. 연관 짓다
- assume [əsjú:m]   v. 책임을 맡다
- assumption [əsʌ́mpʃən]   n. 추정
- assurance [əʃú(:)ərəns]   n. 보장, 장담

- be forced to   phr. ~하도록 강요받다
- be invited to   phr. ~할 것을 안내받다
- constitution [kànstitjú:ʃən]   n. 체질
- constrained [kənstréind]   a. 부자연스러운
- constraint [kənstréint]   n. 제약

- consume [kənsjú:m]   v. 소모하다
- disassemble [dìsəsémbl]   v. 분해하다
- discard [diskɑ́:rd]   v. 버리다
- discerning [disə́:rniŋ]   a. 안목이 있는
- discharge [distʃɑ́:rdʒ]   v. 석방하다

- disclose [disklóuz]   v. 노출하다
- discreet [diskrí:t]   a. 신중한
- discursive [diskə́:rsiv]   a. 산만한
- extension [iksténʃən]   n. 연장
- extensive [iksténsiv]   a. 광범위한

- extent [ikstént]   n. 범위; 한도
- extinguish [ikstíŋgwiʃ]   v. 불을 끄다
- extirpate [ékstə:rpèit]   v. 제거하다
- magnanimous [mægnǽnəməs]   a. 아량이 있는
- magnify [mǽgnəfài]   v. 확대하다

☐ maintenance [méintənəns]	n. 유지 보수	
☐ major in	phr. ~을 전공하다	
☐ political [pəlítikəl]	a. 정치적인	
☐ population [pàpjəléiʃən]	n. 인구, 개체 수	
☐ portentous [pɔːrténtəs]	a. 불길한	
☐ portion [pɔ́ːrʃən]	n. 부분, 음식 1인분	
☐ portray [pɔːrtréi]	v. 묘사하다	
☐ rash [ræʃ]	a. 경솔한	
☐ rashly [rǽʃli]	ad. 무분별하게	
☐ rather [rǽðər]	ad. 오히려, 차라리	
☐ raze [reiz]	v. 파괴하다	
☐ reach a verdict	phr. 평결을 내리다	
☐ reach out	v. 연락을 취하다	
☐ socialite [sóuʃəlàit]	n. 사교계 명사	
☐ solicit [səlísit]	v. 간청하다	
☐ solidarity [sàlidǽrəti]	n. 결속	
☐ solution [səljúːʃən]	n. 용액	
☐ soothe [suːð]	v. 진정시키다	
☐ suffice [səfáis]	v. 충분하다	
☐ temerity [təmérəti]	n. 무모함	
☐ tenacious [tənéiʃəs]	a. 완강한	
☐ tenant [ténənt]	n. 세입자	
☐ tender [téndər]	a. 부드러운	
☐ tentative [téntətiv]	a. 머뭇거리는, 잠정적인	
☐ tepid [tépid]	a. 미지근한	

DAY 19 먹고사는 이야기
음식, 식품, 식당

banquet
[bǽŋkwit]
n 연회

Last Thursday, the company held a **banquet** to commemorate its 10th anniversary.
지난 목요일에 회사는 10주년을 기념하기 위해 연회를 열었다.

bland
[blǽnd]
a 담백한, 자극성이 적은

The food I ate at the Buddhist temple was rather **bland**.
절에서 먹은 그 음식은 맛이 다소 담백했다.

brew
[bruː]
v 끓이다; 양조하다

She **brewed** her husband and daughters coffee every morning.
그녀는 매일 아침 남편과 딸들에게 커피를 끓여주었다.
cf. brewery n. (맥주) 양조장

 기출표현

brewage 양조주, 양조(법)
There's trouble brewing. 커지고 있는 문제가 있다.

cater
[kéitər]
v 음식물을 제공하다; ~의 요구를 채우다

The company **catered** her wedding.
그 회사는 그녀의 결혼식 음식을 제공했다.

He only writes books that **cater** to young readers.
그는 젊은 독자들의 취향에 맞는 책만 쓴다.
cf. catering n. 출장 연회

consumption
[kənsʌ́mpʃən]

ⓝ 소비; 소진

Middle-aged Koreans need to reduce meat **consumption**.
한국 중년들은 고기 섭취를 줄일 필요가 있다.

Jewelry **consumption** is increasing rapidly in China.
중국에서 보석 소비가 빠르게 증가하고 있다.

cf. consume v. 소비하다
consumer n. 소비자

 기출표현

conspicuous consumption 과시적 소비
time-consuming 시간이 걸리는

craving
[kréiviŋ]

ⓝ 갈망, 열망

Sometimes I have a **craving** for a strawberry milkshake.
나는 가끔 딸기 밀크셰이크가 몹시 당긴다.

cf. crave v. 갈망하다

cuisine
[kwizíːn]

ⓝ 요리, 요리법

These days Korean **cuisine** is gaining popularity in Europe and Japan.
요즘 한국 요리가 유럽과 일본에서 인기를 얻고 있다.

 기출표현

haute cuisine 최고급 요리

culinary
[kʌ́lənèri]

ⓐ 요리[조리]의

Like many other Asian countries, India has a very distinct **culinary** culture.
다른 많은 아시아 국가들과 마찬가지로, 인도에는 매우 독특한 음식 문화가 있다.

deficiency
[difíʃənsi]

ⓝ 결핍, 부족

Soldiers suffered from a severe vitamin **deficiency** during the war.
군인들은 전쟁 중에 심각한 비타민 결핍에 시달렸다.

cf. deficient a. 부족한, 불충분한

devour
[diváuər]

ⓥ 게걸스레 먹다

Wayne was so hungry that he **devoured** the food on the table.
웨인은 너무나 배가 고파서 테이블 위의 음식을 게걸스레 먹었다.

edible
[édəbl]

ⓐ 먹을 수 있는, 식용에 알맞은

I didn't know that roses are **edible** flowers.
나는 장미가 먹을 수 있는 꽃인 줄 몰랐다.

cf. inedible a. 먹을 수 없는
= eatable a. 먹을 수 있는
= potable a. 마시기에 알맞은

exhaustive
[igzɔ́:stiv]

ⓐ 총망라한

The French restaurant we went to had an **exhaustive** list of wines.
우리가 갔던 프랑스 식당에는 와인을 총망라한 리스트가 있었다.

cf. exhaust n. 배기가스
    v. 다 써버리다: 소진시키다
exhausted a. 지친, 고갈된
exhausting a. 소모적인
exhaustion n. 다 써버림, 고갈

expire
[ikspáiər]

ⓥ (계약 등이) 만기가 되다

You should never drink **expired** milk.
유통 기한이 다 된 우유는 절대 마시면 안 된다.

cf. expiration n. 만료, 만기
expiration date phr. 유효 기한
expiry n. 만료, 만기

garnish
[gá:rniʃ]

ⓥ 고명을 얹다, 장식하다
ⓝ 고명, 장식물

She **garnished** the fish dish with orange wedges and parsley.
그녀는 생선 요리를 오렌지 조각과 파슬리로 장식했다.

gourmet
[guərméi]

ⓝ 미식가, 식도락가

We serve **gourmet** cuisine for vegetarians.
우리는 채식주의자들을 위한 고급 요리를 제공한다.

I am not a **gourmet** but I certainly enjoy having delicious food.
미식가는 아니지만 맛있는 음식 먹는 것을 확실히 즐긴다.

 기출표현
> gourmet shop 고급 식료품점
> gourmet cooking 고급 요리

grab a bite
[phr] 간단히 먹다

Let's just **grab a bite** at a food stand.
음식 가판대에서 간단히 먹자.

gratuity
[grətjú:əti]

ⓝ 팁

In the U.S., it is customary to give a **gratuity** to a waiter.
미국에서는 웨이터에게 팁을 주는 것이 관례이다.

＝tip n. 팁

greasy
[grí:si]

ⓐ 기름진, 매끄러운

He doesn't like Chinese food because it is too **greasy**.
그는 중국 음식은 기름기가 너무 많아서 좋아하지 않는다.

cf. grease n. 기름

 기출표현
> greasy pole
> 전문 분야의 최고 자리에 이르기까지의 힘든 과정
> climb up the greasy pole 힘든 일을 시작하다

helping
[hélpiŋ]

ⓝ 한 그릇

Joe had a second **helping** of pasta.
조는 파스타를 두 접시 먹었다.

indulge
[indʌ́ldʒ]

ⓥ (욕망·환락 등에) 빠지다, 탐닉하다

He **indulged** in alcohol after he was laid off.
그는 정리 해고를 당한 뒤 술에 빠졌다.

cf. indulgent a. 멋대로 하게 하는, 관대한
indulgence n. 관대, 탐닉

mixture
[míkstʃər]

ⓝ 혼합물, 혼합

Mayonnaise is a **mixture** of oil, vinegar and eggs.
마요네즈는 식용유, 식초, 계란을 섞어 만든 것이다.

cf. mix v. 섞다, 혼합하다
mixer n. 혼합기
mixed a. 혼합한

nutrient
[njú:triənt]

ⓝ 영양분

Fast food is deficient in essential **nutrients**.
패스트푸드는 필수 영양소가 부족하다.

cf. nutrition n. 영양물
nutritional a. 영양상의
nutritious a. 영양이 되는

 기출표현

nutritional value 영양가
malnutrition 영양실조

order
[ɔ́:rdər]

ⓝ 주문; 질서
ⓥ 지시하다

May I take your **order**, sir?
주문하시겠습니까?

The Iraqi police are making efforts to maintain public **order** in Baghdad.
이라크 경찰은 바그다드의 공공질서를 유지하기 위해 노력하고 있다.

The dictator **ordered** his soldiers to shoot anyone who tries to cross the border.
독재자는 군인들에게 국경을 넘으려 하는 자는 누구든 발포하라고 지시했다.

cf. orderly a. 정돈된, 법을 지키는
disorder n. 소란, 무질서
disorderly a. 무질서한

 기출표현

place an order 주문하다

penchant
[péntʃənt]
- ⓝ 경향, 강한 기호

Roy has a **penchant** for Mexican cuisine.
로이는 멕시코 음식을 좋아한다.

perishable
[périʃəbl]
- ⓐ 썩기 쉬운; 깨지기 쉬운
- ⓝ 썩기 쉬운 물건

Perishable foods should be refrigerated upon delivery.
상하기 쉬운 음식은 배달되는 즉시 냉장시켜야 한다.

cf. perish v. 죽다, 소멸되다

portion
[pɔ́ːrʃən]
- ⓝ (음식의) 1인분; 부분, 일부

He cut the pizza into eight **portions**.
그는 피자를 8인분으로 잘랐다.

preserve
[prizə́ːrv]
- ⓥ 소금[설탕]에 절이다; 보존하다
- ⓝ 설탕 조림, 잼

Chinese people like fruits **preserved** in sugar.
중국인들은 설탕에 절인 과일을 좋아한다.

The original plan to build an apartment complex was canceled to **preserve** the historic sites.
아파트 단지를 지으려던 당초 계획은 유적지를 보존하기 위해 취소됐다.

cf. preservative n. 방부제

recipe
[résəpi]
- ⓝ 조리법, 요리법; 방법, 비결

Bree gave me a **recipe** for chicken spaghetti.
브리는 내게 치킨 스파게티 요리법을 알려 주었다.

His **recipe** for success is diligence and patience.
그의 성공 비결은 근면과 인내이다.

 기출표현
recipe for disaster 재앙을 부르는 길

roast
[róust]
- ⓥ (오븐에) 굽다; 볶다
- ⓝ 구운 고기, 구이 요리

Generally speaking, **roasted** meat is healthier than fried meat.
일반적으로 말해서, 구운 고기가 튀긴 고기보다 몸에 더 좋다.

savor
[séivər]
- ⓥ 음미하다, 맛보다
- ⓝ 맛, 풍미, 향기

You can **savor** the taste of freshly brewed gourmet coffee at City Coffee.
시티 커피에서는 갓 끓인 고급 커피의 맛을 음미할 수 있습니다.
cf. savory a. 맛 좋은, 즐거운

seasoning
[síːzəniŋ]
- ⓝ 양념, 조미(료)

The chef added **seasoning** to the sirloin steak.
요리사는 등심 스테이크에 양념을 쳤다.

serve
[sə́ːrv]
- ⓥ 접대하다; (음식을) 내다

The guests were **served** with Spanish cuisine.
손님들은 스페인 요리를 대접받았다.
cf. server n. 봉사자; 대형 접시
    serving n. 음식을 차림; 한 끼분의 음식
    service n. 봉사; 공공 사업

sip
[síp]
- ⓥ 홀짝이다, 조금씩 마시다
- ⓝ (적은 양의) 한 모금

The sommelier **sipped** the white wine and savored its taste.
소믈리에는 화이트 와인을 조금 마신 뒤 맛을 음미했다.

staple
[stéipl]
- ⓝ 주식; 주요 산물
- ⓐ 주요한; 기본적인

Rice has long been a **staple** in Asia.
쌀은 오랫동안 아시아의 주식이었다.

Tourism is a **staple** of the country's economy.
관광이 그 나라 경제의 주요 산업이다.

supplement
[sʌ́pləmənt] ⓝ 추가, 보충
[sʌ́pləmènt] ⓥ 보충[추가]하다

Dietary **supplements** such as vitamins and calcium are popular in the U.S.
비타민과 칼슘 같은 건강 보조 식품은 미국에서 인기가 있다.

cf. supplementary a. 보충하는, 추가의

 기출표현

vitamin supplement 비타민제

tender
[téndər]
ⓐ (고기 등이) 부드러운, 연한;
상냥한, 다정한, 애정 어린

The steak they served was very **tender**.
그들이 제공한 스테이크는 아주 연했다.

The girl needs **tender** loving care.
소녀는 애정 어린 보살핌이 필요하다.

cf. tenderize v. (고기 등을) 연하게 하다

 기출표현

tenderize tough steak
질긴 스테이크를 연하게 하다

texture
[tékstʃər]
ⓝ 식감, (입 안에서 느껴지는) 질감, 씹히는 느낌

Bulgogi and galbi are quite different in both taste and **texture**.
불고기와 갈비는 맛과 식감 두 가지 면에서 서로 꽤 다르다.

treat
[tríːt]
ⓝ 대접, 한턱내기, 특별한 선물
ⓥ 대접하다; 대우하다; 치료하다

Leo **treated** Judy to dinner.
리오가 주디에게 저녁을 대접했다.

This is my **treat**.
이건 제가 낼게요.

The Olympic champion was **treated** as a hero in his country.
올림픽 챔피언은 자국에서 영웅 대접을 받았다.

The rock star was **treated** for depression.
록스타는 우울증 치료를 받았다.

vegetarian
[vèdʒətɛ́əriən]

ⓐ 채식주의의
ⓝ 채식주의자

Do they serve a **vegetarian** burger?
거기 채식주의 버거도 파나요?

cf **vegetarianism** n. 채식(주의)
veggie n. 채식주의자, 채소

 기출표현

vegan 완전 채식주의자 (우유 · 달걀 등의 동물성 식품을 일체 먹지 않는)

voracious
[vɔːréiʃəs]

ⓐ 식욕이 왕성한; 열성이 대단한

She is slender but has a **voracious** appetite.
그녀는 날씬하지만 식욕이 왕성하다.

Albert is known to be a **voracious** reader.
앨버트는 독서광으로 알려져 있다.

cf **voracity** n. 폭식, 대식, 탐욕

Day 19 DAILY TEST

A 의미상 적절한 단어를 골라 빈칸에 넣고, 필요 시 단어의 형태를 어법에 맞게 바꾸시오.

보기	ⓐ devour	ⓑ edible	ⓒ brew	ⓓ gratuity	ⓔ indulge
	ⓕ bland	ⓖ gourmet	ⓗ recipe	ⓘ craving	ⓙ savor

1 You should be careful because not all mushrooms are _____.
2 When I get stressed, I get a(n) _____ for chocolate.
3 You should not _____ in sweets if you want to lose weight.
4 Koreans don't usually give a(n) _____ to hairdressers.
5 I bought the cookbook because I needed a(n) _____ for pumpkin pie.
6 Angelina ate the pasta very slowly, _____ every mouthful.
7 I really like drinking freshly _____ coffee.
8 After working out for three hours yesterday, the football player _____ a whole pizza greedily.
9 Generally speaking, _____ food is healthier than salty food.
10 _____ are willing to spend a lot of money eating delicious food.

B 단어의 의미가 올바르게 설명된 보기를 찾아 연결하시오.

11 penchant   ⓐ concerned with cooking

12 voracious   ⓑ very thorough and complete

13 exhaustive   ⓒ to provide food service for

14 culinary   ⓓ a feeling of liking something very much or a tendency to do something a lot

15 cater   ⓔ eating or wanting large amounts of food

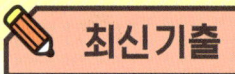 최신기출 **NEW TEPS VOCA**

☐ authenticity [ɔ̀ːθentísəti]	n. 확실성
☐ authorize [ɔ́ːθəràiz]	v. 공개적으로 칭찬하다
☐ authorized [ɔ́ːθəràizd]	a. 권한을 부여 받은
☐ autobiography [ɔ̀ːtəbaiágrəfi]	n. 자서전
☐ clinch [klintʃ]	v. 성사시키다
☐ clump [klʌmp]	v. 쿵쾅거리다
☐ clutch [klʌtʃ]	n. 움켜쥠
☐ dissemble [disémbl]	v. 숨기다
☐ dissertation [dìsərtéiʃən]	n. 논문
☐ dissolute [dísəljùːt]	a. 방탕한
☐ dissuade [diswéid]	v. ~하지 않도록 설득하다
☐ inmate [ínmèit]	n. 수감자
☐ innocuous [inákjuəs]	a. 악의 없는
☐ inquire [inkwáiər]	v. 문의하다
☐ inquiry [inkwáiəri]	n. 문의
☐ mandatory [mǽndətɔ̀ːri]	a. 의무적인
☐ pose [pouz]	v. 제기하다, 포즈를 취하다
☐ postage stamp	phr. 우표
☐ postpone [poustpóun]	v. 연기하다, 미루다
☐ postulate [pástʃəlit]	v. 사실이라고 상정하다
☐ posture [pástʃər]	n. 자세
☐ potent [póutənt]	a. 강한
☐ rampant [rǽmpənt]	a. 걷잡을 수 없는
☐ rancor [rǽŋkər]	n. 원한
☐ rancorous [rǽŋkərəs]	a. 원한이 사무친

- [ ] **random** [rǽndəm]   a. 무작위의
- [ ] **range** [reindʒ]   n. 범위, 폭, 다양성
- [ ] **rankle** [rǽŋkl]   v. 괴롭히다
- [ ] **sacred** [séikrid]   a. 성스러운
- [ ] **salutary** [sǽljətèri]   a. 유익한

- [ ] **salute** [səljúːt]   v. 경례하다
- [ ] **salvage** [sǽlvidʒ]   v. 구조하다
- [ ] **sanction** [sǽŋkʃən]   v. 인가하다
- [ ] **tackle** [tǽkl]   v. 착수하다
- [ ] **tactic** [tǽktik]   n. 전략, 작전

- [ ] **take after**   phr. 닮다
- [ ] **take apart**   phr. 분해하다, 해체하다
- [ ] **take back**   phr. 회수하다
- [ ] **take in**   phr. 흡수하다
- [ ] **tolerable** [tálərəbl]   a. 참을 수 있는

- [ ] **unambiguous** [ʌ̀næmbígjuəs]   a. 모호하지 않은, 분명한
- [ ] **uncovered** [ʌnkʌ́vərd]   a. 노출된
- [ ] **undermine** [ʌ̀ndərmáin]   v. 약화시키다
- [ ] **underpin** [ʌ̀ndərpín]   v. 보강하다
- [ ] **undertake** [ʌ̀ndərtéik]   v. 착수하다

- [ ] **undertaking** [ʌ̀ndərtéikiŋ]   n. 일
- [ ] **vagary** [vəgé(ː)əri]   n. 예측 불허의 변화
- [ ] **vague** [veig]   a. 모호한
- [ ] **vanguard** [vǽngɑːrd]   n. 선봉
- [ ] **vanquish** [vǽŋkwiʃ]   v. 쳐부수다, 패배시키다

DAY 20

뉴텝스의 고상한 영역

예술

aesthetic
[esθétik]

ⓐ 미의, 심미적인, 미학의
ⓝ 미적 가치관, 미학 이론

Humans have an **aesthetic** appreciation of music.
인간은 음악을 심미적으로 감상한다.

cf. aesthetics n. 미학

compose
[kəmpóuz]

ⓥ 작곡하다, 작문하다; 구성하다

The guitarist **composed** most of the songs for the band.
기타리스트가 밴드의 노래를 대부분 작곡했다.

The committee will be **composed** of lawmakers and professors.
위원회는 국회 의원들과 교수들로 구성될 것이다.

cf. composition n. 구성, 작곡, 작문
    composer n. 작곡가

conductor
[kəndʌ́ktər]

ⓝ 지휘자, (기차의) 차장; 전도체

Mr. Johnson became the principal **conductor** of the Vancouver Symphony in 2016.
존슨 씨는 2016년에 밴쿠버 교향악단의 수석 지휘자가 되었다.

This white material is a poor **conductor** of heat.
이 흰색 물질은 열이 잘 전도되지 않는다.

cf. conduct v. 행동하다, 지휘하다, 전도하다

 기출표현

conduct a survey 조사를 실시하다

contemporary
[kəntémpərèri]

ⓐ 같은 시대의; 현대의
ⓝ 같은 시대의 사람

John Keats was **contemporary** with Percy Bysshe Shelley.
존 키츠는 퍼시 비시 셸리와 동시대 사람이었다.

Contemporary dance is different from classical ballet.
현대 무용은 고전 발레와 다르다.

contrast
[kάntræst]

ⓝ 대조, 대비, 차이

His paintings are famous for a stark **contrast** of color.
그의 그림은 색채의 극명한 대조로 유명하다.

 기출표현
in sharp contrast with ~와 극명한 대조를 보이는

controversial
[kὰntrəvə́:rʃəl]

ⓐ 논란이 많은

The grotesque image of the painting was **controversial** among critics.
그림의 그로테스크한 이미지는 평론가들 사이에서 논란이 많았다.

cf. controversy n. 논쟁

craft
[kræft]

ⓝ 공예, 수공업

The gallery will hold a big exhibition of arts and **crafts**.
미술관은 대규모 미술 공예 전시회를 개최할 것이다.

cf. craftsman n. 기술자, 장인
    craftsmanship n. 손재주, 솜씨

depict
[dipíkt]

ⓥ 그리다, 묘사하다

His painting **depicts** the lives of farmers.
그의 그림은 농부들의 삶을 묘사한다.

cf. depiction n. 묘사, 서술

Day20 247

dexterity
[dekstérəti]
ⓝ 솜씨 좋음; 재치

Alexander played the viola with great **dexterity**.
알렉산더는 비올라를 아주 능숙하게 연주했다.

cf. dexterous a. 솜씨 좋은
ambidextrous a. 양손잡이의

dismal
[dízməl]
ⓐ 형편없는; 음산한

The band gave a **dismal** performance of Beatles songs.
밴드는 비틀스 노래 몇 곡을 형편없이 불렀다.

We cancelled our plan to go on a picnic due to the **dismal** weather.
우리는 음산한 날씨 때문에 소풍 가려던 계획을 취소했다.

distort
[distɔ́ːrt]
ⓥ 왜곡하다

He deliberately used **distorted** images to depict reality.
그는 현실을 묘사하기 위해 의도적으로 왜곡된 이미지를 사용했다.

cf. distortion n. 왜곡, 곡해

 기출표현

distort history 역사를 왜곡하다
distorted facts 왜곡된 사실
distorted views 편견
distorted vision 난시

ecstatic
[ekstǽtik]
ⓐ 황홀한, 무아지경의

I feel **ecstatic** whenever I listen to Sophia Peterson's electro house music.
나는 소피아 피터슨의 일렉트로 하우스 음악을 들을 때마다 황홀감을 느낀다.

cf. ecstasy n. 환희, 황홀경

elicit
[ilísit]
ⓥ 이끌어 내다

His acting **elicited** a strong response from the audience.
그의 연기는 관객들로부터 강렬한 반응을 이끌어 냈다.

engrave
[ingréiv]

v. (금속·돌 등에) 새기다

The craftsman **engraved** his name on the pillar.
공예가는 기둥에 자신의 이름을 새겼다.

enthusiasm
[inθú:ziæzm]

n. 열중, 열의, 열광

The cellist never lost her **enthusiasm** for music in her entire life.
첼리스트는 평생 음악에 대한 열정을 절대 잃지 않았다.

cf. enthusiastic a. 열렬한, 열광적인
enthusiast n. 열성적인 사람
enthuse v. 열중[열광, 감격]시키다

 기출표현

sports enthusiast 열광적인 스포츠 팬

impression
[impréʃən]

n. 인상, 느낌, 감명, 감동

Her painting gave me an **impression** of depression and sorrow.
그녀의 그림은 나에게 우울하고 슬픈 인상을 주었다.

cf. impress v. 인상을 주다
impressive a. 강한 인상을 주는
impressed a. 좋은 인상을 받은
Impressionist n. 인상파 화가
Impressionism n. 인상파(주의)

 기출표현

give a good first impression
좋은 첫인상을 주다

improvise
[ímprəvàiz]

v. 즉흥적으로 작곡[연주]하다

Jazz musicians are good at **improvising** melodies.
재즈 뮤지션들은 멜로디를 즉흥적으로 잘 만든다.

cf. improvisation n. 즉석에서 하기

induce
[indjú:s]

v. 야기하다, 일으키다; 권유하다

The music **induced** excitement in the audience.
음악은 청중의 흥분을 유발했다.

infringe
[infríndʒ]

ⓥ (법·계약·의무를) 위반하다, 침해하다

He **infringed** Jane's copyright by plagiarizing her song.
그는 제인의 노래를 표절함으로써 저작권을 침해했다.
cf. infringement n. 침해, 위반

inimitable
[inímətəbl]

ⓐ 흉내 낼 수 없는, 독특한

The painter is well known for his **inimitable** brush strokes.
화가는 흉내 낼 수 없는 붓놀림으로 잘 알려져 있다.
cf. imitable a. 모방할 수 있는
　　imitate v. 모방하다

inspire
[inspáiər]

ⓥ 영감을 주다, (감정 등을) 불어 넣다, 고취하다

The songwriter was **inspired** by the beautiful landscape of Jasper.
작곡가는 재스퍼의 아름다운 풍경에 영감을 얻었다.
cf. inspiration n. 영감
　　inspirational a. 영감을 주는
　　inspiring a. 고무하는

inventive
[invéntiv]

ⓐ 창의적인, 독창적인

The art class inspired her to be more **inventive** with her own painting.
미술 수업은 그녀가 더 창의적으로 그림을 그리도록 자극했다.
cf. invention n. 발명

laud
[lɔ́ːd]

ⓥ 칭송하다, 찬미하다

It was **lauded** as one of the greatest musicals of all time.
그것은 역대 최고의 뮤지컬 중 하나로 칭송 받았다.

lyric
[lírik]
- n 서정시
- pl 가사

Paul wrote the **lyrics** of the song.
폴이 그 노래의 가사를 썼다.

cf. lyrical a. 서정적인

masterpiece
[mǽstərpìːs]
- n 걸작, 명작, 대표작

The sculpture was lauded as one of the greatest **masterpieces** of Latin American art.
조각상은 라틴 아메리카 예술의 최고 명작 중 하나로 칭송 받았다.

meticulous
[mətíkjuləs]
- a 꼼꼼한, 세심한

The artist made the sculpture with **meticulous** care.
예술가는 세심하게 신경을 써서 조각품을 만들었다.

moving
[múːviŋ]
- a 감동시키는, 심금을 울리는

The song's tune is catchy and its lyrics are **moving**.
노래는 선율이 귀에 쏙 들어오고 가사가 감동적이다.

originality
[ərìdʒənǽləti]
- n 독창성

It is true that most of the songs he wrote lack **originality**.
그가 쓴 곡 대부분이 독창성이 부족한 것은 사실이다.

patron
[péitrən]
- n (예술가・자선 사업 등의) 후원자; (호텔・상점 등의) 단골손님, 고객

In the past, it was common for wealthy **patrons** to support artists.
과거에는 부유한 후원자가 예술가를 지원하는 것이 흔한 일이었다.

The **patrons** of the hotel are mostly European tourists.
호텔의 고객은 주로 유럽 관광객들이다.

cf. patronage n. 후원, 단골
patronize v. 후원하다, 단골로 다니다

perspective
[pərspéktiv]

ⓝ 원근법; 관점

These pictures are drawn in **perspective**.
이 그림들은 원근법에 맞게 그려져 있다.

I'd like to approach this issue from a different **perspective**.
나는 다른 관점에서 이 문제에 접근하고 싶다.

out of perspective 원근법에서 벗어나

portray
[pɔːrtréi]

ⓥ 묘사하다, 그리다;
(배우가) 역을 맡아 하다

The musical vividly **portrays** the Vietnam War.
그 뮤지컬은 베트남 전쟁을 생생히 묘사한다.

The role of the King was **portrayed** by actor Terry Bogard.
왕 역할은 배우 테리 보가드가 연기했다.

cf portrayal n. 묘사
portrait n. 초상화

preoccupied
[priːɑ́kjupàid]

ⓐ 몰두한, 여념이 없는, 사로잡힌

The painter was **preoccupied** with the task of depicting rural scenes.
화가는 시골 풍경을 묘사하는 일에 몰두해있었다.

cf preoccupy v. 몰두하게 하다
preoccupation n. 몰두

profound
[prəfáund]

ⓐ 심오한, 깊은, 난해한

Romney's new play deals with **profound** questions about existence.
롬니의 새 연극은 존재에 대한 심오한 질문을 다룬다.

render
[réndər]

ⓥ 표현하다; ~이 되게 하다; 주다

The painter **rendered** the beautiful scene in bright colors.
화가는 아름다운 풍경을 밝은 색으로 표현했다.

The tsunami **rendered** hundreds of thousands of Japanese people homeless.
쓰나미로 인해 수십만 명의 일본인들이 집을 잃었다.

Please remember that you will be charged for services **rendered**.
제공된 서비스에 대해 요금이 청구된다는 점을 기억하세요.

cf. rendering n. 표현; 넘겨줌
rendition n. 연주, 공연

renowned
[rináund]

ⓐ 유명한, 명성 있는

He is **renowned** for composing both classical and contemporary music.
그는 클래식 음악과 현대 음악을 모두 작곡하는 것으로 유명하다.

cf. renown n. 명성

reputation
[rèpjutéiʃən]

ⓝ 평판, 명성

He acquired a **reputation** as a prolific musician.
그는 다작을 하는 뮤지션이라는 평판을 얻었다.

cf. repute n. 평판, 명성 v. ~라고 여기다
reputed a. 평판이 좋은
reputedly ad. 평판으로는
reputable a. 평판이 좋은
disreputable a. 평판이 좋지 않은

sculpt
[skʌlpt]

ⓥ 조각하다

They displayed a castle **sculpted** in ice.
그들은 얼음으로 조각한 성을 전시했다.

cf. sculpture n. 조각(품) v. 조각하다
sculptor n. 조각가

standing ovation

phr 기립 박수

The violinist felt ecstatic when she received a **standing ovation**.
바이올리니스트는 기립 박수를 받았을 때 황홀했다.

talented
[tǽləntid]

ⓐ 재능이 있는, 유능한

Although Sandra is not a superstar, she is a very **talented** actress.

산드라는 슈퍼스타는 아니지만 매우 재능이 뛰어난 배우다.

cf. talent   n. 재주, 재능

virtuoso
[vəːrtʃuóusou]

ⓝ (음악의) 대가, 대연주가

She built a reputation as a piano **virtuoso**.

그녀는 피아노 대가로서의 평판을 쌓았다.

cf. virtuosity   n. 묘기; 기교

Day 20 DAILY TEST

A 의미상 적절한 단어를 골라 빈칸에 넣고, 필요 시 단어의 형태를 어법에 맞게 바꾸시오.

보기: ⓐ compose ⓑ virtuoso ⓒ perspective ⓓ preoccupied ⓔ dismal
ⓕ laud ⓖ elicit ⓗ infringe ⓘ distort ⓙ masterpiece

1 At yesterday's performance, the actor's tears _____ great sympathy from his audience.
2 The Japanese government approved school textbooks that _____ history.
3 Mr. Arison is regarded as the greatest violin _____ in Europe.
4 She was _____ with writing lyrics.
5 Wolfgang Amadeus Mozart _____ forty one symphonies in total.
6 Shakespeare is _____ as one of the greatest writers ever.
7 The musician was accused of _____ on Mr. Jackson's copyright.
8 The film is considered a(n) _____ by critics and viewers alike.
9 He was a bad singer and his performance was _____.
10 The vase on the right is out of _____.

B 단어의 의미가 올바르게 설명된 보기를 찾아 연결하시오.

11 meticulous ⓐ make or do something without having planned it in advance
12 improvise ⓑ very happy and full of excitement
13 ecstatic ⓒ extremely or excessively concerned with details
14 aesthetic ⓓ to express, show, or perform something in a particular way
15 render ⓔ of or concerning the appreciation of beauty or good taste

NEW TEPS VOCA

- alone [əlóun] — ad. 홀로
- aloof [əlúːf] — a. 냉담한, 쌀쌀한
- altercation [ɔ̀ːltərkéiʃən] — n. 논쟁
- cohesion [kouhíːʒən] — n. 결합
- collaborative [kəlǽbərèitiv] — a. 공동의

- collude [kəlúːd] — v. 공모하다
- distance [dístəns] — n. 거리
- distraught [distrɔ́ːt] — a. 완전히 제정신이 아닌
- diverge [divə́ːrdʒ] — v. 갈라지다
- divergent [divə́ːrdʒənt] — a. 나뉘는

- divert [divə́ːrt] — v. 전환시키다
- divest [divést] — v. 빼앗다
- divinity [divínəti] — n. 신성; 신
- divulge [divʌ́ldʒ] — v. 누설하다
- extremely [ikstríːmli] — ad. 매우

- extremity [ikstréməti] — n. 극단
- exuberant [igzjúːbərənt] — a. 활기가 넘치는
- ignite [ignáit] — v. 불을 붙이다
- illiterate [ilítərit] — a. 문맹의
- illuminated [iljúːmənèitid] — a. 환한

- lightly [láitli] — ad. 가볍게, 부드럽게
- likelihood [láiklihùd] — n. 가능성
- likely [láikli] — a. ~할 것 같은
- limber up — phr. 몸을 풀다
- limerick [límərik] — n. 5행 희시(戱詩)

- line [lain] — n. 줄
- naked eye — phr. 맨눈
- native [néitiv] — n. 출신자
- natural ability — phr. 타고난 능력
- nebulous [nébjələs] — a. 모호한

- on a whim — phr. 충동적으로
- on one's toes — phr. 경계하는
- on the fence — phr. 중립적인 태도를 취하는
- on the grounds — phr. ~을 이유로
- on the loose — phr. 탈주 중인

- place [pleis] — v. 두다
- platitude [plǽtitʃùːd] — n. 진부한 이야기
- play off — phr. (우승자를 가리기 위해) 결판을 내다
- play [plei] — n. 희곡, 연극
- pledge [pledʒ] — n. 맹세

- plentiful [pléntifəl] — a. 풍부한
- reapply [rìːəplái] — v. 다시 지원하다
- reassure [rìːəʃúər] — v. 안심시키다
- rebel [rébəl] — n. 반역자, 반란자
- rebound [ríːbàund] — v. 반등하다

- recall [rikɔ́ːl] — v. 생각나게 하다
- sap [sæp] — v. 약화시키다
- satisfy [sǽtisfài] — v. 만족하다
- savings — n. 저축한 돈, 저금
- savvy [sǽvi] — a. 요령 있는

DAY 21~30

- **Day 21**   공항, 호텔
- **Day 22**   교육
- **Day 23**   경제
- **Day 24**   의학
- **Day 25**   쇼핑, 광고
- **Day 26**   언어, 문학
- **Day 27**   기후
- **Day 28**   건물, 건축
- **Day 29**   금융, 회계, 재무
- **Day 30**   도로, 교통

DAY 21 뉴텝스 청해의 단골 배경
공항, 호텔

accommodate
[əkɑ́mədèit]
- **v** 수용하다; 적응시키다

The Milton Hotel can **accommodate** up to 640 guests.
밀튼 호텔은 최대 640명의 투숙객을 수용할 수 있다.

cf. accommodative a. 순응적인, 협조적인
accommodation n. 숙박 시설

aisle seat
[áil síːt]
- **phr** 통로 쪽 좌석

Would you like a window seat or an **aisle seat**?
창가 쪽 좌석으로 하시겠습니까, 통로 쪽 좌석으로 하시겠습니까?

→ window seat 창가 쪽 좌석

 기출표현

Do you have a seating preference?
원하시는 좌석이 있습니까?

amenity
[əménəti]
- **n** 편의 시설; 예의

The hotel has **amenities** such as a fitness center, a swimming pool, and a night club.
호텔에는 피트니스 센터, 수영장, 나이트클럽과 같은 편의 시설이 있다.

board
[bɔ́ːrd]
- **v** 타다; 하숙[기숙]하다
- **n** 게시판; 위원회

Please **board** the plane at Gate 18.
18번 게이트에서 비행기에 탑승해 주시기 바랍니다.

 기출표현

We will begin boarding in thirty minutes.
30분 후 탑승을 시작하겠습니다.

book
[búk]
- ⓥ 예약하다

I would like to **book** a double room for next weekend.
다음 주말 2인실을 예약하고 싶습니다.

cf. **booking** n. 예약

bound
[báund]
- ⓐ ~행(行)의; 꼭 ~하게 되어 있는

This plane is **bound** for Los Angeles.
이 비행기는 LA행입니다.

cf. **bound to V** 꼭 ~할 것 같은, ~할 가능성이 큰

Erica is **bound** to pass the exam as she has studied very hard.
에리카는 매우 열심히 공부해왔기 때문에 시험에 꼭 합격할 것이다.

carry-on
[kǽriàn]
- ⓐ 기내에 들고 갈 수 있는
- ⓝ 기내 휴대용 가방

Only one **carry-on** is allowed on domestic flights.
국내선 항공에는 기내 휴대용 가방이 단 한 개만 허용된다.

charter
[tʃɑ́:rtər]
- ⓝ 전세
- ⓥ 전세 내다

A **chartered** plane carrying 60 Koreans left Tripoli for Cairo on Sunday.
한국인 60명을 태운 전세기가 일요일에 트리폴리를 떠나 카이로로 향했다.

cf. a **chartered plane** 전세 비행기

check in
[phr] 체크인하다; (짐을) 부치다

They **checked in** at the hotel at 5 p.m.
그들은 오후 5시에 호텔에 체크인했다.

Always **check in** your luggage first when you arrive at the airport.
공항에 도착하면 항상 짐부터 부치세요.

↔ **check out** (호텔에서) 계산하고 나오다

 기출표현

How do I **check out** books at the library?
도서관에서 책을 어떻게 대출하죠?

complimentary
[kàmpləméntəri]
ⓐ 무료의; 칭찬하는

The hotel offers a **complimentary** bottle of champagne.
호텔은 샴페인 한 병을 무료로 제공한다.

Most of the guests were very **complimentary** about the hotel and its staff.
대부분의 투숙객들이 그 호텔과 직원들을 크게 칭찬했다.

cf. compliment n. 칭찬 v. 칭찬하다

 기출표현

complimentary ticket 우대권, 초대권

---

concierge
[kànsiɛ́ərʒ]
ⓝ 안내원; (건물의) 관리인

Our **concierge** assists guests with various tasks like booking transportation.
저희 안내원은 손님들의 교통편 예약과 같은 다양한 일을 도와드립니다.

---

concourse
[kánkɔːrs]
ⓝ 중앙 홀; (하천의) 합류점

The airport **concourse** was crowded with people.
공항의 중앙 홀이 사람들로 붐볐다.

---

confirm
[kənfə́ːrm]
ⓥ 확인하다; (결심을) 굳게 하다

I'd like to **confirm** my reservation, please.
예약 확인을 하고 싶습니다.

cf. confirmation n. 확인, 확정

---

connecting flight
phr 연결 비행편

She had to wait seven hours for the **connecting flight**.
그녀는 연결 비행편을 타기 위해 7시간을 기다려야 했다.

courtesy
[kə́ːrtəsi]
- ⓐ 무료의, 서비스의
- ⓝ 예의; 호의

A **courtesy** shuttle to the station leaves every hour on the hour from 8:00 a.m. to 10:00 p.m.
역으로 가는 무료 순환 버스가 아침 8시부터 밤 10시까지 매 시각 정시에 출발합니다.

In the U.S., it is common **courtesy** to reply to a wedding invitation.
미국에서는 청첩장에 답장을 보내는 것이 당연한 예의이다.

cf. courteous a. 예의 바른

crew
[krúː]
- ⓝ 승무원

All the **crew** were rescued by the navy.
승무원들은 해군에 의해 전원 구조되었다.

customs
[kʌ́stəmz]
- ⓝ 관세, 세관

All visitors entering Singapore are required to go through **customs**.
싱가포르에 입국하는 모든 방문객들은 세관을 통과해야 한다.

cf. custom n. 관습, 풍습

It is a Korean **custom** to give glutinous rice cakes or taffy to students before exams.
시험 전에 학생들에게 찹쌀떡이나 엿을 주는 것이 한국의 관습이다.

declare
[diklέər]
- ⓥ 신고하다; 선언[공표]하다

Do you have anything to **declare**, sir?
신고하실 물건이 있습니까?

Gotham City mayor Carbonell **declared** a war on drugs.
카보넬 고담시장은 마약과의 전쟁을 선포했다.

cf. declaration n. 선언, 신고

depart
[dipáːrt]
- ⓥ 출발하다, 떠나다

The plane **departs** at 3:45 for Milano.
비행기는 3시 45분에 밀라노로 출발한다.

cf. departure n. 출발

destination
[dèstənéiʃən]

ⓝ 목적지, 행선지

Seoul Tower is still a very popular tourist **destination**.
서울타워는 여전히 매우 인기 있는 관광지이다.

detector
[ditéktər]

ⓝ 탐지기

Everyone should walk through metal **detectors** before boarding a plane.
비행기에 탑승하기 전에 모두 금속 탐지기를 통과해야 한다.

cf. detect v. 탐지하다
detection n. 발견, 탐지

🔸기출표현
detect cancer early 암을 조기에 발견하다

disembark
[dìsembá:rk]

ⓥ (배·비행기에서) 내리다

More than half of the passengers **disembarked** from the plane in Incheon.
절반 이상의 승객들이 인천에서 내렸다.

➡ embark v. 탑승하다

🔸기출표현
embark on ~에 착수하다

domestic
[dəméstik]

ⓐ 국내의; 가정의

Terminal B is used by **domestic** airlines.
B 터미널은 국내 항공사가 이용한다.

Domestic violence used to be a serious problem in this country.
가정 폭력은 과거에 이 나라의 심각한 문제였다.

➡ foreign a. 외국의

frisk
[frísk]

ⓥ 옷 위로 몸수색하다
ⓝ 몸수색

Due to terrorist threats, airport security guards had to **frisk** every passenger.
테러 위협으로 인해 공항 보안 요원들은 모든 승객들을 대상으로 몸수색을 해야 했다.

grace time
phr 유예 시간

Our hotel allows a **grace time** of one hour before we charge for an additional day.
저희 호텔은 하루치 요금을 더 부과하기 전에 1시간의 유예 시간을 드립니다.

= grace period n. 유예 기간

impeccable
[impékəbl]

a 흠잡을 데 없는, 결점 없는

The room was **impeccable** and the service was faultless.
방은 흠잡을 데 없었고 서비스도 완벽했다.

↔ flawed a. 흠이 있는

jet lag
phr 시차증

Most international travelers suffer from **jet lag**.
해외여행객 대부분이 시차증으로 고생한다.

layover
[léiòuvər]

n (항공편의) 경유

I have a two-hour **layover** in Vancouver.
나는 밴쿠버에서 두 시간 동안 경유한다.

legroom
[légrù(:)m]

n 다리를 뻗을 수 있는 공간

Is it possible to reserve seats with extra **legroom** in economy class?
일반석에서 여분의 다리 뻗는 공간이 있는 자리를 예약하는 것이 가능한가요?

luggage
[lʌ́gidʒ]
ⓝ (여행용) 짐, 수하물

Our bellhop will take your **luggage** to your room.
벨보이가 짐을 방으로 옮겨 드릴 것입니다.

overhead compartment
phr 머리 위 짐칸

Would you put this backpack in the **overhead compartment**, please?
이 배낭을 머리 위 짐칸에 넣어 주시겠습니까?

punctual
[pʌ́ŋktʃuəl]
ⓐ 시간을 잘 지키는

Skanda Airlines was named Europe's most **punctual** airline.
Skanda 항공이 유럽에서 가장 비행 시간을 잘 지키는 항공사로 선정됐다.

cf. punctuality n. 시간 엄수

rate
[réit]
ⓝ 요금

You can get the lowest room **rate** if you book online.
인터넷으로 예약하시면 가장 저렴한 숙박료의 혜택을 누리실 수 있습니다.

secluded
[siklúːdid]
ⓐ (장소가) 한적한, 외딴

Palmer Hotel is located on a **secluded** beach.
Palmer 호텔은 한적한 해변에 위치해 있다.

cf. seclude v. 격리하다
　　 seclusion n. 격리, 은둔

smuggle
[smʌ́gl]

v 밀수하다

He was caught trying to **smuggle** drugs through the airport.
그는 공항을 통해 마약을 밀수하려다 적발됐다.

stow
[stóu]

v (짐을) 싣다

Please **stow** your carry-on luggage in the overhead compartment before you take a seat.
자리에 앉기 전에 기내 휴대용 짐을 머리 위 짐칸에 실어주시기 바랍니다.

 기출표현

stow away 밀항하다

strand
[strǽnd]

v 오도 가도 못하게 하다

People were **stranded** at the airport due to the blizzard.
눈보라로 인해 사람들이 공항에 발이 묶였다.

suite
[swíːt]

n (호텔의) 스위트룸

The singer reserved a three-bedroom **suite** at the Wisteria Hotel.
가수는 위스테리아 호텔의 방 3개짜리 스위트룸을 예약했다.

turbulence
[tə́ːrbjuləns]

ⓝ 난류, 난기류

We will be passing through **turbulence**, so please fasten your seatbelt.
난기류를 통과할 예정이니 안전벨트를 착용하시기 바랍니다.

cf. turbulent a. 격변의, 난기류의

 기출표현

a turbulent period 격변의 시기

vacancy
[véikənsi]

ⓝ 빈방

I'm sorry but we don't have any **vacancies** right now.
죄송하지만 지금은 빈방이 없습니다.

cf. vacant a. 비어 있는

Day 21 DAILY TEST

A 의미상 적절한 단어를 골라 빈칸에 넣고, 필요 시 단어의 형태를 어법에 맞게 바꾸시오.

보기: ⓐ layover ⓑ amenity ⓒ detector ⓓ stow ⓔ frisk
ⓕ rate ⓖ concierge ⓗ courtesy ⓘ accommodate ⓙ strand

1. A smoke _____ can save lives in an emergency.
2. The average room _____ for the hotels in this city is $225.
3. She lives in a big city with modern cultural _____ like theaters, museums, and shopping malls.
4. The police officer _____ the criminal before arresting him.
5. The hotel _____ suggested an excellent Chinese restaurant.
6. You can _____ your bag under the seat in front of you.
7. She had a one-day _____ in Tokyo between flights.
8. The snowstorm left thousands of passengers _____ at the airport.
9. YDP Youth Hostel can _____ up to 250 guests.
10. Jericho Hotel offers a(n) _____ bus to and from the airport.

B 단어의 의미가 올바르게 설명된 보기를 찾아 연결하시오.

11. punctual   ⓐ to rent a plane, boat, etc. for your own use
12. smuggle   ⓑ a wide hall in a public building, especially a hotel, airport, or station.
13. concourse   ⓒ private, peaceful, and not near other people or places
14. charter   ⓓ to take someone or something secretly and illegally into or out of a country
15. secluded   ⓔ happening or doing something at the arranged or correct time

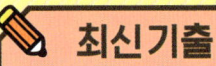 **NEW TEPS VOCA**

- **abdicate** [ǽbdəkèit] v. 퇴위하다
- **abhor** [əbhɔ́:r] v. 혐오하다
- **aboard** [əbɔ́:rd] prep. 탑승한
- **abolish** [əbáliʃ] v. 폐지하다
- **abrogate** [ǽbrəgèit] v. 철폐하다

- **blame** [bleim] n. 책임
- **bland** [blænd] a. 지루한
- **blast** [blæst] v. 폭발시키다
- **blatant** [bléitənt] a. 노골적인
- **bloated** [blóutid] a. 배가 터질 듯한

- **companion** [kəmpǽnjən] n. 동반자
- **compel** [kəmpél] v. 강요하다
- **compete** [kəmpí:t] v. 경쟁하다
- **compile** [kəmpáil] v. 편집하다
- **complacency** [kəmpléisənsi] n. 안주, 자기 만족

- **debacle** [dibá:kl] n. 대실패
- **debase** [dibéis] v. 품질을 떨어뜨리다
- **debate** [dibéit] v. 토론하다
- **debris** [dəbrí:] n. 잔해
- **deceive** [disí:v] v. 속이다

- **excessive** [iksésiv] a. 지나친
- **exchange** [ikstʃéindʒ] v. 환하다
- **exculpate** [ékskʌlpèit] v. 무죄를 입증하다
- **execute** [éksəkjù:t] v. 처형하다
- **exempt** [igzémpt] v. 면제하다

☐ **feasible** [fíːzəbl]	a.	실현 가능한
☐ **feature** [fíːtʃər]	n.	특징
☐ **feckless** [féklis]	a.	무책임한
☐ **fecund** [fékənd]	a.	다산의
☐ **feeble** [fíːbl]	a.	허약한
☐ **grant** [grænt]	n.	보조금
☐ **graze** [greiz]	v.	방목하다
☐ **grievous** [gríːvəs]	a.	비통한
☐ **grip** [grip]	v.	꽉 쥐다, (흥미를) 끌다
☐ **hoard** [hɔːrd]	v.	비축하다
☐ **hold** [hould]	v.	쥐다
☐ **holdover** [hóuldòuvər]	n.	잔존물
☐ **holistic** [houlístik]	a.	전체론적인
☐ **imperil** [impérəl]	v.	위험에 빠뜨리다
☐ **imperious** [impí(:)əriəs]	a.	오만한
☐ **impetus** [ímpitəs]	n.	추진력
☐ **impish** [ímpiʃ]	a.	장난스러운
☐ **jury** [dʒú(:)əri]	n.	배심원단
☐ **justification** [dʒʌ̀stəfəkéiʃən]	n.	정당화
☐ **justify** [dʒʌ́stəfài]	v.	정당화하다
☐ **juxtapose** [dʒʌ́kstəpòuz]	v.	나란히 놓다
☐ **liability** [làiəbíləti]	n.	책임
☐ **liberate** [líbərèit]	v.	해방시키다
☐ **license** [láisəns]	n.	면허
☐ **lighten** [láitən]	v.	밝아지다

DAY 22 배워서 남 주나 교육

admit
[ədmít]

ⓥ 입학을 허락하다; 시인하다

The genius boy was **admitted** to Harvard University at the age of fifteen.
천재 소년은 15세의 나이에 하버드 대학교에 입학했다.

He **admitted** that he cheated on the exam.
그는 자신이 시험에서 커닝했다고 시인했다.

cf. admission n. 입학; 시인
　　admittance n. 입장

🔸 기출표현

gain admittance to ~에 입장하다

alumnus
[əlʌ́mnəs]

ⓝ 졸업생, 동창, 동문

The Yale University **Alumni** Association publishes a monthly newsletter.
예일대 동문회에서는 매월 소식지를 발행한다.

pl. alumni

application
[æpləkéiʃən]

ⓝ 지원서; 신청서

First of all, you should fill out the **application** form and mail it to the Admissions Office.
우선 지원서를 작성해서 입학처로 보내야 한다.

cf. apply v. 적용되다; 신청하다
　　applicant n. 지원자, 신청자

audit
[ɔ́:dit]

v (강의를) 청강하다; (회계를) 감사하다

Auditing a class means taking the class without earning credit.
청강한다는 것은 학점을 이수하지 않고 수업을 듣는다는 뜻이다.

Companies are required to have an external auditor who **audits** their accounts.
기업은 회사의 장부를 감사하는 외부 회계 감사원이 있어야 한다.

be versed in
phr ~에 조예가 깊다

The professor **is versed in** European history.
교수님은 유럽 역사에 조예가 깊다.

catch on (to)
phr ~를 이해하다

The students were quick to **catch on to** something new.
학생들은 새로운 것을 빨리 이해했다.

certificate
[sərtífikət]

n 수료 증명서

Will I get a **certificate** of completion for taking these courses?
이 과목들을 수강하면 수료증을 받나요?

cf. certification n. 증명, 증명서

cite
[sáit]

v 인용하다; (법정에) 소환하다

You should always **cite** your sources when you write a paper at college.
대학에서 리포트를 쓸 때는 항상 인용한 자료들의 출처를 밝혀야 한다.

The actor was **cited** for a hit and run accident.
배우는 뺑소니 혐의로 소환되었다.

cf. citation n. 인용; 소환

compliment
[kámpləmənt] n 칭찬, 찬사
[kámpləmènt] v 칭찬하다

The teacher always pays her students a **compliment**.
선생님은 항상 학생들을 칭찬해 준다.

It is recommended to **compliment** students on their efforts rather than the results of their actions.
학생들에게 행동의 결과보다는 노력에 대해 칭찬해 주는 것이 좋다.

comprehensive
[kàmprihénsiv]
a 종합적인, 폭넓은

The lecturer had a **comprehensive** knowledge of anthropology.
강사가 인류학에 대한 해박한 지식이 있었다.

cf. comprehend v. 이해하다
comprehension n. 이해(력)
comprehensible a. 이해할 수 있는

 기출표현

incomprehensible to the public
대중들이 이해할 수 없는

dawn on
phr ~를 깨닫게 되다

Suddenly it **dawned on** me that I forgot to submit the homework.
숙제 제출을 깜빡했다는 사실이 갑자기 생각났다.

degree
[digríː]
n 학위; 정도

He has a bachelor's **degree** in physics and a master's degree in astronomy.
그는 물리학 학사 학위와 천문학 석사 학위가 있다.

cf. to some degree phr. 어느 정도

Saudi Arabia has successfully, to some **degree**, kept oil prices low.
사우디아라비아는 유가를 낮게 유지하는 데 어느 정도는 성공했다.

digress
[digrés]

v (주제에서) 벗어나다

Let me **digress** a little to explain the basic concept first.
기본 개념을 먼저 설명하기 위해 잠시 주제에서 벗어나겠습니다.

cf. digression n. 주제에서 벗어나기; 탈선

discipline
[dísəplin]

n 학문 분야; 훈육, 징계
v 훈육[징계]하다

Electronic engineering is a different **discipline** from electrical engineering.
전자공학은 전기공학과 다른 학문 분야이다.

Some teachers think about **discipline** only after the negative behavior starts in their students.
일부 교사들은 학생들이 부정적 행동을 시작한 뒤에야 훈육에 대해 생각한다.

The teacher used the rod to **discipline** his students during class time.
선생님은 수업 시간에 학생들을 벌주기 위해 회초리를 들곤 했다.

cf. disciplined a. 훈련받은, 잘 통솔된
self-discipline n. 자기 수양

 기출표현

disciplined soldier 군기 잡힌 군인

dormitory
[dɔ́ːrmətɔ́ːri]

n 기숙사

The majority of freshmen live in a **dormitory**.
신입생 대부분은 기숙사에 산다.

enroll
[inróul]

v 등록하다

Janet decided to **enroll** in an archaeology course next semester.
재닛은 다음 학기에 고고학 수업에 등록하기로 했다.

cf. enrollment n. 등록, 등록자 수

faculty
[fǽkəlti]

ⓝ 교수진; 능력

In 2017, Dr. Kim joined the **faculty** of the Department of Linguistics at Pennsylvania State University.
2017년 김 박사는 펜실베이니아주립대 언어학과 교수진에 합류했다.

Humans have a **faculty** for objective thinking.
인간은 객관적인 사고를 하는 능력이 있다.

flunk
[flʌ́ŋk]

ⓥ 낙제하다

I can't believe Jack **flunked** a math test again.
잭이 또 수학 시험에서 낙제했다니 믿을 수가 없어.

 기출표현

flunk out of college 낙제해서 대학에서 퇴학당하다

foster
[fɔ́ːstər]

ⓥ 육성하다; 촉진하다

The course was designed to **foster** active learning and encourage participation.
수업은 능동적 학습을 촉진하고 참여를 독려하도록 되어 있다.

get ... across
phr ~을 이해시키다

The new instructor was not really good at **getting** her lecture **across** to her students.
새 강사는 학생들에게 자기 강의를 잘 이해시키지 못했다.

grant
[grǽnt]

ⓝ 보조금
ⓥ 수여하다

The student was awarded a research **grant** for his stem cell project.
학생은 줄기세포 프로젝트를 위한 연구 보조금을 받았다.

More than 100 students were **granted** a scholarship last semester.
100명이 넘는 학생들이 지난 학기에 장학금을 받았다.

hone
[hóun]
ⓥ (기술을) 연마하다

From the age of thirteen, Rob **honed** his skill as a pianist with the guidance of his mother.
열세 살 때부터 롭은 어머니의 지도를 받아 피아니스트로서의 기술을 연마했다.

knowledgeable
[nálidʒəbl]
ⓐ 많이 아는

The student has become **knowledgeable** about politics by reading a newspaper every day.
학생은 매일 신문을 읽어서 정치에 관해 많이 알게 되었다.

late fee
phr 연체료

A **late fee** of $2 a day will be charged for an overdue book.
연체된 책에는 하루 2달러의 연체료가 부과됩니다.

liberal arts
phr 교양 과목

The school offers a variety of **liberal arts** courses such as literature, languages, history, and philosophy.
학교는 문학, 언어, 역사, 철학과 같은 다양한 교양 과목을 제공한다.

mentor
[méntɔːr]
ⓥ 조언[지도]하다
ⓝ 멘토, 조언자

Some of the graduates volunteered to **mentor** students.
몇몇 졸업생들이 학생들을 지도하기를 자원했다.

cf. **mentee** n. 조언을 받는 사람

peer
[píər]
n 또래, 동료

Boys do not want to lag behind their **peers**.
남자아이들은 또래들보다 뒤처지길 싫어한다.

 기출표현
peer pressure 동료 집단으로부터 받는 사회적 압력

pick on
phr ~을 괴롭히다

You should never verbally or physically **pick on** other students.
말이나 힘으로 다른 학생들을 절대 괴롭혀서는 안 된다.

prestigious
[prestídʒəs]
a 일류의, 명문의

Seoul National University is the most **prestigious** college in Korea.
서울대학교는 한국 최고의 명문대이다.
cf. prestige n. 명성

 기출표현
gain prestige 명성을 얻다

prodigy
[prάdədʒi]
n 영재, 신동

The **prodigy** skipped two grades and went on to MIT.
영재는 두 개 학년을 월반하고 나서 MIT에 진학했다.

revise
[riváiz]
v 수정[개정]하다

The best way to write a good essay is to edit and **revise** until it is perfect.
좋은 글을 쓰는 최선의 방법은 완벽할 때까지 계속 편집, 수정하는 것이다.
cf. revision n. 수정, 개정

rigid
[rídʒid]
a 엄격한, 완고한; 단단한

Our school has a very **rigid** dress code.
우리 학교는 복장 규정이 매우 엄격하다.
cf. rigidity n. 엄격

rudimentary
[rùːdəméntəri]
ⓐ 기초의, 기본의

A **rudimentary** Korean language course will be offered for exchange students.
교환 학생들을 위해 기초 한국어 강좌가 제공될 것이다.

cf. rudiment n. 기본, 기초

salient
[séiliənt]
ⓐ 중요한, 핵심적인

Please make a summary of the **salient** points of her speech.
그녀가 한 연설의 핵심 내용을 요약하세요.

scholastic
[skəlǽstik]
ⓐ 학교의, 학업의

Merit scholarships are usually awarded based on **scholastic** achievement rather than financial need.
성적 우수 장학금은 대개 재정적 필요보다는 학업 성취도에 따라 수여된다.

secondary
[sékəndèri]
ⓐ 중등 교육의; 부차적인

Eighty four percent of Korean students who complete six years of **secondary** education go on to college.
6년간의 중등 교육을 마친 한국 학생들 84%가 대학에 진학한다.

cf. elementary[primary] education phr. 초등 교육
higher education phr. 고등(대학) 교육

sign up
phr 신청[등록]하다

Only juniors and seniors are allowed to **sign up** for the business etiquette course.
3~4학년 학생들만 비즈니스 에티켓 수업을 신청할 수 있다.

submit
[səbmít]

ⓥ 제출하다; 복종하다

All students are required to **submit** their assignment before class on the due date.
모든 학생들은 마감일 수업 전에 과제를 제출해야 한다.

The teens refused to **submit** to their teacher's authority.
십대들이 선생님의 권위에 순응하기를 거부했다.

suspend
[səspénd]

ⓥ 정학[정직]시키다; 중지하다

Andy was **suspended** for bullying other students.
앤디는 다른 학생들을 괴롭혔다는 이유로 정학을 당했다.

The construction project was **suspended** due to the global financial crisis.
세계 금융 위기로 그 건설 프로젝트는 중단되었다.

cf. suspension n. 정학: 중지

tardy
[táːrdi]

ⓐ 늦은, 지각한

I was **tardy** for school because my alarm did not go off.
알람이 울리지 않아서 학교에 지각했다.

cf. tardiness n. 지각

Day 22 DAILY TEST

A 의미상 적절한 단어를 골라 빈칸에 넣고, 필요 시 단어의 형태를 어법에 맞게 바꾸시오.

보기	ⓐ dawn	ⓑ rudimentary	ⓒ flunk	ⓓ prestigious	ⓔ rigid
	ⓕ digress	ⓖ verse	ⓗ suspend	ⓘ compliment	ⓙ foster

1. Many Korean parents are obsessed with sending their children to _____ universities.
2. The lecturer was well _____ in geometry.
3. Asking open-ended questions is one way a teacher can _____ student participation in class.
4. Yesterday my teacher _____ me on my excellent French.
5. Private schools tend to have more _____ rules than public schools.
6. It _____ on her that she forgot to return the book to the library.
7. Zachary was _____ from school for smoking a cigarette.
8. Living in the U.S. for ten years, she had only a(n) _____ knowledge of Korean history.
9. He _____ out of college but succeeded in his online business at the age of 28.
10. I like my psychology professor although she often _____ from the lecture.

B 단어의 의미가 올바르게 설명된 보기를 찾아 연결하시오.

11. audit   ⓐ to attend a course without receiving academic credit

12. discipline   ⓑ to improve a skill or talent that is already well developed

13. grant   ⓒ the practice of making people obey rules of behavior and punishing them if they do not

14. hone   ⓓ most important or noticeable

15. salient   ⓔ a sum of money that is given by the government or by another organization to be used for a particular purpose

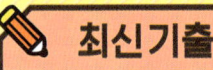

NEW TEPS VOCA

- accept [æksépt]   v. 받아들이다
- acclaim [əkléim]   v. 격찬하다
- accolade [ǽkəlèid]   n. 칭찬
- account [əkáunt]   v. 간주하다
- accrue [əkrúː]   v. 발생하다

- belief [bilíːf]   n. 신념, 확신
- believer [bilíːvər]   n. 종교를 믿는 사람
- belittle [bilítl]   v. 하찮게 여기다
- bellicose [béləkòus]   a. 호전적인
- bellow [bélou]   v. 고함치다

- command [kəmǽnd]   n. 명령
- commemorate [kəmémərèit]   v. 기념하다
- commemorative [kəmémərèitiv]   a. 기념하는
- commence [kəméns]   v. 시작하다
- commend [kəménd]   v. 공개적으로 칭찬하다

- deplore [diplɔ́ːr]   v. 개탄하다
- deport [dipɔ́ːrt]   v. 강제 추방하다
- depose [dipóuz]   v. 물러나게 하다
- depress [diprés]   v. 저하시키다
- depression [dipréʃən]   n. 우울증

- embankment [imbǽŋkmənt]   n. 둑
- embed [imbéd]   v. 끼워 넣다
- embezzle [imbézl]   v. 횡령하다
- emblazon [imbléizən]   v. 선명히 새기다
- embody [imbádi]   v. 구현하다, 구체화하다

- **fabricate** [fǽbrəkèit]   v. 날조하다
- **fabrication** [fæ̀brəkéiʃən]   n. 제작
- **fabulous** [fǽbjələs]   a. 멋진, 굉장한
- **factor** [fǽktər]   n. 요인
- **fair** [fɛər]   a. 공평한

- **garish** [gɛ́(:)əriʃ]   a. (지나치게) 현란한
- **garment** [gá:rmənt]   n. 옷
- **garner** [gá:rnər]   v. 모으다
- **gather** [gǽðər]   v. 모으다
- **gaze** [geiz]   n. 응시, 시선

- **handbook** [hǽndbùk]   n. 편람, 안내서
- **handle** [hǽndl]   n. 손잡이
- **handy** [hǽndi]   a. 유용한, 편리한
- **harangue** [hərǽŋ]   v. 열변을 토하다
- **hark** [hɑ:rk]   v. 잘 듣다

- **impact** [ímpækt]   v. 충격을 주다
- **impair** [impɛ́ər]   v. 손상시키다
- **impartial** [impá:rʃəl]   a. 공정한
- **impeccable** [impékəbl]   a. 흠 잡을 데 없는
- **impel** [impél]   v. 재촉하다

- **implement** [ímpləmənt]   v. 시행하다
- **join** [dʒɔin]   v. 합류하다
- **jostle** [dʒásl]   v. 세게 밀다
- **journey** [dʒə́:rni]   n. 여정, 이동
- **jovial** [dʒóuviəl]   a. 아주 쾌활한

DAY 23 경제
불황을 탈출하는 어휘

austerity
[ɔːstérəti]
ⓝ 긴축; 엄격

The Korean government took **austerity** measures during the Asian financial crisis.
아시아의 금융 위기 당시 한국 정부는 긴축 조치를 취했다.

cf. austere a. 금욕적인, 간소한

benchmark
[béntʃmàːrk]
ⓝ 척도, 기준

The Gross Domestic Product is one of the most important **benchmarks** of the economy.
GDP(국내 총생산)는 가장 중요한 경제 척도 중 하나이다.

boost
[búːst]
ⓥ 부양하다, 북돋우다
ⓝ 경기 부양

Hosting the Winter Olympic Games will help **boost** the nation's economy.
동계 올림픽을 개최하는 것이 국가 경제 부양에 도움이 될 것이다.

capital
[kǽpətl]
ⓝ 자본

You should first raise **capital** to start a business.
사업을 시작하기 위해서는 먼저 자본을 조달해야 한다.

cf. capitalism n. 자본주의
　　 capitalize v. 자본화하다; 대문자로 쓰다
　　 capitalization n. 자본화; 대문자 사용

commodity
[kəmάdəti]
ⓝ 원자재; 상품

Lithium is emerging as a key **commodity** of the 21st century.
리튬이 21세기의 주요 원자재로 떠오르고 있다.

confidence
[kánfədəns]

n 신뢰; 자신감

Low-income people are losing **confidence** in the economy.
저소득층이 경제에 대한 신뢰를 잃고 있다.

cf. consumer confidence index
    phr. 소비자 신뢰 지수

The consumer **confidence** index fell in December to the lowest since 2017.
12월에 소비자 신뢰 지수가 2017년 이래 최저치로 떨어졌다.

deficit
[défəsit]

n 적자

In October, the nation ran a trade **deficit** for the first time in nearly six years.
10월에 그 나라는 거의 6년 만에 처음으로 무역 수지 적자를 기록했다.

demand
[dimǽnd]

n 수요
v 요구하다

Demand for oil in the U.S. is expected to reach 28 million barrels per day in 2025.
2025년이면 미국 내 석유 수요가 하루 2천 8백만 배럴에 달할 것으로 예상된다.

The customer **demanded** that the manager apologize for the bad service she received.
손님은 자신이 받은 형편없는 서비스에 대해 매니저에게 사과를 요구했다.

— supply n. 공급 v. 공급하다

depression
[dipréʃən]

n 불황; 우울증

Many businesses have gone bankrupt due to the economic **depression**.
경기 불황으로 많은 기업이 파산했다.

Jaden has been suffering from **depression** since his mother's death.
제이든은 어머니께서 돌아가신 후 우울증을 겪어왔다.

cf. depress v. 부진하게 하다, 우울하게 하다
    depressed a. (경기가) 침체된, (기분이) 우울한
    depressing a. 우울하게 만드는

disparity
[dispǽrəti]
ⓝ 불균형, 격차

The wide **disparity** between rich and poor is a serious social problem.
큰 빈부 격차는 심각한 사회 문제이다.

downturn
[dáuntə:rn]
ⓝ 침체, (매출 등의) 감소

Korea has now recovered from the economic **downturn**.
한국은 현재 경기 침체에서 회복되고 있다.

dwindle
[dwíndl]
ⓥ 감소하다, 줄어들다

Assembly-line jobs are **dwindling** in number due to automation.
자동화로 인해 생산 라인의 일자리 수가 감소하고 있다.

escalate
[éskəlèit]
ⓥ 증가[확대]되다, 확대하다

The economist highlighted the link between high food prices and **escalating** oil prices.
경제학자는 높은 식량 가격과 석유 가격 상승 간의 관련성을 강조했다.

cf. escalation n. 상승, 확대

falter
[fɔ́:ltər]
ⓥ 흔들리다, 비틀거리다

The Chinese economy is not showing any sign of **faltering**.
중국 경제가 흔들리고 있다는 조짐은 없다.

cf. faltering a. 비틀거리는

 기출표현

a **faltering** economy 휘청거리는 경제

fluctuate
[flʌ́ktʃuèit]

ⓥ 오르내리다

For the month of August, stock prices **fluctuated** between $8.41 for a low and $20.67 for a high.

8월 한 달 동안 주가는 최저 8.41달러에서 최고 20.67달러까지 오르내렸다.

cf. fluctuation n. 변동, 오르내림

frugal
[frúːgəl]

ⓐ 검소한, 절약하는

Although Kenneth is one of the richest men in the world, he still maintains a **frugal** lifestyle.

케네스는 세계 최고 부자 중 한 명이지만, 여전히 검소한 생활을 유지한다.

cf. frugality n. 절약, 검소

hedge
[hédʒ]

ⓝ 방지책, 대비책
ⓥ 막다

The investment bank decided to buy commodities as a **hedge** against inflation.

투자 은행은 인플레이션에 대한 대비책으로 원자재를 구매하기로 결정했다.

index
[índeks]

ⓝ 지수, 지표

The stock **index** rose 0.4% to 1201.54 points on Wednesday.

수요일에 주가 지수가 0.4% 상승한 1201.54 포인트를 기록했다.

🄿 indices

influx
[ínflʌks]

ⓝ 유입

The **influx** of immigrant workers from Asia can be a mixed blessing.

아시아 이주 노동자들의 유입은 해가 될 수도 득이 될 수도 있다.

infrastructure
[ínfrəstrʌ̀ktʃər]

ⓝ 기반 시설, 인프라

The government invested heavily in building traditional **infrastructure** such as railroads, bridges, and ports.
정부는 철도, 교량, 항구와 같은 전통적인 기반 시설 건설에 집중 투자했다.

intervene
[ìntərvíːn]

ⓥ 개입하다

In order to prevent inflation, the central bank decided to **intervene** in the foreign exchange market.
인플레이션을 막기 위해서, 중앙은행이 외환 시장에 개입하기로 했다.

cf. intervention n. 개입

government intervention in the financial sector
금융 부문의 정부 개입

monetary
[mánətèri]

ⓐ 통화의, 화폐의

Most countries use both **monetary** policy and fiscal policy to influence the economy.
대부분의 국가는 경제에 영향을 미치기 위해 통화 정책과 재정 정책을 모두 사용한다.

monopoly
[mənápəli]

ⓝ 독점

Zemmix now has a **monopoly** in the home video game market, with close to 85% market share.
제믹스는 시장 점유율이 거의 85%로 가까워 이제 가정용 비디오 게임 시장을 독점하고 있다.

cf. monopolize v. 독점하다

outflow
[áutflòu]

ⓝ 유출

The **outflow** of capital from Mexico is expected to come to a halt next year.
내년에는 멕시코로부터의 자본 유출이 중단될 것으로 예상된다.

plummet
[plʌ́mit]

v 폭락하다

The company's stock price **plummeted** from $24 a share down to $18 a share.
회사의 주가가 주당 24달러에서 18달러로 폭락했다.

plunge
[plʌ́ndʒ]

v 급락하다
n 급락

London housing prices **plunged** 50 percent within one year.
런던의 주택 가격이 1년 만에 50% 급락했다.

powerhouse
[páuərhàus]

n 강자, 유력 집단; 발전소

India has emerged as a global IT **powerhouse**.
인도가 세계적 IT 강국으로 부상했다.

privatize
[práivətàiz]

v 민영화하다

The Korean government has **privatized** many of the state-run companies.
한국 정부는 많은 공기업들을 민영화했다.

cf. private a. 사유의; 민간의
privacy n. 사생활
privatization n. 민영화

→ nationalize v. 국영(국유)화하다
nationalization n. 국영(국유)화

prospect
[práspekt]

n 가능성, 전망

The **prospect** of inflation seems to be overlooked in the media.
언론에서는 인플레이션의 가능성을 간과하고 있는 것으로 보인다.

cf. prospective a. 장래의, 유망한

 기출표현

prospective buyer 예상 구매자

recession
[riséʃən]

ⓝ 경기 침체, 불황

We should make concerted efforts to overcome the **recession**.
경기 침체를 극복하기 위해 함께 노력해야 한다.

cf. recede v. 물러나다, 약해지다

receding hairline 탈모가 진행 중인 앞머리 선

revive
[riváiv]

ⓥ 되살리다, 회복시키다

I firmly believe tax cuts will help **revive** the economy.
감세가 경제를 회복하는 데 도움이 될 것이라 확신한다.

cf. revival n. 회복, 부활

skyrocket
[skáirɑ̀kit]

ⓥ 급상승하다

More people are using public transportation as gas prices are **skyrocketing**.
휘발유 가격이 급등함에 따라 보다 많은 사람들이 대중교통을 이용하고 있다.

sluggish
[slʌ́giʃ]

ⓐ 둔한, 부진한

The confectionery industry is suffering from **sluggish** sales.
제과업이 매출 부진을 겪고 있다.

cf. slug n. 민달팽이; 느릿느릿한 사람

soar
[sɔ́:r]

ⓥ 급증[급등]하다, 치솟다

Recent floods and droughts in Asia have contributed to **soaring** grain prices.
아시아의 최근 홍수와 가뭄이 곡물 가격 급등의 원인이 됐다.

stimulate
[stímjulèit]

ⓥ 활성화하다, 자극하다

Back then, the administration expected that war spending would **stimulate** the economy.
그 당시 행정부는 전시 지출이 경제를 활성화할 것으로 기대했다.

cf. stimulation n. 자극, 격려
stimulus n. 자극(제), 부양책

 기출표현

legal stimulants such as caffeine
카페인과 같은 합법적 각성제

subsidy
[sʌ́bsədi]

ⓝ 보조금, 교부금

Most rice growers in Korea are heavily dependent on agricultural **subsidies**.
한국의 쌀 재배 농가 대부분은 농업 보조금에 크게 의존한다.

cf. subsidize v. 보조금을 주다

 기출표현

a heavily subsidized industry
보조금을 많이 받는 산업

surge
[sə́:rdʒ]

ⓝ 급증, 급등
ⓥ 급증[급등]하다

The **surge** in demand for precious metals is closely related to the global financial crisis.
귀금속 수요 급증은 세계 금융 위기와 밀접한 관련이 있다.

surplus
[sə́:rplʌs]

ⓝ 흑자, 나머지
ⓐ 잔여의, 과잉의

Many Asian countries are running a trade **surplus** with China.
많은 아시아 국가들이 중국과의 무역에서 흑자를 기록하고 있다.

turnaround
[tə́:rnəràund]

ⓝ (상황의) 호전

Analysts predicted a **turnaround** in the economy no later than early next year.

애널리스트들은 늦어도 내년 초에는 경제가 호전될 것이라 예측했다.

cf. turn around phr. 호전되다, 호전시키다

unemployment
[ʌ̀nimplɔ́imənt]

ⓝ 실업(률)

Youth **unemployment** is higher than ever, partly due to jobless growth.

청년 실업률이 역대 최고치 달했는데, 부분적으로는 고용 없는 성장 때문이다.

 기출표현

unemployment benefits 실업급여

Day 23 DAILY TEST

A 의미상 적절한 단어를 골라 빈칸에 넣고, 필요 시 단어의 형태를 어법에 맞게 바꾸시오.

보기
ⓐ confidence ⓑ boost ⓒ fluctuate ⓓ demand ⓔ intervene
ⓕ plunge ⓖ frugal ⓗ turnaround ⓘ disparity ⓙ deficit

1. We are still in the recession, so we do not expect a(n) _____ in the economy anytime soon.
2. The rich are getting richer and the poor are getting poorer. In other words, income _____ is widening.
3. I had a(n) _____ supper of rice and kimchi.
4. The global economic recovery has helped _____ sales of Korean products overseas.
5. At the news of the war, stock prices _____ by almost twenty percent.
6. We are operating the factory at full capacity to meet increasing _____.
7. The stock market index _____ between gains and losses on Tuesday.
8. Despite the government's efforts, consumers are losing _____ in the economy.
9. Conservative politicians do not want the government to _____ in the private sector.
10. The government had to reduce welfare programs due to the budget _____.

B 단어의 의미가 올바르게 설명된 보기를 찾아 연결하시오.

11. dwindle   ⓐ the outlook for the future
12. prospect   ⓑ quickly increase by a great deal
13. sluggish   ⓒ to encourage something to start or progress further
14. soar   ⓓ to become gradually less or smaller over a period of time
15. stimulate   ⓔ displaying little movement or activity

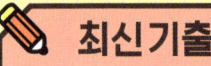 최신기출 **NEW TEPS VOCA**

☐ **affiliation** [əfìliéiʃən]	n. 제휴; 가입
☐ **affirm** [əfə́ːrm]	v. 단언하다
☐ **affliction** [əflíkʃən]	n. 고통
☐ **affluence** [ǽfluəns]	n. 풍부함
☐ **berate** [biréit]	v. 질책하다
☐ **bereft** [biréft]	a. 상실감에 빠진, 전무한(of)
☐ **beseech** [bisíːtʃ]	v. 간청하다
☐ **bemoan** [bimóun]	v. 한탄하다
☐ **bewilder** [biwíldər]	v. 어리둥절하게 하다
☐ **candid** [kǽndid]	a. 솔직한
☐ **capable** [kéipəbl]	a. 유능한
☐ **capitulate** [kəpítʃəlèit]	v. 굴복하다
☐ **captivation** [kæ̀ptəvéiʃən]	n. 매혹
☐ **capture** [kǽptʃər]	v. 포착하다
☐ **demand** [dimǽnd]	v. 요구하다
☐ **demarcate** [dimáːrkeit]	v. 경계를 표시하다
☐ **demeaning** [dimíːniŋ]	a. 비하하는
☐ **demonstrate** [démənstrèit]	v. 시위에 참여하다
☐ **demonstration** [dèmənstréiʃən]	n. 시위, 데모
☐ **expand** [ikspǽnd]	v. 확대하다
☐ **expedience** [ikspíːdiəns]	n. 편의
☐ **expedition** [èkspidíʃən]	n. 탐험
☐ **expeditious** [èkspidíʃəs]	a. 신속한
☐ **expiration** [èkspəréiʃən]	n. 만료
☐ **flame** [fleim]	n. 불길, 불꽃

- **flank** [flæŋk] — v. 측면에 위치하다
- **flat** [flæt] — a. 바람이 빠진
- **flatter** [flǽtər] — v. 아첨하다
- **hunk** [hʌŋk] — n. 덩어리
- **hurtle** [hə́ːrtl] — v. 돌진하다

- **hype** [haip] — n. 대대적인 과장된 광고, 과장 보도
- **hypothesis** [haipáθisis] — n. 가설
- **infallible** [infǽləbl] — a. 틀림없는
- **infatuate** [infǽtʃuit] — v. 열중하게 하다
- **infiltrate** [infíltreit] — v. 침투하다

- **infinitesimal** [ìnfinitésəməl] — a. 극소량의
- **inflate** [infléit] — v. 부풀리다
- **influence** [ínfluəns] — n. 영향
- **loan** [loun] — n. 대출, 융자
- **local** [lóukəl] — a. 지역의

- **locution** [loukjúːʃən] — n. 말투
- **lodge** [lɑdʒ] — v. 이의를 제기하다
- **lofty** [lɔ́(ː)fti] — a. 드높은
- **malady** [mǽlədi] — n. 병폐
- **malevolence** [məlévələns] — n. 악의

- **malign** [məláin] — v. 비방하다
- **manage to** — phr. 간신히 ~하다
- **management** [mǽnidʒmənt] — n. 경영진
- **mandate** [mǽndeit] — n. 권한
- **manipulate** [mənípjulèit] — v. 조종하다, 조작하다

DAY 24 의학

건강 정보도 얻고 뉴텝스 점수도 올리고

abrasion
[əbréiʒən]
ⓝ 찰과상

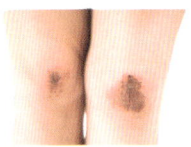

She fell down and had a nasty **abrasion** on her left leg.
그녀는 넘어져서 왼쪽 다리에 심한 찰과상을 입었다.

addicted
[ədíktid]
ⓐ 중독된

He says he is only a casual smoker and not **addicted** to nicotine.
그는 담배를 가끔씩만 피우며 니코틴에 중독되지 않았다고 한다.

cf. addict n. 중독자
addiction n. 중독
addictive a. 중독성의

기출표현
drug addict 마약 중독자
Internet addiction 인터넷 중독

anesthetic
[ænəsθétik]
ⓝ 마취제

Hemorrhoidectomy is performed using local **anesthetics** rather than general **anesthetics**.
치질 수술에는 전신 마취제보다는 국소 마취제가 사용된다.

cf. anesthesia n. 마취

antibiotic
[æntibaiátik]
ⓝ 항생제, 항생 물질

Misuse of **antibiotics** is a serious problem in many countries.
항생제 남용은 여러 나라에서 심각한 문제이다.

apply
[əplái]

ⓥ (약 등을) 바르다; 지원하다; 적용하다

Apply the ointment to the affected areas twice a day.
환부에 연고를 하루 두 번 바르세요.

He **applied** for a job at NB Electronics.
그는 NB전자에 지원했다.

New rules should **apply** to every member of that organization.
새 규칙은 모든 조직 구성원들에게 적용되어야 한다.

cf. application n. 지원; 적용; 바름
    applicable a. 적용할 수 있는
    applicant n. 지원자

checkup
[tʃékʌ̀p]

ⓝ 건강 검진

People over the age of 40 are recommended to get a regular **checkup**.
40세 이상은 정기 검진을 받을 것을 권고합니다.

chronic
[kránik]

ⓐ 만성의

Unlike acute diseases, **chronic** diseases develop slowly and last long.
급성 질환과는 다르게, 만성 질환은 서서히 발생해서 오래 지속된다.

cf. chronically ad. 만성적으로

← acute a. 급성의, 극심한

 기출표현

chronic indigestion 만성 소화 불량
chronic offenders 상습범

come down with
phr ~병에 걸리다

I think my son **came down with** a cold.
우리 아들이 감기에 걸린 것 같아요.

complication
[kàmpləkéiʃən]

ⓝ 합병증(주로 복수형으로);
복잡한 문제

She died from **complications** with pneumonia at the age of 64.
그녀는 64세에 폐렴 합병증으로 사망했다.

Due to the **complications** involved in traveling during the monsoon season, the team decided to cancel their trip.
장마철 여행과 관련된 복잡한 문제 때문에, 그 팀은 여행을 취소하기로 했다.

cf. complicate v. 복잡하게 하다

congested
[kəndʒéstid]

ⓐ (차가) 막힌; 충혈된;
(교통이) 정체된

This medicine will help clear a **congested** nose.
이 약이 막힌 코를 뚫는 데 도움이 될 것이다.

During traditional holidays like Chuseok, highways are extremely **congested** with traffic.
추석과 같은 전통 명절에는 고속 도로에 극심한 혼잡이 빚어진다.

cf. congestion n. 울혈, 정체

contagious
[kəntéidʒəs]

ⓐ 전염되는, 전염성의

Swine flu is a highly **contagious** disease that can affect both pigs and humans.
돼지 독감은 돼지와 사람이 모두 걸릴 수 있는 전염성 높은 병이다.

cf. contagion n. 전염

contract
[kəntrǽkt] ⓥ (병에) 걸리다
; 수축시키다

[kɑ́ntrækt] ⓝ 계약(서)

Thyroid cancer is one of the most common cancers **contracted** by women.
갑상선암은 여성이 가장 흔히 걸리는 암 중 하나이다.

Air **contracts** as it cools and expands as it heats.
공기는 냉각되면 수축하고 가열되면 팽창한다.

Many interpreters work on a short term **contract**.
많은 통역사들이 단기 계약으로 일한다.

cf. contractual a. 계약상의
contractor n. 계약자, 하청업자

diabetes
[dàiəbíːtis]

n 당뇨병

An increasing number of Koreans are developing **diabetes**.
점점 더 많은 한국인들이 당뇨병에 걸리고 있다.

cf. diabetic a. 당뇨병의 n. 당뇨병 환자

diagnose
[dáiəgnòus]

v 진단하다

Peter Anderson was **diagnosed** with cancer in 1995 but survived.
피터 앤더슨은 1995년에 암으로 진단을 받았지만 살아남았다.

cf. diagnosis n. 진단
　　 diagnostic a. 진단의
　　 misdiagnose v. 오진하다

disability
[dìsəbíləti]

n (신체적·정신적) 장애; 무력

Many Korean companies are reluctant to hire people with **disabilities**.
많은 한국 기업들은 장애인 고용을 꺼린다.

cf. disabled a. 장애를 가진

 기출표현

children with learning disabilities
학습 장애 아동

disorder
[disɔ́ːrdər]

n 장애; 무질서, 혼란

Eating **disorders** are common among women obsessed with being thin.
식이 장애는 마른 몸매에 집착하는 여성들 사이에 흔히 일어난다.

Some of the demonstrators were arrested for public **disorder**.
시위대 일부가 공공 무질서로 체포됐다.

cf. order n. 질서
　　 disorderly a. 무질서한

 기출표현

anxiety disorder 불안 장애
obsessive-compulsive disorder 강박 장애

Day24 **299**

dose
[dóus]

ⓝ (약의) 복용[투여]량

Giving children the correct **dose** of medicine is very important.
아이들에게 정확한 복용량의 약을 주는 것은 매우 중요하다.

cf. dosage n. 투약; 복용량

heredity
[hərédəti]

ⓝ 유전, 유전적 특징

Many research results indicate that there is a relationship between **heredity** and allergies.
많은 연구 결과가 유전과 알레르기 사이에 관계가 있다는 점을 보여준다.

cf. hereditary a. 유전적인

 기출표현

hereditary disease 유전성 질환

immune
[imjúːn]

ⓐ 면역의; 면제된

Most adults are **immune** to chickenpox because they had the disease as children.
성인들은 어렸을 때 수두를 앓았기 때문에 대부분 면역력이 있다.

Diplomats are **immune** from prosecution because of diplomatic immunity.
면책 특권 때문에 외교관들은 기소의 대상이 되지 않는다.

cf. immunity n. 면역력, 면제
　　 immunize v. 면역력을 갖게 하다
　　 immunization n. 면역(법), 면제

impair
[impέər]

ⓥ (건강을) 해치다

Exposure to radiation may **impair** children's brain development.
방사능 노출은 아동의 두뇌 발달을 저해할 수 있다.

cf. impaired a. 손상된, 장애가 있는
　　 impairment n. 장애

 기출표현

visually impaired 시각 장애가 있는
hearing impaired 청각 장애가 있는, 난청의

infection
[infékʃən]
ⓝ 감염, 전염(병)

Soldiers are especially susceptible to **infection**.
군인은 특히 감염에 취약하다.
cf. infect v. 감염시키다
infectious a. 전염성의

inhale
[inhéil]
ⓥ 들이쉬다, 흡입하다

Beijing citizens **inhale** polluted air every day.
베이징 시민들은 매일 오염된 공기를 마시고 있다.
cf. inhalant n. 흡입제

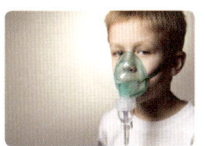

inject
[indʒékt]
ⓥ 주사[주입]하다

Dr. Phil **injected** her with painkillers.
필 박사는 그녀에게 진통제를 주사했다.
cf. injection n. 주사, 주입

irritate
[írətèit]
ⓥ 자극하다; 짜증나게 하다

Some perfumes can **irritate** the skin.
일부 향수 제품들은 피부를 자극할 수 있다.
I was **irritated** by the loud music from upstairs.
위층에서 나는 시끄러운 음악 때문에 짜증이 났다.

life expectancy
phr 기대[평균] 수명

Life expectancy has risen as modern medicine has increased the survival rate of those with illnesses.
현대 의학 덕분에 질병이 있는 사람들의 생존율이 올라감에 따라 기대 수명도 증가해왔다.

medication
[mèdəkéiʃən]

ⓝ 약물 (치료)

My uncle is on **medication** for diabetes.
우리 삼촌은 당뇨병으로 약을 복용 중이다.
cf. medicate v. 약을 투여하다

obesity
[oubí:səti]

ⓝ 비만

Obesity among middle aged men is on the increase.
중년 남성들의 비만이 증가세에 있다.
cf. obese a. 비만의

outbreak
[áutbrèik]

ⓝ (전쟁·사고 등의) 발생, 발발

The **outbreak** of avian influenza has spread to many countries since 2003.
2003년 이후 조류 독감 발생이 많은 국가로 퍼졌다.

overdose
[óuvərdòus]

ⓝ (약의) 과다 복용

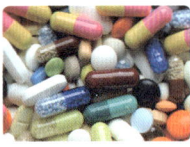

The hip hop musician died of a drug **overdose**.
그 힙합 뮤지션은 약물 과다 복용으로 사망했다.

pandemic
[pændémik]

ⓝ 유행병
ⓐ 전국적[세계적]으로 퍼지는

Health officials said that the H1N1 virus could lead to a **pandemic**.
보건 당국 관리들은 H1N1 바이러스가 유행병으로 이어질 수 있다고 말했다.

paralyze
[pǽrəlàiz]
ⓥ 마비시키다

The car accident left him **paralyzed** from the waist down.
자동차 사고로 그는 하반신이 마비되었다.
cf. paralysis n. 마비

potent
[póutnt]
ⓐ 강력한, 독한

It is a **potent** drug for cancer treatment.
그것은 강력한 암 치료제이다.
cf. potency n. 효능, 힘
    impotent a. 무력한

prescription
[priskrípʃən]
ⓝ 처방(전); 규정, 법규

In many countries, a doctor should write a **prescription** and a pharmacist should fill it.
많은 나라에서 의사는 처방전을 써야 하고 약사는 그 처방전대로 약을 조제해야 한다.
cf. prescribe v. 처방전을 쓰다

recover
[rikʌ́vər]
ⓥ 회복하다; 찾아내다

He has not fully **recovered** from the injury yet.
그는 아직 부상에서 완전히 회복하지 못했다.

Searchers **recovered** the body of the missing man.
수색 요원들이 실종된 남성의 시체를 찾아냈다.
cf. recovery n. 회복, 복구

regimen
[rédʒəmən]
ⓝ 식이 요법

She has been on a **regimen** of diet and exercise for three months.
그녀는 3개월 동안 식이 요법과 운동 요법을 따라왔다.

relieve
[rilíːv]
ⓥ 완화하다, 경감하다

Acupuncture can help **relieve** back pain but does not cure it.
침술은 허리 통증 완화에 도움이 될 수는 있지만 허리 통증을 고치는 것은 아니다.
cf. relief n. 안심, 경감
    relieved a. 안도한

resist
[rizíst]

ⓥ 저항하다

These parasites can reduce people's ability to **resist** bacterial infection.
기생충들은 인간이 박테리아 감염에 저항하는 능력을 감소시킬 수도 있다.

cf. resistant a. 저항력이 있는

resistant to disease 질병에 저항력이 있는

symptom
[símptəm]

ⓝ 증상, 징후

The **symptoms** of a stomach ulcer are not easy to detect in the early stage.
위궤양은 초기에 증상을 발견하기가 쉽지 않다.

hepatitis 간염   tuberculosis 결핵
measles 홍역   smallpox 천연두
arthritis 관절염   polio 소아마비

unconscious
[ʌnkánʃəs]

ⓐ 의식을 잃은

The former boxer punched the robber **unconscious**.
전직 권투 선수의 주먹에 맞고 강도는 의식을 잃었다.

— conscious a. 의식이 있는

undergo
[ʌndərgóu]

ⓥ (변화 등을) 겪다; (수술을) 받다

Around eighty percent of aspiring actresses **undergo** plastic surgery.
여배우 지망생 약 80%가 성형 수술을 받는다.

The company **underwent** major changes when Mr. Johnson became the chairman.
존슨 씨가 회장이 되자 회사는 큰 변화를 겪었다.

Day 24 DAILY TEST

A 의미상 적절한 단어를 골라 빈칸에 넣고, 필요 시 단어의 형태를 어법에 맞게 바꾸시오.

보기: ⓐ impair ⓑ diagnose ⓒ complication ⓓ chronic ⓔ apply
ⓕ contagious ⓖ addicted ⓗ inject ⓘ relieve ⓙ immune

1. This painkiller will help _____ your pain.
2. Blindness is one of the common _____ of diabetes.
3. When Roy went to see a doctor, he was _____ with antibiotics.
4. Do not _____ too much cream to your face.
5. Visually _____ people cannot read a newspaper.
6. Food allergy is not a(n) _____ disease.
7. An influenza vaccine doesn't make you _____ to common cold viruses.
8. His condition was _____ as skin cancer.
9. Mr. Choi has suffered from _____ asthma for 25 years.
10. Once you are _____ to alcohol, it is extremely hard to quit drinking.

B 단어의 의미가 올바르게 설명된 보기를 찾아 연결하시오.

11. irritate   ⓐ to get an illness
12. disorder   ⓑ to make your skin or a part of your body sore or painful
13. contract   ⓒ a problem or illness which affects someone's mind or body
14. potent   ⓓ the process by which genetic characteristics are passed by parents to their children
15. heredity   ⓔ very effective and powerful

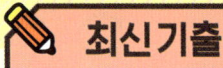 **NEW TEPS VOCA**

- **adulate** [ǽdʒəlèit]　　v. 아첨하다
- **advance** [ədvǽns]　　n. 선금, 선불
- **advantage** [ədvǽntidʒ]　　n. 유리한 점
- **advice** [ədváis]　　n. 조언
- **advocate** [ǽdvəkeit]　　v. 지지하다

- **band** [bænd]　　n. 밴드, 악단
- **banish** [bǽniʃ]　　v. 추방하다
- **bankruptcy** [bǽŋkrəptsi]　　n. 파산
- **bargain** [báːrgin]　　v. 흥정하다
- **complain** [kəmpléin]　　v. 불평하다

- **complete** [kəmplíːt]　　a. 완전한
- **complex** [kámpleks]　　a. 복잡한
- **compliant** [kəmpláiənt]　　a. 순응하는
- **complicate** [kámplikeit]　　v. (병을) 악화시키다
- **defeat** [difíːt]　　n. 패배

- **defend** [difénd]　　v. 방어하다, 옹호하다
- **defense lawyer**　　phr. 피고 측 변호인
- **defense** [diféns]　　n. 방어
- **deflect** [diflékt]　　v. 방향을 바꾸다
- **deformity** [difɔ́ːrməti]　　n. 기형

- **extol** [ikstóul]　　v. 극찬하다
- **extract** [ikstrǽkt]　　v. 추출하다
- **extraneous** [ikstréiniəs]　　a. 관련 없는
- **extravagant** [ikstrǽvəgənt]　　a. 지나친
- **extreme** [ikstríːm]　　a. 극단적인

- forbid [fərbíd] v. 금지하다
- force [fɔːrs] v. 강요하다
- foreclosure [fɔːrklóuʒər] n. 압류
- forfeit [fɔ́ːrfit] v. 몰수당하다
- forlorn [fərlɔ́ːrn] a. 황량한

- genetic [dʒənétik] a. 유전의
- genuine [dʒénjuin] a. 진짜의, 진품의
- get along phr. 잘 지내다
- get around phr. 피하다, 우회하다
- hide [haid] n. 짐승의 가죽 v. 감추다, ~의 가죽을 벗기다

- highlight [háilàit] n. 강조
- high-minded [háimáindid] a. 고결한, 고상한
- high-yield [haijíːld] a. 수익성이 높은
- imagination [imæ̀dʒənéiʃən] n. 상상력
- imitate [ímitèit] v. 모방하다

- immerse [imə́ːrs] v. 몰두시키다
- immigration [ìməgréiʃən] n. 이민, 이주
- imminent [ímənənt] a. 임박한
- mediate [míːdiit] v. 중재하다
- medicinal [mədísənəl] a. 약효가 있는

- medieval [mìːdiíːvəl] a. 중세의
- memoir [mémwɑːr] n. 회고록
- obdurate [ábdjurit] a. 고집 센
- obedience [oubíːdiəns] n. 복종
- oblique [əblíːk;] a. 완곡한

DAY 25

소비하는 인간
쇼핑, 광고

affordable
[əfɔ́ːrdəbl]

ⓐ (가격이) 알맞은, 저렴한

The demand for **affordable** cars has never been so huge.
적당한 가격의 자동차에 대한 수요가 이처럼 큰 적은 없었다.

allure
[əlúər]

ⓥ 유혹하다, (마음을) 사로잡다
ⓝ 매력, 유혹

It has become difficult for manufacturers to **allure** customers with their conventional mobile phones.
제조업체들이 기존의 휴대폰으로 고객의 마음을 사로잡기가 어려워졌다.

appliance
[əpláiəns]

ⓝ 가전제품

From air conditioners to microwave ovens, you can find the best home **appliances** at our store.
에어컨에서 전자레인지까지, 저희 가게에서 최고의 가전제품을 찾을 수 있습니다.

auction
[ɔ́ːkʃən]

ⓥ 경매로 팔다
ⓝ 경매

The actor **auctioned** off his memorabilia for charity.
배우는 자선을 목적으로 자신의 기념품을 경매로 팔았다.

bargain
[bá:rgən]

ⓥ 흥정[협상]하다
ⓝ 싼 물건; 거래

I think **bargaining** with vendors is part of the fun in Dongdaemun Market.
나는 상인들과 흥정하는 것이 동대문 시장의 재미 중 하나라고 생각한다.

At 20 dollars, the MP3 player was a real **bargain**.
MP3 플레이어는 20달러로 정말 싸게 잘 산 물건이었다.

browse
[bráuz]

ⓥ 둘러보다; 검색하다

Feel free to come in and **browse** our latest products.
얼마든지 들어오셔서 저희 최신 제품들을 둘러보세요.

Browse the Internet on your cell phone and pay no more than one dollar a day.
하루 단 1달러면 휴대폰으로 인터넷 검색을 할 수 있습니다.

cf. browser n. (구매 의향 없이) 둘러보는 사람; 브라우저

charge
[tʃá:rdʒ]

ⓥ 청구하다; 외상으로 사다; 고소하다; 책임을 맡기다
ⓝ 요금; 외상; 고발; 책임

The body shop **charged** 100 dollars for the repairs.
자동차 정비소에서 수리비로 100달러를 청구했다.

She didn't have enough cash to purchase the bag, so she **charged** it.
그녀는 가방을 구입할 현금이 충분치 않아서 외상으로 샀다.

Abigail was **charged** with murder.
애비게일은 살인 혐의로 기소되었다.

Nowadays teachers are **charged** with a variety of responsibilities.
요즘 선생님들은 여러 가지 책무를 담당하고 있다.

coax
[kóuks]

ⓥ 구슬리다, 달래다

The salesman **coaxed** Michael into buying the high-end tablet PC.
판매원은 마이클을 구슬려서 고급 태블릿 PC를 사게 했다.

commercial
[kəmə́:rʃəl]

- ⓝ (TV, 라디오) 광고
- ⓐ 상업적인

The company will air a TV **commercial** featuring Jumping Girls.
회사는 점핑걸스가 출연하는 TV광고를 방송할 것이다.

Hip Hop Panda's new album was criticized for being too **commercial**.
힙합팬더의 새 앨범이 지나치게 상업적이라는 비판을 받았다.

conceal
[kənsí:l]

- ⓥ 숨기다

The company tried to **conceal** the defect of their new product.
회사는 신제품의 결함을 숨기려 했다.

cf. concealment n. 은폐

conspicuous
[kənspíkjuəs]

- ⓐ 눈에 잘 띄는; 이목을 끄는

Many TV commercials promote **conspicuous** consumption.
많은 TV 광고는 과시적 소비를 부추긴다.

costly
[kɔ́:stli]

- ⓐ 값비싼

Choose from our used laptops instead of **costly** new ones.
비싼 새 제품 대신 저희 중고 노트북 컴퓨터 중에서 고르세요.

credit
[krédit]

- ⓝ 외상 판매, 신용 거래; 학점
- ⓥ 인정하다

I bought the LED TV set on **credit**.
LED TV를 외상으로(신용 카드로) 샀다.

Most departments at our university require students to take 140 **credits** to graduate.
우리 대학 대부분의 학과는 졸업 요건으로 140학점 이수를 요구한다.

He is **credited** with making taekwondo one of the most popular martial arts in the world.
그는 태권도를 세계에서 가장 인기 있는 무술 중 하나로 만든 공로를 인정받고 있다.

defective
[diféktiv]
ⓐ 결함이 있는

You will get a full refund for any **defective** item purchased from our online shopping mall.
저희 온라인 쇼핑몰에서 구입하신 물건에 하자가 있으면 전액 환불해드립니다.

cf. defect n. 결함

delivery
[dilívəri]
ⓝ 배달, 배송; 출산

GreatBook.com offers 5 million books with free **delivery** nationwide.
GreatBook.com은 5백만 권의 책을 전국에 무료로 배송해 드립니다.

When I had my first child, it was not an easy **delivery**.
첫 애를 낳았을 때 순산은 아니었다.

cf. deliver v. 배달하다; 출산하다

deliver a baby 아이를 출산하다
deliver a speech 연설을 하다

durable
[djúərəbl]
ⓐ 내구성이 있는

The brand is famous for **durable** and inexpensive products.
그 브랜드는 내구성 있고 비싸지 않은 상품으로 유명하다.

exclusive
[iksklú:siv]
ⓐ 독점적인; 배타적인

Trekker Korea is the **exclusive** distributor of its Trekker backpacks in Korea.
Trekker코리아는 한국에서 Trekker배낭의 독점 판매처이다.

OMFM is an **exclusive** club of former marines.
OMFM은 해병대 출신만 가입할 수 있는 배타적인 클럽이다.

cf. exclusively ad. 독점적으로; 배타적으로
   exclude v. 제외하다

exempt
[igzémpt]

ⓐ 면제된
ⓥ 면제하다

All the items at the airport duty free shop are **exempt** from taxes.
공항 면세점의 모든 상품은 세금이 면제된다.

In Korea, Olympic medalists and Asian Games gold medalists are **exempted** from military service.
한국에서 올림픽 메달리스트와 아시안게임 금메달리스트는 병역을 면제받는다.

cf. exemption n. 면제, 공제

extravagant
[ikstrǽvəgənt]

ⓐ 사치스러운

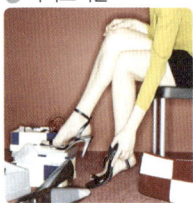

Although Susan was not wealthy, she bought another **extravagant** purse on credit.
수잔은 부자가 아님에도 불구하고, 사치스러운 핸드백을 외상으로 또 구입했다.

genuine
[dʒénjuin]

ⓐ 진짜의, 진품의

The leather goods store sells only **genuine** products.
그 가죽 제품 가게는 진품만을 판매한다.

giveaway
[gívəwèi]

ⓝ 증정품

In the past, Chinese restaurants in Korea used matches and toothpicks as promotional **giveaways**.
과거 한국의 중국 음식점들은 성냥과 이쑤시개를 판촉물로 썼다.

cf. give away phr. 거저 주다, 싸게 팔다

 기출표현

at giveaway prices 헐값으로

guarantee
[gærəntíː]
- n 보증(서), 보장
- v 보증[보장]하다

All our cars come with a five year **guarantee**.
저희 회사의 모든 자동차는 5년간 품질 보증이 됩니다.

haggle
[hǽgl]
- v 값을 깎다

It is common to see people **haggling** over prices in the market square.
시장 광장에서는 사람들이 값을 흥정하는 것을 흔히 볼 수 있다.

launch
[lɔ́ːntʃ]
- v 출시하다; 발사하다

Globe Coffee plans to **launch** four new products for the winter season by the beginning of next month.
Globe 커피는 겨울 시즌을 겨냥한 네 가지 신제품을 다음달 초까지 출시할 계획이다.

China should make more efforts to discourage North Korea from **launching** another long-range missile.
북한이 장거리 미사일을 또 발사하지 않도록 중국이 더 많은 노력을 기울여야 한다.

lavish
[lǽviʃ]
- a 풍성한, 호화로운

The new CEO was given **lavish** presents on his birthday.
새 최고 경영자는 생일에 풍성한 선물을 받았다.

necessity
[nəsésəti]
- n 필수품

The supermarket chain pledged to freeze prices on basic **necessities** such as rice, bread, and vegetables.
슈퍼마켓 체인은 쌀, 빵, 채소와 같은 생활필수품의 가격을 동결하겠다고 약속했다.

cf. necessary a. 필요한

Day 25

outfit
[áutfit]

ⓝ 의상, 옷

The student bought a new **outfit** for the job interview.
학생은 취업 면접을 위해 새 옷을 한 벌 샀다.

out of stock
phr. 재고가 떨어진, 품절[매진]된

The TEPS vocabulary book you ordered is so popular that it is currently **out of stock**.
주문하신 텝스 단어 책은 인기가 너무 좋아서 현재 품절되었습니다.

cf. in stock phr. 재고가 있는

priced
[práist]

ⓐ 가격이 책정된

The digital printer was reasonably **priced** at under 250 dollars.
디지털 프린터는 250달러 이하로 알맞게 가격이 책정됐다.

reasonable
[ríːzənəbl]

ⓐ 합리적인

Our company sells quality products at **reasonable** prices.
우리 회사는 우수한 제품을 합리적인 가격에 판매한다.

receipt
[risíːt]

ⓝ 영수증; 수령

You should bring a **receipt** to get a refund.
환불을 받기 위해서는 영수증을 가져와야 한다.

Products will be delivered on **receipt** of payment.
지불 금액을 받는 즉시 제품을 배달합니다.

cf. receive v. 받다

 기출표현

proof of purchase
상품 구매 확인증 (라벨이나 구매 영수증 등)

refund
[rifʌ́nd] n 환불
[ríːfʌ̀nd] v 환불하다

I'd like to get a **refund** for this watch.
이 시계를 환불 받고 싶습니다.

cf. refundable a. 환불 가능한

retail
[ríːteil]
n 소매
a 소매의
v 소매로 판매하다

The **retail** price of the phone is 348 dollars.
전화기의 소매가격은 348달러이다.

cf. wholesale n. 도매 a. 도매의

selection
[silékʃən]
n 상품, 물품; 선택

We offer a wide **selection** of electronics and computer products.
우리는 다양한 종류의 전자제품과 컴퓨터 제품을 제공합니다.

cf. select v. 선택하다
　　 selective a. 선택적인, 선별적인

solicit
[səlísit]
v 요청[간청]하다

The charity called everyone in the town to **solicit** contributions.
자선 단체는 기부금을 요청하기 위해 시의 모든 사람들에게 전화를 걸었다.

cf. solicitation n. 간청
　　 solicitor n. 상품 판촉원, 판매원
　　 unsolicited a. 요구 받지 않은

 기출표현
　 unsolicited visit 원치 않는 방문

specialize in
phr ~을 전문으로 하다

The footwear store **specializes in** hiking boots.
신발 가게는 등산화를 전문으로 한다.

cf. specialty n. 전문, 특산물

splurge on
(phr) 돈을 물 쓰듯 쓰다

After winning a lottery, she **splurged on** new clothes.
복권에 당첨된 후 그녀는 새 옷을 사는 데 돈을 펑펑 썼다.

sturdy
[stə́ːrdi]
@ 튼튼한, 견고한

The shop sells inexpensive but **sturdy** furniture.
가게는 비싸지 않지만 튼튼한 가구를 판매한다.

versatile
[və́ːrsətl]
@ 다용도의, 다목적의

This **versatile** jacket goes well with both formal suits and casual outfits.
이 다용도 재킷은 정장과 캐주얼에 모두 잘 어울린다.
cf. versatility n. 다재, 다능

warranty
[wɔ́ːrənti]
ⓝ 품질 보증(서)

This tablet PC comes with a two year **warranty**.
이 태블릿 PC는 2년간 보증된다.
cf. warrant n. 영장; 보증서 v. 정당화하다

 기출표현
search warrant 수색 영장

Day 25 DAILY TEST

A 의미상 적절한 단어를 골라 빈칸에 넣고, 필요 시 단어의 형태를 어법에 맞게 바꾸시오.

보기
ⓐ exclusive ⓑ credit ⓒ splurge ⓓ haggle ⓔ affordable
ⓕ exempt ⓖ extravagant ⓗ defective ⓘ coax ⓙ browse

1 Simon went window-shopping and _____ around stores without buying anything.
2 My mother is really good at _____ over prices.
3 If you don't have enough money to buy this piano, you can buy it on _____.
4 In some countries including the U.K., food is _____ from value added tax.
5 When the economy is bad, people look for _____ goods.
6 Lucy became a millionaire at the age of 18 and she has always been _____ with her money.
7 We have the _____ right to sell Go Go Winter Ice Cream in Korea.
8 Most department stores have a good exchange policy for _____ items.
9 She was _____ into buying a treadmill by a dishonest telemarketer.
10 Steve already has four computers but he still _____ on electronics.

B 단어의 의미가 올바르게 설명된 보기를 찾아 연결하시오.

11 launch   ⓐ easy to see or notice
12 genuine   ⓑ having varied uses or serving many functions
13 conspicuous   ⓒ to make a product available to the public for the first time
14 allure   ⓓ real, rather than pretended or false
15 versatile   ⓔ attract attention from others

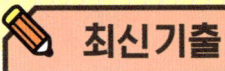

NEW TEPS VOCA

- achieve [ətʃíːv] v. 성취하다
- achievement [ətʃíːvmənt] n. 성취
- acquaintance [əkwéintəns] n. 아는 사람
- acquiescent [æ̀kwiésənt] a. 묵인하는
- acquit [əkwít] v. 무죄를 선고하다

- board [bɔːrd] v. 탑승하다
- boorishly [búriʃli] ad. 상스럽게
- boost [buːst] v. 밀어 올리다
- border [bɔ́ːrdər] v. 인접하다
- bother [báðər] n. 성가신 일 v. 괴롭히다

- bouquet [boukéi] n. 꽃다발
- commensurate [kəménsərit] a. 상응하는
- commiserate [kəmízərèit] v. 위로를 표하다
- common sense phr. 상식
- commonality [kàmənǽləti] n. 공통성

- community center n. 주민센터
- commute [kəmjúːt] v. 통근하다
- deletion [dilíːʃən] n. 삭제
- deliberation [dilìbəréiʃən] n. 심의
- delicate [déləkit] a. 섬세한

- delineate [dilínièit] v. 상세하게 기술하다
- deluge [déljuːdʒ] n. 쇄도; 대홍수
- expire [ikspáiər] v. 만기가 되다
- explain [ikspléin] v. 설명하다
- explicate [ékspləkèit] v. 설명하다

☐ **explode** [iksplóud]	v.	폭발하다
☐ **exposure** [ikspóuʒər]	n.	노출
☐ **fallen** [fɔ́:lən]	a.	넘어진
☐ **fallow** [fǽlou]	a.	농지를 놀리는
☐ **falter** [fɔ́:ltər]	v.	흔들리다
☐ **familiar** [fəmíljər]	a.	익숙한
☐ **fancy** [fǽnsi]	a.	고급의, 일류의
☐ **headquarter** [hedkwɔ́:rtər]	v.	본부를 두다
☐ **hefty** [héfti]	a.	튼튼한
☐ **hem in**	phr.	꼼짝 못하게 둘러싸다
☐ **herald** [hérəld]	v.	예고하다
☐ **hesitate** [hézitèit]	v.	망설이다
☐ **invader** [invéidər]	n.	침입자
☐ **invasion** [invéiʒən]	n.	침해
☐ **invert** [invə́:rt]	v.	반전시키다
☐ **investment** [invéstmənt]	n.	투자
☐ **investor** [invéstər]	n.	투자자
☐ **invitation** [ìnvitéiʃən]	n.	초대; 초대장
☐ **invocation** [ìnvəkéiʃən]	n.	간구
☐ **later** [léitər]	a.	뒤의, 후의
☐ **lather** [lǽðər]	v.	비누 거품칠을 하다
☐ **laud** [lɔ:d]	v.	칭찬하다
☐ **launch** [lɔ:ntʃ]	v.	시작하다
☐ **put off**	phr.	연기하다
☐ **put out**	phr.	불을 끄다

Day 25

DAY 26
뉴텝스 독해에 꼭 나오는
언어, 문학

accomplished
[əkámpliʃt]

ⓐ 기량이 뛰어난, 노련한

She is an **accomplished** novelist, poet, playwright, screenwriter, and critic.
그녀는 뛰어난 소설가이자 시인, 극작가, 시나리오 작가, 비평가이다.

cf. accomplish v. 성취하다
　　accomplishment n. 성취

adaptation
[æ̀dəptéiʃən]

ⓝ 각색 (작품); 적응

The film is a screen **adaptation** of Shakespeare's *Much Ado About Nothing*.
영화는 셰익스피어의 〈헛소동〉을 각색한 작품이다.

Plants and animals that are capable of **adaptation** have higher chances of survival.
적응력이 있는 동식물은 생존 확률이 더 높다.

cf. adapt v. 각색하다
　　adaptive a. 적응할 수 있는

anonymous
[ənánəməs]

ⓐ 익명의, 작자 미상의

This poem was written by an **anonymous** Canadian soldier.
이 시는 익명의 캐나다 군인이 쓴 것이다.

cf. anonymity n. 익명(성)

 기출표현

　on condition of anonymity 익명을 조건으로

banality
[bənǽləti]

ⓝ 진부(함)

The play came under harsh criticism for its **banality**.
연극은 진부함 때문에 혹평을 받았다.

cf. banal a. 진부한

bilingual
[bailíŋgwəl]

ⓐ 두 나라 말을 하는

She was brought up in both Beijing and Seoul and now she is **bilingual** in Chinese and Korean.
그녀는 베이징과 서울에서 자랐고 지금은 중국어와 한국어 두 언어를 구사한다.

---

cognitive
[kágnətiv]

ⓐ 인지의, 인식의

Children's language acquisition is directly related to their **cognitive** development.
아동의 언어 습득은 인지 발달과 직결된다.

cf. cognition n. 인지, 인식

 기출표현

spatial cognition 공간 인지

---

coherent
[kouhíərənt]

ⓐ 일관성 있는

His writing is hard to follow because it is not very **coherent**.
그의 글은 일관성이 별로 없어서 이해하기가 어렵다.

cf. coherence n. 일관성

---

coin
[kɔ́in]

ⓥ (신조어를) 만들다; 주조하다
ⓝ 주화, 동전

The famous physicist **coined** the term "black hole."
유명한 물리학자가 '블랙홀'이라는 용어를 만들었다.

cf. coinage n. 주화; 신조어

---

connotation
[kànətéiʃən]

ⓝ 함축, 내포

The English slang word "redneck" has a negative **connotation**.
'백인 노동자'라는 영어 속어는 부정적 의미를 내포하고 있다.

cf. connote v. 함축하다, 내포하다

convey
[kənvéi]
v 전달하다

Stanley Johnson effectively **conveys** ideas about guilt in his new novel.
스탠리 존슨은 자신의 새 소설에서 죄책감에 대한 개념을 효과적으로 전달한다.

cf. conveyance n. 전달, 운반

critic
[krítik]
n 비평가, 평론가

Critics are usually not favorable to popular novels.
비평가들은 대개 대중 소설에 호의적이지 않다.

cf. criticize v. 비판(비평)하다
criticism n. 비판, 비평

 기출표현

be critical of ~에 대해 비판적이다

decipher
[disáifər]
v 해독[판독]하다
n 암호 해독

Dr. Myer invented a computer program that helps linguists **decipher** previously unreadable ancient texts.
마이어 박사는 언어학자들이 전에는 읽을 수 없었던 고대 문서를 해독할 수 있도록 도와주는 컴퓨터 프로그램을 개발했다.

cf. encipher v. 암호화하다

dedicate
[dédikèit]
v 헌정하다; 바치다

The author **dedicated** his book to his wife.
작가는 자신의 책을 아내에게 헌정했다.

He left politics and **dedicated** his life to charity work.
그는 정계를 떠나 자선 활동에 삶을 바쳤다.

cf. dedication n. 전념, 헌신
dedicated a. 전념하는, 헌신적인

 기출표현

a dedicated word processor
전용 워드 프로세서기

deduce
[didjúːs]

ⓥ 추론하다

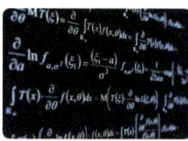

The scholar logically **deduced** a conclusion from premises.
학자는 논리적으로 전제에서 결론을 추론했다.

cf. deduction n. 추론; 공제
deductive a. 연역적인

derive
[diráiv]

ⓥ 유래하다; 얻다

The word "nigger" is **derived** from the Latin word "niger," which simply means "black."
'nigger(깜둥이)'라는 단어는 단순히 '검은색'이라는 의미의 라틴어 'niger'에서 유래한 것이다.

She **derived** great pleasure from yoga.
그녀는 요가에서 큰 기쁨을 얻었다.

cf. derivation n. 유래, 파생, 어원
derivative n. 파생어, (금융의) 파생 상품

dialect
[dáiəlèkt]

ⓝ 방언, 사투리

Many Chinese **dialects** are considered mutually unintelligible.
많은 중국 방언이 서로 의사소통이 되지 않는 것으로 여겨진다.

fable
[féibl]

ⓝ 우화

A **fable** is a very short story that teaches us a lesson.
우화란 교훈을 주는 아주 짧은 이야기이다.

cf. fabled a. 전설적인, 허구의

gist
[dʒíst]

ⓝ 요점, 요지

I didn't read the whole book but got the **gist** of it.
책을 다 읽지는 않았지만 요점은 이해했다.

implication
[ímpləkéiʃən]

n 함축, 내포; 연루

The **implication** of this essay is that capitalism is superior to socialism.
이 에세이의 함축적 의미는 자본주의가 사회주의보다 우월하다는 것이다.

The vice president was fired after his **implication** in drug trafficking.
부사장은 마약 밀매에 연루되자 해고당했다.

cf. implicate v. 함축하다; 연루시키다

 기출표현

be implicated in ~에 연루되다

impromptu
[imprámptju:]

a 즉흥적인

The poet gave an **impromptu** speech at the award ceremony.
시인은 시상식에서 즉흥적으로 연설을 했다.

interpret
[intə́:rprit]

v 해석하다; 통역하다

Students were having difficulty **interpreting** the meaning of the poem.
학생들이 시의 의미를 해석하는 데 어려움이 있었다.

She **interpreted** the mayor's speech into Spanish.
그녀는 시장의 연설을 스페인어로 통역했다.

cf. interpretation n. 해석; 통역
interpreter n. 통역사
misinterpret v. 오해하다

ironic
[airánik]

a 비꼬는, 반어적인

The novel contains many **ironic** comments on immigrants.
그 소설은 이민자들을 비꼬는 표현을 많이 담고 있다.

cf. irony n. 풍자, 반어

legible
[lédʒəbl]

a (필적이) 알아볼 수 있는

Mr. Park's handwriting is not very **legible**.
박 씨의 필체는 알아보기가 어렵다.

cf. legibility n. 가독성
illegible a. 읽기 어려운

linguistic
[liŋgwístik]
ⓐ 언어(학)의

Latin underwent **linguistic** changes that led to new languages such as French and Spanish.
라틴어는 프랑스어, 스페인어와 같은 새로운 언어의 탄생으로 이어지는 언어의 변화를 겪었다.

cf. linguistics n. 언어학
　　 linguist n. 언어학자

literary
[lítərèri]
ⓐ 문어적인, 문학의

The pupils learned about differences between **literary** and colloquial styles in English.
학생들은 영어의 문어체와 구어체의 차이에 대해 배웠다.

cf. literature n. 문학
　　 literati n. 지식인들, 문학자들

memoir
[mémwa:r]
ⓝ 회고록, 자서전

Former President Bush's **memoir** was released yesterday.
부시 전 대통령의 회고록이 어제 출간됐다.

myth
[míθ]
ⓝ 신화; 지어낸 이야기

There are many Hollywood movies based on ancient Greek **myths**.
고대 그리스 신화에 기반한 할리우드 영화가 많다.

It is a **myth** that hair and fingernails grow after death.
사망 후에도 머리카락과 손톱이 자란다는 것은 근거 없는 이야기이다.

cf. mythical a. 신화의, 가공의

narrative
[nǽrətiv]
ⓝ 이야기, 서술
ⓐ 서술의

This book is the most fascinating **narrative** of the Civil War ever written.
이 책은 지금까지 미국 남북전쟁에 대한 이야기 중 가장 흥미롭다.

Most of his novels are written in a **narrative** style.
그의 소설은 대부분 서술체로 쓰였다.

cf. narrate v. 이야기하다
　　 narration n. 이야기, 서술
　　 narrator n. 서술자

plagiarism
[pléidʒərìzm]

ⓝ 표절

Failing to cite sources is also a form of **plagiarism**.
출처를 밝히지 않는 것도 일종의 표절이다.

cf. plagiarize v. 표절하다

plot
[plát]

ⓝ 줄거리; 음모

The **plot** of the short story is quite predictable.
단편 소설의 줄거리는 너무 뻔하다.

The police uncovered the gang's **plot** to assassinate the governor.
경찰은 주지사를 암살하려는 범죄 조직의 음모를 알아냈다.

prolific
[prəlífik]

ⓐ 다작의, 다산의

Condoleezza Peterson is one of the most **prolific** writers of our time.
콘돌리자 피터슨은 우리 시대에 가장 많은 작품을 쓰는 작가 중 한 명이다.

cf. prolificacy n. 다작

pronounce
[prənáuns]

ⓥ 발음하다; 표명[선고]하다

Do you know how to **pronounce** this Greek word?
이 그리스어 단어를 어떻게 발음하는지 아세요?

The patient was **pronounced** dead at 12:30 p.m.
환자가 오후 12시 30분에 사망한 것으로 발표됐다.

cf. pronunciation n. 발음
pronouncement n. 공표, 선언

prose
[próuz]

ⓝ 산문(체)

For most people, writing verse is much more difficult than writing **prose**.
대부분의 사람들에게 운문을 쓰는 것이 산문을 쓰는 것보다 훨씬 더 어렵다.

recite
[risáit]

ⓥ 암송[낭독]하다

The young poet **recited** one of his poems to the audience.
젊은 시인은 자신의 시 한 편을 청중 앞에서 암송했다.

cf. recital n. 낭독(회), 발표회

satire
[sǽtaiər]

ⓝ 풍자

The novel is a work full of biting **satire**.
소설은 신랄한 풍자로 가득한 작품이다.

cf. satiric(al) a. 풍자의

simultaneous
[sàiməltéiniəs]

ⓐ 동시의

Unlike consecutive interpretation, **simultaneous** interpretation requires special equipment such as sound proof booths and headsets.
순차 통역과는 달리, 동시통역은 방음 부스와 헤드셋과 같은 특별한 장비를 필요로 한다.

term
[tə:rm]

ⓝ 용어; 임기; 학기
ⓥ 이름 짓다

Many of the Korean academic **terms** were borrowed from Japanese.
한국어의 많은 학술 용어는 일본어에서 차용한 것이다.

His second **term** as President of the United States began last Thursday.
미국 대통령으로서의 그의 두 번째 임기가 지난 목요일에 시작됐다.

He **termed** the rescue operation "The Dawn in the Gulf of Aden."
그는 그 구출 작전을 '아덴만의 여명'이라 이름 지었다.

cf. terminology n. 전문 용어

translate
[trænsléit]

ⓥ 번역하다

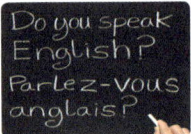

The book was **translated** into eight different languages.
책은 여덟 개 언어로 번역되었다.

cf. translator n. 번역사

vague
[véig]

ⓐ 모호한, 애매한

The author deliberately gave a **vague** description of the killer in his novel to raise fear.
저자는 공포심을 유발하기 위해 소설 속의 살인자를 일부러 모호하게 묘사했다.

verse
[və́:rs]

ⓝ 운문, 시구; (노래의) 절

The play is written in both **verse** and prose.
희곡에는 운문과 산문이 모두 있다.

The first **verse** of the song is frequently played at sporting events.
그 노래의 1절은 스포츠 행사에서 자주 연주된다.

Day 26 DAILY TEST

A 의미상 적절한 단어를 골라 빈칸에 넣고, 필요 시 단어의 형태를 어법에 맞게 바꾸시오.

보기	ⓐ gist	ⓑ coin	ⓒ plagiarism	ⓓ anonymous	ⓔ memoir
	ⓕ bilingual	ⓖ banality	ⓗ prolific	ⓘ decipher	ⓙ coherent

1. Champollion _____ the ancient Egyptian script in 1822.
2. Students learn how to write a(n) _____ essay in this class.
3. Famous people's _____ usually sell very well in the U.S.
4. The interpreter is _____ in French and Japanese.
5. Copying a paragraph from your friend's essay constitutes _____.
6. His romance novels for teens are childish and full of _____.
7. The term "robot" was _____ by a Czech playwright in 1921.
8. I couldn't even follow the _____ of his lecture because it was too difficult.
9. Being a(n) _____ writer, she writes five novels on average every year.
10. The government official talked to the reporter on condition of _____.

B 단어의 의미가 올바르게 설명된 보기를 찾아 연결하시오.

11. vague ⓐ to know something as a result of considering the information or evidence that you have
12. cognitive ⓑ to form one word or phrase from another
13. deduce ⓒ the use of humor to criticize someone or something and make them seem silly
14. satire ⓓ not clearly expressed
15. derive ⓔ connected with mental processes of understanding

NEW TEPS VOCA

- **abate** [əbéit]   v. 약해지다
- **abstain** [əbstéin]   v. 자제하다
- **abstemious** [əbstí:miəs]   a. 자제하는
- **abusive** [əbjú:siv]   a. 학대하는, 남용하는
- **babysitter** [béibisitər]   n. 베이비시터, 보모

- **backfire** [bǽkfàiər]   v. 역효과를 낳다
- **baffle** [bǽfl]   v. 당황하게 만들다
- **balmy** [bá:mi]   a. 아늑한, 훈훈한
- **conceal** [kənsí:l]   v. 숨기다
- **concede** [kənsí:d]   v. 인정하다

- **concentrate** [kánsəntrèit]   v. 집중시키다
- **conciliate** [kənsílièit]   v. 회유하다
- **concisely** [kənsáisli]   ad. 간결하게
- **conclusion** [kənklú:ʒən]   n. 결론
- **concurrence** [kənkə́:rəns]   n. 동의

- **detach** [ditǽtʃ]   v. 분리하다
- **detain** [ditéin]   v. 구금하다
- **detect** [ditékt]   v. 감지하다
- **deter** [ditə́:r]   v. 단념시키다
- **detest** [ditést]   v. 혐오하다

- **detract** [ditrǽkt]   v. 다른 데로 돌리다
- **elect** [ilékt]   v. 선출하다
- **election** [ilékʃən]   n. 선거
- **elongate** [iló:ŋgeit]   v. 길게 늘이다
- **elucidate** [ilú:sidèit]   v. 설명하다

☐ elude [ilú:d]	v. 교묘히 피하다	
☐ fear [fiər]	n. 두려움, 걱정	
☐ fervent [fə́:rvənt]	a. 열렬한, 강렬한	
☐ fetch [fetʃ]	v. 가지고 오다	
☐ feud [fju:d]	n. 불화	
☐ harsh [hɑ:rʃ]	a. 혹독한	
☐ haul [hɔ:l]	v. 끌다, 운반하다	
☐ havoc [hǽvək]	n. 대파괴	
☐ indefatigable [ìndifǽtəgəbl]	a. 지칠 줄 모르는	
☐ independence [ìndipéndəns]	n. 독립	
☐ indifference [indífərəns]	n. 무관심	
☐ indigent [índidʒənt]	a. 궁핍한	
☐ individual [ìndəvídʒuəl]	a. 각각의, 개개의	
☐ individually [ìndəvídʒuəli]	ad. 개별적으로	
☐ labor [léibər]	v. 일하다	
☐ lack [læk]	n. 부족	
☐ lampoon [læmpú:n]	v. 풍자하다	
☐ languish [lǽŋgwiʃ]	v. 유보되다	
☐ midway [mídwéi]	ad. 도중에	
☐ mildly [máildli]	ad. 부드럽게, 약간	
☐ military [mílitèri]	a. 군사의	
☐ minor [máinər]	a. 작은, 가벼운	
☐ misdirect [mìsdirékt]	v. 잘못 지도하다	
☐ miss [mis]	v. 놓치다	
☐ mistreatment [mistrí:tment]	n. 학대, 혹사	

Day 26

일기 예보는 뉴텝스 청해의 기본

기후

adjust
[ədʒʌ́st]

ⓥ 적응하다; 조절[조정]하다

Poor countries have more difficulty **adjusting** to climate change.
빈국들은 기후 변화에 적응하는 데 더 어려움이 있다.

You can **adjust** the volume of the stereo with this remote.
이 리모컨으로 오디오 볼륨을 조절할 수 있다.

cf. adjustment n. 조정, 적응
　　adjustable a. 조절 가능한

　　adjustable chair (높낮이 등이) 조절 가능한 의자

adverse
[ædvə́:rs]

ⓐ 부정적인, 반대하는

Due to the **adverse** effects of global warming, the temperature of earth's surface is expected to increase by 4°C by the year 2100.
지구 온난화의 악영향 때문에, 지구 표면 온도가 2100년까지 4도 상승할 것으로 예상된다.

cf. adversely ad. 불리하게; 반대로
　　adversity n. 역경, 불운

　　adversely affect ~에 악영향을 끼치다

altitude
[ǽltətjù:d]

ⓝ 고도, 고지

Thinner oxygen at high **altitudes** makes it harder to breathe.
고도가 높은 곳은 산소가 희박해 숨쉬기가 어렵다.

arid
[ǽrid]
ⓐ 건조한, 메마른

A cactus grows well in **arid** regions.
선인장은 건조한 지역에서 잘 자란다.

cf. aridity n. 건조; 무미건조

atmosphere
[ǽtməsfìər]
ⓝ 대기; 분위기, 환경

About 90% of the ozone in the Earth's **atmosphere** is located in the stratosphere.
지구 대기 오존의 약 90%는 성층권에 있다.

The resort town has a relaxed **atmosphere**.
휴양 도시는 분위기가 편안하다.

avalanche
[ǽvəlæ̀ntʃ]
ⓝ 눈사태

The **avalanche** took the lives of four mountaineers.
눈사태로 등산가 4명이 사망했다.

blizzard
[blízərd]
ⓝ 눈보라

Seoul was hit by a **blizzard** yesterday.
어제 서울에 눈보라가 몰아쳤다.

catastrophe
[kətǽstrəfi]
ⓝ 참사, 재앙

The hurricane was a devastating **catastrophe**.
허리케인은 대참사였다.

cf. catastrophic a. 파멸의, 비극적인

 기출표현

catastrophic disaster 대재난

chilly
[tʃíli]
ⓐ 쌀쌀한, 추운

Spring has come but it is still **chilly** in the morning.
봄이 왔지만 아침에는 여전히 쌀쌀하다.
cf. chill n. 냉기 v. 춥게 하다
    chilling a. 으스스한

deteriorate
[ditíəriərèit]
ⓥ 악화되다, 악화시키다

Unfortunately, the weather conditions **deteriorated** during the course of the afternoon.
불행히도 오후에 기상이 악화되었다.
cf. deterioration n. 악화

devastating
[dévəstèitiŋ]
ⓐ 치명적인, 파괴적인

The typhoon had a **devastating** effect on the region.
태풍은 그 지역에 치명적인 영향을 미쳤다.
cf. devastate v. 파괴하다
    devastation n. 파괴, 참상

 기출표현
    devastated area 재해 지역

distinctive
[distíŋktiv]
ⓐ 독특한, 특유의

The country has **distinctive** weather patterns.
그 나라는 날씨 패턴이 독특하다.
cf. distinct a. 뚜렷한, 별개의
    distinction n. 차이, 탁월

downpour
[dáunpɔ̀:r]
ⓝ 폭우

The baseball game was cancelled due to the **downpour**.
폭우로 야구 경기가 취소됐다.
cf. pour v. 붓다

drench
[dréntʃ]
- ⓥ 흠뻑 적시다

He was **drenched** in the rain without an umbrella.
그는 우산 없이 비에 흠뻑 젖었다.

drizzle
[drízl]
- ⓝ 이슬비, 가랑비
- ⓥ 이슬비[가랑비]가 내리다

It was **drizzling** from early morning to late afternoon.
이른 아침부터 늦은 오후까지 이슬비가 내리고 있었다.

forecast
[fɔ́ːrkæst]
- ⓝ 예측, 일기 예보
- ⓥ 예측하다, 예보하다

The weather **forecast** said there is a 70 percent chance of rain tomorrow.
일기 예보에 따르면 내일 강수 확률은 70%이다.

Experts are **forecasting** an economic downturn.
전문가들은 경기 침체를 예상하고 있다.

cf. forecaster n. 기상 예보관

haze
[héiz]
- ⓝ 실안개, 연무

There was a **haze** in the mountain valley.
산골짜기에 실안개가 끼어 있었다.

cf. hazy a. 연무가 낀

humidity
[hjuːmídəti]
- ⓝ 습도, 습기

The **humidity** today is 70%.
오늘의 습도는 70%입니다.

cf. humid a. 습한
humidify v. 축이다, 적시다
humidifier n. 가습기
dehumidifier n. 제습기

imminent
[ímənənt]

ⓐ 임박한, 일촉즉발의

The monsoon season is **imminent** in Korea.
한국에는 장마철이 임박했다.

cf. imminence n. 임박, 촉박

inclement
[inklémənt]

ⓐ 험한, 거칠고 궂은

All the highways were also closed due to **inclement** weather.
악천후로 모든 고속 도로가 폐쇄됐다.

jeopardize
[dʒépərdàiz]

ⓥ 위험에 빠뜨리다

We should cancel any flight when weather conditions **jeopardize** passengers' safety.
기상 조건으로 승객의 안전이 위험할 때에는 모든 항공편을 취소해야 한다.

cf. jeopardy n. 위험

 기출표현

be in jeopardy 위험에 처하다

let up
phr (폭풍우 등이) 그치다

The rain is forecast to **let up** Friday evening.
금요일 저녁에 비가 그칠 것으로 예상된다.

massive
[mǽsiv]

ⓐ 거대한

A **massive** earthquake measuring 9.0 on the Richter scale hit northeast Japan.
리히터 규모 9.0의 강진이 일본 동북부를 강타했다.

cf. mass n. 덩어리 a. 대량의

midday
[míddèi]

ⓝ 정오

Forecasters said the sky will clear up by **midday**.
기상 예보관들은 정오가 되면 날이 갤 것이라고 했다.

moderate
[mάdərət] ⓐ 온화한; 알맞은
[mάdərèit] ⓥ 완화되다

Jeju Island is well known for its **moderate** climate.
제주도는 온화한 기후로 유명하다.

The scorching hot weather has **moderated**.
몹시 무더웠던 날씨가 누그러졌다.

cf. moderation n. 적당함, 온건, 온화

mutable
[mjú:təbl]

ⓐ 변덕스러운

The weather is **mutable** nowadays.
요즘 날씨가 변덕스럽다.

cf. mutate v. 변화하다; 돌연변이가 되다
　　mutation n. 변화; 돌연변이
　　mutant n. 돌연변이 a. 돌연변이의

overcast
[òuvərkǽst]

ⓐ 구름이 뒤덮인, 흐린
ⓥ 구름으로 덮다

We have **overcast** skies with a 40% chance of rain tonight.
오늘밤은 흐리겠고 강수 확률은 40%입니다.

precipitation
[prisìpətéiʃən]

ⓝ 강수(량)

In this region, more than 70 percent of the annual **precipitation** is concentrated between January and February.
이 지역은 연간 강수량의 70% 이상이 1월과 2월 사이에 집중되어 있다.

reassuring
[rì:əʃúəriŋ]

ⓐ 안심시키는

It is **reassuring** to know that the winds will die down overnight.
밤사이 바람이 잦아들 것을 아니 안심이 된다.

cf. reassure v. 안심시키다
　　reassured a. 안심하는
　　reassurance n. 안심, 안도

scarcity
[skɛ́ərsəti]

ⓝ 부족, 결핍

People in this region depend on the underground water due to the **scarcity** of precipitation.
강수량 부족 때문에 이 지역 주민들은 지하수에 의존한다.

cf. scarcely ad. 거의 ~않다

---

scattered
[skǽtərd]

ⓐ 산발적인; 산재해 있는

Today we will have mostly cloudy skies with about a 60% chance of **scattered** showers.
오늘은 대부분 구름이 끼겠고 산발적인 소나기가 내릴 확률이 약 60%입니다.

cf. scatter v. 흩뿌리다

---

scorching
[skɔ́ːrtʃiŋ]

ⓐ 타는 듯한

Australians celebrate Christmas on a **scorching** summer day.
호주인들은 무더운 여름날에 크리스마스를 기념한다.

cf. scorch v. (불에) 그슬리다

---

slippery
[slípəri]

ⓐ 미끄러운

The road is **slippery** with sleet.
진눈깨비 때문에 길이 미끄럽다.

cf. slip v. 미끄러지다

---

sprinkle
[spríŋkl]

ⓥ 비가 조금씩 오다

I went out jogging although it was **sprinkling**.
비가 조금씩 오고 있었지만 밖에 나가 조깅을 했다.

stark
[stáːrk]

ⓐ 극명한, 두드러진; 황량한

The balmy weather was in **stark** contrast to last week's cold spell.
온화한 날씨는 지난주의 추위와 극명한 대조를 보였다.

temperate
[témpərət]

ⓐ 온화한, 온대성의; 절제하는, 삼가는, 차분한

The eastern region of the country keeps a **temperate** climate even in winter.
그 나라의 동쪽 지역은 겨울에도 기후가 온화하다.

The diplomat is a **temperate** man who can negotiate with aggressive North Korean army officers.
외교관은 공격적인 북한 장교들과도 협상을 할 수 있는 차분한 사람이다.

temperate zone 온대

thaw
[θɔ́ː]

ⓥ 녹다, 날씨가 풀리다
ⓝ 해빙, 해동

The temperature has risen and the snow is **thawing** now.
기온이 올라 지금은 눈이 녹고 있다.

torrential rain
phr 폭우

Five people died as **torrential rain** caused floods and mudslides in the town.
폭우로 인해 도시에 홍수와 진흙 사태가 일어나면서 다섯 명이 숨졌다.

tropical
[trápikəl]

ⓐ 열대의

The international community should put in more efforts to protect **tropical** rain forests.
국제 사회는 열대 우림을 보호하기 위해 더욱 노력을 기울여야 한다.

cf. tropic n. 회귀선, 열대 지방
　　subtropical a. 아열대의

typical
[típikəl]

ⓐ 전형적인

You will be able to plan your vacation better if you know the region's **typical** weather patterns.
그 지역의 전형적인 날씨 패턴을 알면 휴가 계획을 더 잘 세울 수 있을 것이다.

cf. type n. 유형, 종류

Daily Test

A 의미상 적절한 단어를 골라 빈칸에 넣고, 필요 시 단어의 형태를 어법에 맞게 바꾸시오.

보기 ⓐ inclement ⓑ humidity ⓒ scorching ⓓ let ⓔ adverse
ⓕ stark ⓖ adjust ⓗ scarcity ⓘ drizzle ⓙ imminent

1 The torrential rain showed no sign of _____ up.
2 Due to the unprecedented drought, people are suffering from an ever increasing _____ of water.
3 We should try to _____ to global warming if we cannot prevent it.
4 Canada's climate is in _____ contrast to that of Mexico.
5 In Korea, the _____ is higher in summer than in winter.
6 The municipal government issued a warning when a tornado was _____.
7 They are trying to minimize the _____ effects of climate change by using less energy.
8 My flight was delayed due to _____ weather in Moscow.
9 Koreans like to eat traditional chicken soup with ginseng in _____ summer weather.
10 It's not raining hard but it's _____.

B 단어의 의미가 올바르게 설명된 보기를 찾아 연결하시오.

11 deteriorate   ⓐ to grow worse
12 mutable   ⓑ rain, snow, etc. that falls
13 precipitation   ⓒ easy to recognize because of being different from other things of the same type
14 arid   ⓓ able to or tending to change
15 distinctive   ⓔ having little or no rain; very dry

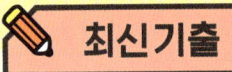 **NEW TEPS VOCA**

☐ **allay** [əléi]	v.	가라앉히다
☐ **allegation** [æ̀ləgéiʃən]	n.	혐의
☐ **allegiance** [əlíːdʒəns]	n.	충성
☐ **allegory** [ǽləgɔ̀ːri]	n.	우화
☐ **alliance** [əláiəns]	n.	동맹
☐ **allocate** [ǽləkèit]	v.	할당하다
☐ **allow** [əláu]	v.	허락하다
☐ **breach** [briːtʃ]	n.	위반, 침입
☐ **breadth** [bredθ]	n.	폭
☐ **break in**	phr.	끼어들다
☐ **break out**	phr.	발생하다
☐ **break up**	phr.	헤어지다
☐ **condensed** [kəndénst]	a.	응축한
☐ **condition** [kəndíʃən]	n.	조건
☐ **condo** [kándou]	n.	아파트
☐ **condone** [kəndóun]	v.	용납하다
☐ **conducive** [kəndjúːsiv]	a.	도움이 되는
☐ **diabetes** [dàiəbíːtiːz]	n.	당뇨병
☐ **dictator** [díkteitər]	n.	독재자
☐ **die of**	phr.	~로 죽다
☐ **diffident** [dífidənt]	a.	자신감이 없는
☐ **diligent** [dílidʒənt]	a.	성실한
☐ **diploma** [diplóumə]	n.	졸업장
☐ **eradicate** [irǽdəkèit]	v.	퇴치하다
☐ **erase** [iréis]	v.	지우다

☐ **erode** [iróud]	v.	침식시키다
☐ **erratic** [irǽtik]	a.	변덕스러운
☐ **erupt** [irʌ́pt]	v.	분출하다
☐ **filthy** [fílθi]	a.	아주 더러운
☐ **finale** [finǽli]	n.	마지막 부분
☐ **finally** [fáinəli]	ad.	마침내
☐ **financial** [fainǽnʃəl]	a.	재정의, 금융의
☐ **find out**	phr.	알아내다
☐ **hillside** [hílsàid]	n.	비탈
☐ **hindrance** [híndrəns]	n.	방해
☐ **hinge** [hindʒ]	n.	경첩
☐ **hit one's stride**	v.	본래의 컨디션을 되찾다
☐ **implacable** [implǽkəbl]	a.	확고한, 완강한
☐ **implausible** [implɔ́:zəbl]	a.	믿기 어려운
☐ **implicate** [ímpləkèit]	v.	관련시키다
☐ **implicit** [implísit]	a.	내포된
☐ **imply** [implái]	v.	암시하다
☐ **jetliner** [dʒétlàinər]	n.	제트 여객기
☐ **jettison** [dʒétəsən]	v.	(화물 등을) 버리다
☐ **jubilation** [dʒù:bəlèiʃən]	n.	환희, 환호, 축하
☐ **jump on**	phr.	비난하다
☐ **jump the gun**	phr.	경솔하게 행동하다
☐ **literal** [lítərəl]	a.	문자 그대로의
☐ **live** [liv]	v.	인생을 즐기다, 재미있게 살다
☐ **livid** [lívid]	a.	격노한

DAY 28 우리들이 사는 곳
건물, 건축

adequate
[ǽdikwət]
ⓐ 충분한, 적절한

The house was not big but **adequate**.
집은 크지는 않지만 충분했다.
cf. inadequate a. 불충분한, 부적당한

adjoin
[ədʒɔ́in]
ⓥ 붙어 있다, ~에 인접하다

The gym **adjoins** the student union building.
체육관은 학생회관과 붙어 있다.

adorn
[ədɔ́ːrn]
ⓥ 장식하다, 꾸미다

The newly built house was **adorned** with many different types of lights.
새로 지은 집은 여러 종류의 조명으로 장식되어 있었다.
cf. adornment n. 장식(품)

architecture
[ɑ́ːrkətèktʃər]
ⓝ 건축(술), 건축학

Surprisingly, concrete was commonly used in Roman **architecture** in the 1st century BC.
놀랍게도 기원전 1세기 로마 건축에서 콘크리트가 흔히 이용되었다.
cf. architectural a. 건축의
　　architect n. 건축가

boundary
[báundəri]

ⓝ 경계(선), 한도

This wall marks the **boundary** between my house and Ms. William's.
이 담은 우리 집과 윌리엄스 씨 집의 경계를 나타낸다.

break into
phr (건물에) 침입하다

Someone has **broken into** George's apartment.
누군가 조지의 아파트에 침입했다.

capacity
[kəpǽsəti]

ⓝ (최대) 수용력; 능력, 역량

The hotel has a **capacity** of 52 rooms, a restaurant with 120 seats and a night club with 90 seats.
호텔은 52개의 객실, 120석의 레스토랑, 90석의 나이트클럽을 수용하고 있다.

She has a great **capacity** to work under pressure.
그녀는 스트레스를 받는 상황에서도 일할 수 있는 능력이 뛰어나다.

cf. capable a. ~을 할 수 있는, 유능한

capable lawyer 유능한 변호사
capable of proof 사실임을 입증할 수 있는

collapse
[kəlǽps]

ⓥ 무너지다; 폭락하다
ⓝ 붕괴; 폭락

At least 15 people were killed when a four-story residential building **collapsed** Thursday night.
목요일 밤 4층짜리 주거용 건물이 무너졌을 때 최소 15명이 사망했다.

A middle-aged man **collapsed** and died after completing a marathon on Friday.
한 중년 남성이 금요일에 마라톤을 완주한 뒤 쓰러져 사망했다.

When stock prices **collapsed** in September, most American economists were shocked.
9월에 주가가 폭락했을 때 대부분의 미국 경제학자들은 충격을 받았다.

construct
[kənstrʌ́kt]

ⓥ 건설하다, 세우다

A new bridge is being **constructed** over the Han River.
한강에 새 다리를 건설 중이다.

cf. construction n. 건설
constructive a. 건설적인
reconstruct v. 재건축하다

 기출표현

constructive criticism 건설적인 비판

demolish
[dimáliʃ]

ⓥ 철거하다, 헐다

The municipal government decided to **demolish** the old city hall and construct a new one.
시정부는 오래된 시청 건물을 허물고 새 건물을 짓기로 했다.

cf. demolition n. 파괴, 철거

dilapidated
[dilǽpədèitid]

ⓐ 허물어져 가는

The poor man lives in a **dilapidated** house.
그 가난한 남자는 매우 허름한 집에 산다.

cf. dilapidate v. 헐다

drain
[dréin]

ⓥ 배수하다, 물이 빠지다

The sink doesn't **drain** well. I think it's clogged.
싱크대에 물이 잘 안 빠져요. 막힌 것 같아요.

cf. drainage n. 배수 (장치), 하수구

evacuate
[ivǽkjuèit]
- ⓥ 피난하다; (집을) 비우다

When the alarm went off, all of the employees **evacuated** the office.
알람이 울리자 모든 직원들은 사무실 밖으로 피신했다.
cf. evacuation n. 대피, 피난
evacuee n. 피난자

evict
[ivíkt]
- ⓥ 쫓아내다, 퇴거시키다

The poor tenant was **evicted** for not paying the rent.
가난한 세입자가 집세를 내지 못해 쫓겨났다.
cf. eviction n. 퇴거, 쫓아냄

 기출표현

eviction order 퇴거 명령

eyesore
[áisɔ̀:r]
- ⓝ 보기 흉한 것

That old apartment building is a real **eyesore**.
저 낡은 아파트 건물은 정말 보기 흉하다.

furnished
[fə́:rniʃt]
- ⓐ 가구가 갖추어진

Fully **furnished** apartments are hard to find in this city.
이 도시에서는 모든 가구가 완비된 아파트를 찾기가 힘들다.
cf. furnish v. (가구를) 비치하다
furnishings n. 가구, 비품
furniture n. 가구

house
[háuz]
- ⓥ 주거를 제공하다; (물건을) 소장하다

In the 1970's, most of the working class people were not adequately **housed**.
1970년대에 노동자 계층 대부분은 제대로 된 주거를 제공받지 못했다.

This museum **houses** works of Korean and Chinese sculpture.
이 박물관은 한국과 중국의 조각품을 소장하고 있다.

inhabitant
[inhǽbətənt]

ⓝ 주민, 서식 동물

Today most of the **inhabitants** here work in the auto industry.
오늘날 이곳 주민들은 대부분 자동차 산업에 종사한다.

cf. inhabit v. 거주하다

innovative
[ínəvèitiv]

ⓐ 혁신적인, 획기적인

The stadium's **innovative** design has been lauded by industry leaders.
경기장의 혁신적 디자인은 업계 지도자들의 찬사를 받았다.

cf. innovate v. 혁신하다
    innovation n. 혁신

insulate
[ínsəlèit]

ⓥ 단열하다

Sealing windows is one of the most common ways to **insulate** buildings and homes.
창문 틈을 막는 것은 건물과 집을 단열하는 가장 흔한 방법 중 하나이다.

cf. insulation n. 단열
    insulated a. 단열된

leak
[li:k]

ⓥ (액체·기체가) 새다

The roof of his house **leaks** when it rains.
비가 오면 그의 집 지붕에 물이 샌다.

cf. leakage n. 누출
    leaky a. (물·가스가) 새는

 기출표현

information leakage 정보 누설

locate
[lóukeit]

ⓥ 위치시키다; 찾아내다

The apartment building is conveniently **located** near a big shopping mall.
아파트 건물이 큰 쇼핑몰 가까이 편리하게 위치해 있다.

We are trying our best to **locate** the missing child.
우리는 실종된 아이를 찾기 위해 최선을 다하고 있다.

cf. location   n. 위치
relocate   v. 이전하다
dislocate   v. 탈구시키다

 기출표현

dislocated shoulder 어깨 탈구
dislocated worker 실직자

maintenance
[méintənəns]

ⓝ 점검; 보수 관리

The lights will be fixed during regular **maintenance**.
정기 점검을 하는 동안 조명을 수리할 것이다.

cf. maintain   v. 유지하다; 주장하다

perch
[pə́ːrtʃ]

ⓥ 자리잡다; (새가) 앉다
ⓝ 횃대, 높은 위치

The lodge was **perched** on a steep hillside.
오두막이 가파른 비탈에 자리잡고 있었다.

Sophia looked down from her precarious **perch** on the edge of the roof.
소피아는 위험한 지붕 가장자리 위에서 아래를 내려다봤다.

premise
[prémis]

ⓝ 구내; 전제

Photo taking is not allowed on the **premises**.
구내에서 사진 촬영은 금지되어 있습니다.

His argument is based on the **premise** that old people have poor memory.
그의 주장은 노인들이 기억력이 나쁘다는 전제에 근거한다.

property
[prápərti]

ⓝ 부동산, 재산; 특성

Property prices have soared over the last five years or so in New Zealand.
지난 약 5년간 뉴질랜드의 부동산 가격이 급등했다.

The two substances have different physical and chemical **properties**.
두 물질은 물리적, 화학적 특성이 다르다.

real estate

phr 부동산

Donald Trump invested most of his money in **real estate**.
도널드 트럼프는 대부분의 돈을 부동산에 투자했다.

refurbish
[rìːfə́ːrbiʃ]

ⓥ 새로 꾸미다, 재단장하다

The board of directors decided to **refurbish** the old building instead of constructing a new one.
이사회는 새 건물을 짓는 대신 낡은 건물을 재단장하기로 결정했다.

cf. refurbishment n. 재단장

renewal
[rinjúːəl]

ⓝ 재개발; 갱신, (기한) 연장

The city announced plans to clear the slum area, as part of an urban **renewal** project.
시는 도시 재개발 프로젝트의 일환으로 빈민가 철거 계획을 발표했다.

My contract comes up for **renewal** at the end of July.
7월 말에 계약을 갱신해야 한다.

cf. renew v. 갱신하다, 재개하다
　　renewable a. 재생 가능한

renovate
[rénəvèit]

ⓥ 개보수하다

It will take six months to **renovate** the old building.
그 낡은 건물을 개보수하는 데 6개월이 걸릴 것이다.

cf. renovation n. 개보수

rent
[rént]

- n. 집세, 임차료
- v. 빌리다, 임차하다

Most of the people living in this city pay high **rent**.
이 도시에 사는 사람들 대부분이 비싼 집세를 낸다.

It is hard for college students to **rent** such a luxurious apartment.
대학생이 그런 고급 아파트를 빌리기는 쉽지 않다.

cf. renter n. 세입자, 임차인
rental n. 임대, 임대료

resident
[rézədənt]

- n. 거주자, 주민

More than 200 local **residents** protested against the construction of a chemical factory.
지역 주민 200명 이상이 화학 공장 건설에 반대하는 시위를 벌였다.

cf. reside v. 거주하다
residence n. 주택, 거주지, 체류허가
residency n. 체류 허가, 거주
residential a. 거주의

settle
[sétl]

- v. 정착하다, 자리잡다; 해결하다; 청산하다, 결제하다

When Gabrielle was 14, her family **settled** in Utah.
가브리엘이 14세였을 때 그녀의 가족은 유타주에 정착했다.

We would like to **settle** the problem without going to court.
우리는 소송을 하지 않고 문제를 해결하고 싶다.

I had to sell the car to **settle** my debt.
나는 빚을 갚기 위해서 차를 팔아야 했다.

cf. settlement n. 정착, 해결, 지불
settler n. 정착민
settled a. 안정된

spiral
[spáiərəl]

- n. 나선형
- a. 나선형의
- v. 나선형으로 움직이다

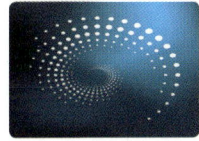

In the past, many of the luxurious houses in this region had a **spiral** staircase.
과거에 이 지역의 많은 호화주택에는 나선형 계단이 있었다.

In Korea, tuition fees have been **spiraling** out of control.
한국에서는 등록금이 걷잡을 수 없이 인상돼왔다.

stuffy
[stʌ́fi]

ⓐ (공기 등이) 탁한

The classroom in the basement floor is always **stuffy**.
지하에 있는 교실은 항상 공기가 탁하다.

stuffy nose 코 막힘

tenant
[ténənt]

ⓝ 세입자, 임차인

Tenants are supposed to pay utility bills.
세입자들은 공과금을 내야 한다.

cf. landlord n. 집주인, 건물 소유주

utility
[juːtíləti]

ⓝ (수도·전기 등) 공공 설비; 공익사업체

In my country, state-run companies are in charge of public **utilities** such as gas, electricity and water.
우리나라 공기업들이 가스, 전기, 수도 같은 공공 설비를 담당한다.

cf. utilization n. 활용

vacate
[véikeit]

ⓥ (집 등을) 비우다

You must completely **vacate** your dorm room during the summer months.
여름 방학 기간에는 기숙사의 방을 완전히 비워야 합니다.

cf. vacant a. 빈
vacancy n. 빈방, 공석

ventilate
[véntəlèit]

ⓥ 환기하다

She opened the windows to **ventilate** the stuffy bedroom.
그녀는 답답한 침실을 환기시키려고 창문을 열었다.

cf. ventilation n. 환기, 통풍

vicinity
[visínəti]

ⓝ 근처

Some employees reside in the **vicinity** of the office.
몇몇 직원들은 사무실 근처에 거주한다.

Day 28 DAILY TEST

A 의미상 적절한 단어를 골라 빈칸에 넣고, 필요 시 단어의 형태를 어법에 맞게 바꾸시오.

> 보기 ⓐ adequate ⓑ adjoin ⓒ adorn ⓓ demolish ⓔ evacuate
> ⓕ evict ⓖ premise ⓗ renovate ⓘ stuffy ⓙ tenant

1. No one is allowed to consume alcohol on the _____.
2. Noah decided to _____ the old house instead of building a new one.
3. They have a plan to _____ several buildings in this block to make space for a new power station.
4. My garage has _____ space for two cars.
5. The landlord _____ Alexander when he didn't pay the rent for 3 months.
6. A conflict could arise between a landlord and a(n) _____.
7. She _____ her bedroom with roses.
8. The room is _____ because it has no windows.
9. Employees _____ the office when a small fire broke out.
10. The kitchen and the living room _____ each other.

B 단어의 의미가 올바르게 설명된 보기를 찾아 연결하시오.

11. ventilate   ⓐ land and the buildings on it
12. inhabitant   ⓑ a person or an animal that lives in a particular place
13. property   ⓒ old and in a generally bad condition
14. dilapidated   ⓓ the area near a particular place
15. vicinity   ⓔ to allow fresh air to enter a room or building

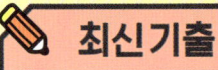
최신기출 NEW TEPS VOCA

- ambition [æmbíʃən] — n. 야망
- ambitious [æmbíʃəs] — a. 야심적인, 의욕적인
- ameliorate [əmíːljərèit] — v. 개선하다
- amenable [əmíːnəbl] — a. 잘 받아들이는
- amend [əménd] — v. 수정하다

- amenity [əménəti] — n. 생활 편의 시설
- build up — phr. 강화하다
- bullying [búliiŋ] — n. 약자 괴롭히기, 왕따
- bunch [bʌntʃ] — n. 한패, 떼거리
- bundle up — phr. 따뜻하게 입다

- bundle [bʌ́ndl] — v. 묶다
- bushy [búʃi] — a. 숱이 많은
- declaration [dèkləréiʃən] — n. 선언, 공표
- decline [dikláin] — v. 줄어들다
- decompose [dìːkəmpóuz] — v. 분해하다

- decoration [dèkəréiʃən] — n. 장식
- decree [dikríː] — v. 법에 의해 명하다
- decry [dikrái] — v. 매도하다
- encapsulate [inkǽpsəlèit] — v. 요약하다
- enclose [inklóuz] — v. 둘러싸다

- encourage [inkɔ́ːridʒ] — v. 격려하다, 장려하다
- encroach [inkróutʃ] — v. 침입하다
- endangered [indéindʒərd] — a. 멸종 위기에 처한
- endeavor [endévər] — v. 노력하다
- flavor [fléivər] — n. 맛

- fleece [fliːs]   n. 양털
- fleet [fliːt]   n. 함대; 집단, 무리
- flier [fláiər]   n. 전단
- flippant [flípənt]   a. 경솔한
- hollow [hálou]   a. 텅 빈, 움푹 들어간

- home nation   phr. 고국, 조국
- hostility [hɑstíləti]   n. 적대감
- incapable of   phr. ~할 수 없는
- incarcerate [inkɑ́ːrsərèit]   v. 감금하다
- incendiary [inséndièri]   a. 자극적인

- inception [insépʃən]   n. 개시
- incite [insáit]   v. 선동하다, 조장하다
- incited [insáitid]   a. 자극받은
- mobility [moubíləti]   n. 이동성
- moderate [mádərit]   a. 적당한

- modest [mádist]   a. 보통의
- mollify [máləfài]   v. 진정시키다
- moment [móumənt]   n. 순간, 잠시
- monetary [mánitèri]   a. 통화의
- outfit [áutfit]   n. 옷

- outcome [áutkʌ̀m]   n. 결과
- outlook [áutlùk]   n. 관점, 세계관
- outrage [áutreidʒ]   v. 격분시키다
- outright [áutràit]   ad. 노골적으로
- outset [áutsèt]   n. 시초, 발단

DAY 29
결국 돈은 중요하다. 뉴텝스에서도
금융, 회계, 재무

account
[əkáunt]

ⓝ 계좌, 계정

You should visit the bank in person to close your **account**.
계좌를 해지하기 위해서는 직접 은행을 방문해야 합니다.

cf. accountable a. 책임이 있는
accountant n. 회계사
accounting n. 회계

 기출표현

open a bank account
은행 계좌를 개설하다
take ... into account
~을 고려하다, ~을 계산에 넣다

across the board
phr 전반에 걸쳐, 일괄적으로

The company had no choice but to cut wages **across the board**.
회사는 전사적으로 임금을 인하할 수밖에 없었다.

appraise
[əpréiz]

ⓥ (가치를) 평가[감정]하다

The real estate developer will **appraise** the building.
부동산 개발 업체가 그 건물을 감정할 것이다.

cf. appraisal n. 감정, 평가

 기출표현

appraise at ~라고 평가하다

appreciation
[əpriːʃiéiʃən]

ⓝ (가격의) 상승; 감사; 이해, 감상

Appreciation of the Korean won against the U.S. dollar will hurt Korean exporters.
미국 달러화 대비 원화 가치의 상승은 한국의 수출 업체에 피해를 줄 것이다.

I would like to express my **appreciation** to the committee for organizing today's event.
오늘 행사를 준비해주신 데 대해 위원회 측에 감사드립니다.

It takes time for most people to develop an **appreciation** of classical music.
대부분의 사람들은 클래식 음악 감상 능력을 키우는 데 시간이 걸린다.

cf. appreciative a. 감상하는; 감사하는

⟶ depreciation n. 가치 하락

be appreciative of ~에 감사하다

assess
[əsés]

ⓥ (가치·양을) 평가하다

In 2018, the office building was **assessed** at 10 million pounds.
2018년에 사옥의 가치는 천만 파운드로 평가되었다.

cf. assessment n. 평가, 평가액
reassess v. 재평가하다

be assessed at ~으로 평가되다

asset
[ǽset]

ⓝ 재산, 자산; 이점, 장점

The bank's financial **assets** exceed 642 million euros.
은행의 금융 자산은 6억 4천 2백만 유로가 넘는다.

Being bilingual is a great **asset** for international business people.
이중 언어를 구사하는 것은 국제 기업인들에게 큰 이점이다.

asset management 자산 관리

balance
[bǽləns]

n. (은행 계좌의) 잔고; 균형, 평형

You should punch in your password to check your bank **balance** online.
인터넷상에서 은행 잔고를 조회하려면 비밀번호를 입력해야 한다.

Mr. Young suddenly lost his **balance** and fell down on the floor.
영 씨는 갑자기 균형을 잃고 바닥에 넘어졌다.

cf. balanced a. 균형 잡힌, 안정된
　　imbalance n. 불균형

 기출표현

strike a balance between A and B
A와 B 사이에 조화를 이루다

bond
[bάnd]

n. 채권; 유대, 끈

The local government issued a **bond** to raise money to build a new bridge.
지방 정부는 새 교량 건설에 필요한 자금을 조달하기 위해 채권을 발행했다.

The principal could see there was a **bond** between Mr. Keating and his students.
교장 선생님은 키팅 선생님과 학생들 사이에 유대감이 형성되어 있는 것을 알 수 있었다.

budget
[bʌ́dʒit]

n. 예산

Liberal politicians argue that the government should increase the welfare **budget**.
진보 정치인들은 정부가 복지 예산을 늘려야 한다고 주장한다.

cf. budgetary a. 예산상의

collateral
[kəlǽtərəl]

n. 담보(물)

It is not recommendable to use a house as **collateral** for a business loan.
사업 자금을 대출받기 위해 집을 담보로 하는 것은 권장할 만한 일이 아니다.

compensate
[kámpənsèit]

ⓥ 보상[배상]하다

The insurance company agreed to **compensate** him for the damage to his car.
보험 회사는 그의 차가 손상된 것을 보상해주는 데 동의했다.

cf. compensation n. 보상, 보상금

---

counterfeit
[káuntərfìt]

ⓥ 위조하다
ⓐ 위조[모조]의

North Korea is suspected of **counterfeiting** U.S. currency.
북한은 미국 화폐를 위조했다는 의심을 받고 있다.

cf. counterfeiter n. 위조범

 기출표현

counterfeit money 위조지폐

---

cumulative
[kjú:mjulətiv]

ⓐ 누적하는, 누계의

The **cumulative** surplus has exceeded one billion yen.
누적 흑자가 10억엔을 넘어섰다.

cf. cumulate v. 축적하다
   cumulation n. 축적
   accumulation n. 축적

---

currency
[kə́:rənsi]

ⓝ 통화, 화폐

I doubt that the Chinese yuan will become an international **currency** in the foreseeable future.
가까운 미래에 중국 위안화가 국제 통화가 될 것이라고는 생각하지 않는다.

cf. current a. 현재의, 통용되는

decent
[díːsnt]

ⓐ 남부럽지 않은; 단정한

There are many **decent** jobs in the financial sector.
금융권에는 괜찮은 일자리가 많다.

Eugene was a sophomore and did not have any **decent** clothes for a job interview.
유진은 2학년이었고 면접 때 입을 만한 단정한 옷이 없었다.

cf. decency n. 체면, 품위

— indecent a. 품위 없는

deposit
[dipázit]

ⓥ 예금하다; 침전[퇴적]시키다
ⓝ 보증금, 예금(액)

You can **deposit** money into your bank account using an ATM.
ATM을 이용해 은행 계좌에 돈을 예금할 수 있다.

A large amount of sediments have been **deposited** on the ocean bottom.
많은 양의 침전물이 해저에 퇴적되었다.

To rent a car, you should pay 300 dollars as a **deposit**.
자동차를 빌리기 위해서는 300달러를 보증금으로 내야 한다.

— withdraw v. 인출하다

dividend
[dívədènd]

ⓝ 배당금, 이익 배당

A **dividend** of three cents per share was paid to shareholders.
주당 3센트의 배당금이 주주들에게 지급되었다.

cf. divide v. 나누다
    division n. 분할, 분배

 기출표현
    divide into ~로 나뉘다

due
[djúː]

ⓐ 지불 기일이 된; 마감 기한인

Property tax is **due** on April 5th.
재산세는 4월 5일까지 지불해야 한다.

A book report on *The Canterbury Tales* is **due** next Thursday.
〈캔터베리 이야기〉 독후감을 다음 주 목요일까지 제출해야 한다.

cf. undue a. 기한이 되지 않은; 과도한, 부당한
overdue a. 기한이 지난

 기출표현

undue amount of work 지나치게 많은 일

estimate
[éstəmèit]

ⓥ 견적하다; 평가하다
ⓝ 추정(치), 견적

Her online business is **estimated** to be worth two billion dollars.
그녀의 온라인 사업은 그 가치가 20억 달러로 추산된다.

cf. estimation n. 판단, 평가
overestimate v. 과대평가하다
underestimate v. 과소평가하다

expenditure
[ikspénditʃər]

ⓝ 지출, 비용, 경비

The automaker could not help but reduce **expenditure** on advertising.
자동차 회사는 광고 지출을 줄일 수밖에 없었다.

cf. expend v. (돈·시간·노력을) 들이다, 쓰다

fund
[fʌ́nd]

ⓝ 자금, 기금
ⓥ 자금을 제공하다

The central government concluded that it is impossible to **fund** the construction of a new airport.
중앙 정부는 신공항 건설의 자금 조달이 불가능하다는 결론을 내렸다.

cf. funding n. 자금 제공

 기출표현

raise funds 기금을 모으다
fundraising event 모금 행사

insurance policy
[phr] 보험 증권[증서]

My **insurance policy** does not cover Lasik surgery.
내 보험은 라식 수술을 보장하지 않는다.

cf. insure v. 보험에 가입하다

 기출표현

Are you insured? 보험에 가입되어 있나요?

liability
[làiəbíləti]

Ⓝ 책임, 의무
[pl] 부채, 채무

To understand financial statements, you should first learn about the concept of assets and **liabilities**.
재무제표를 이해하기 위해서는 먼저 자산과 부채의 개념에 대해 배워야 한다.

All Korean men have a **liability** to serve in the military.
모든 한국 남성은 군복무를 할 의무가 있다.

cf. liable a. 책임 있는

 기출표현

be liable for ~에 책임이 있다

liquidate
[líkwidèit]

Ⓥ 매각하다; 제거하다; 죽이다

GTL Telecom announced a plan to **liquidate** the company assets.
GTL 텔레콤은 회사 자산 매각 계획을 발표했다.

Mr. Henderson hired a hit man to **liquidate** his political opponent.
헨더슨 씨는 정적을 제거하기 위해 살인 청부업자를 고용했다.

cf. liquidation n. 청산, 현금화; 제거
liquid a. 현금화하기 쉬운; 유동적인

loan
[lóun]

Ⓝ 대출, 융자금
Ⓥ 빌려주다

In her country, it is not common to take out a **loan** to buy a car.
그녀의 나라에서는 차를 사기 위해 대출을 받는 것은 흔한 일이 아니다.

margin
[máːrdʒin]

ⓝ 차익, 마진; 가장자리

Coffee shops in Korea enjoy a great profit **margin**.
한국의 커피숍들은 이윤을 많이 남긴다.

cf. marginal a. 중요하지 않은
marginally ad. 아주 조금, 미미하게

🔖 기출표현
by a narrow margin 근소한 차이로

mortgage
[mɔ́ːrɡidʒ]

ⓝ 주택 담보 대출, 융자금
ⓥ 저당 잡히다

I applied for a **mortgage** but was turned down due to a poor credit rating.
나는 주택 담보 대출을 신청했지만 신용 등급이 낮아 거절당했다.

He **mortgaged** his house to pay off his gambling debts.
그는 도박 빚을 갚기 위해 집을 저당 잡혔다.

pay off
phr (빚을) 모두 갚다, 성과를 거두다

Last month Aiden managed to **pay off** all of his personal debt.
지난달 에이든은 모든 개인 채무를 간신히 다 갚았다.

I firmly believe perseverance and diligence always **pay off**.
인내와 근면은 항상 성공을 가져온다고 굳게 믿는다.

provident
[prɑ́vədənt]

ⓐ 선견지명이 있는

The **provident** man always sets aside some money in case of emergency.
선견지명이 있는 그 남자는 비상시를 대비해 항상 약간의 돈을 따로 챙겨 둔다.

redeem
[ridíːm]

ⓥ (빚을) 청산하다; 현금[상품]으로 바꾸다

He moonlighted as a waiter to **redeem** a loan.
그는 대출금을 갚기 위해 밤에 웨이터로 부업을 했다.

These coupons can be **redeemed** at our stores.
이 쿠폰은 저희 가게에서 상품으로 교환하실 수 있습니다.

cf. redeemable a. (현금·상품과) 교환할 수 있는
redemption n. 상환

reimburse
[rìːimbə́ːrs]

ⓥ 변제[상환]하다

Employees are **reimbursed** for any expenses incurred during a business trip.
직원들은 출장 중 발생한 모든 비용을 변제받는다.

cf. reimbursement n. 변제, 상환

 기출표현

reimburse B to A A에게 B를 배상하다

remit
[rimít]

ⓥ 송금하다

Many immigrant workers **remit** half of their salary to their families.
많은 이주 노동자들은 월급의 반을 가족에게 송금한다.

cf. remittance n. 송금(액)

remuneration
[rimjùːnəréiʃən]

ⓝ 보수, 급료

Most executives at consulting firms receive great **remuneration**.
컨설팅 회사의 임원들 대부분은 많은 보수를 받는다.

cf. remunerate v. 보수를 주다

revenue
[révənjùː]

ⓝ 수입, 수익

The online game 'Blooming Revolution' has generated the most **revenue** for the company.
온라인 게임 '블루밍 레볼루션'은 회사에 가장 큰 수익을 창출했다.

speculate
[spékjulèit]

ⓥ 투기하다; 추측하다

Most people who **speculate** in real estate end up losing money.
부동산 투기를 하는 사람들은 대부분 돈을 잃게 된다.

We can only **speculate** why she suddenly stepped down.
그녀가 갑자기 왜 사임을 했는지 우리는 추측만 할 수 있을 뿐이다.

cf. speculation n. 투기; 추측
    speculative a. 투기적인; 추측에 근거한

statement
[stéitmənt]

ⓝ 명세서, 내역서; 성명[진술](서)

Most Americans receive bank **statements** every month.
미국인 대부분은 매월 은행 거래 내역서를 받는다.

The government will issue a **statement** on recent protests in the capital city.
정부는 수도에서 일어난 최근 시위에 대해 성명을 발표할 것이다.

cf. state v. 진술하다, 명시하다

stock
[sták]

ⓝ 주식; 재고(품)
ⓥ (물품을) 저장하다, 비축하다

He invested a third of his income in **stock**.
그는 수입의 3분의 1을 주식에 투자했다.

We have a variety of smartphones in **stock**.
우리는 다양한 스마트폰의 재고가 있다.

The store **stocks** a variety of earphones.
가게는 다양한 이어폰을 갖추어 놓고 있다.

cf. out of stock phr. 매진[품절]되어

tally
[tǽli]

ⓥ 계산하다; 일치하다
ⓝ 계산; 기록

I need a calculator to accurately **tally** expenditures.
지출을 정확히 계산하기 위해서는 계산기가 필요하다.

His explanation does not **tally** with his younger sister's.
그의 설명은 여동생의 설명과 일치하지 않는다.

transaction
[trænzǽkʃən]

ⓝ 거래, 매매

Prosecutors tracked all the financial **transactions** between the two companies.
검사들은 두 기업 간의 모든 금융 거래를 추적했다.

cf. transact v. 거래하다
  transactional a. 거래의

withdrawal
[wiðdrɔ́ːəl]

ⓝ 인출

He can make **withdrawals** of up to one hundred thousand yen a day.
그는 하루에 10만엔까지 인출할 수 있다.

cf. withdraw v. 인출하다
— deposit v. 예금하다

DAILY TEST

A 의미상 적절한 단어를 골라 빈칸에 넣고, 필요 시 단어의 형태를 어법에 맞게 바꾸시오.

보기 ⓐ deposit ⓑ appreciation ⓒ compensate ⓓ remit ⓔ speculate
      ⓕ due   ⓖ account   ⓗ appraise   ⓘ decent ⓙ counterfeit

1 He was arrested for _____ U.S. dollars.
2 Last Wednesday she _____ five million won to her aunt in Canada.
3 Japanese exporters are suffering from the _____ of yen against the U.S. dollar.
4 It was hard to find a(n) _____ job during the recession.
5 Yesterday I opened a new _____ at Royal Bank.
6 Payment is _____ on February 27th.
7 Nothing could _____ for the loss of his wife.
8 I paid 100 dollar _____ to rent ski equipment.
9 He made a lot of money by _____ in gold.
10 Her house was _____ at five hundred million won.

B 단어의 의미가 올바르게 설명된 보기를 찾아 연결하시오.

11 reimburse   ⓐ the money used in a particular country

12 fund   ⓑ property that you agree to give to a bank if you fail to pay back money that you have borrowed

13 currency   ⓒ to pay back money to somebody which they have spent or lost

14 collateral   ⓓ to calculate the total number, cost, etc. of something

15 tally   ⓔ to provide money for something, usually something official

Day29 **367**

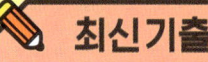

NEW TEPS VOCA

- **adamant** [ǽdəmənt] — a. 단호한
- **adapt** [ədǽpt] — v. 적응시키다
- **addition** [ədíʃən] — n. 추가된 것, 부가
- **adequate** [ǽdəkwit] — a. 적절한
- **bear on** — phr. 관계가 있다

- **beckon** [békən] — v. 손짓하다
- **begrudge** [bigrʌ́dʒ] — v. 시기하다
- **beleaguer** [bilíːɡər] — v. 궁지에 몰아넣다
- **cheerful** [tʃíərfəl] — a. 발랄한, 생기를 주는
- **chemical** [kémikəl] — n. 화학물질

- **chemistry** [kémistri] — n. 사람들 간의 궁합
- **chest pain** — phr. 가슴 통증
- **chest** [tʃest] — n. 궤, 상자
- **chore** [tʃɔːr] — n. 잡일
- **denigrate** [dénəgrèit] — v. 폄하하다

- **denote** [dinóut] — v. 나타내다, 의미하다
- **denounce** [dináuns] — v. 고발하다
- **deny** [dinái] — v. 부인하다
- **emotional** [imóuʃənəl] — a. 감정적인
- **emperor** [émpərər] — n. 황제

- **emphasis** [émfəsis] — n. 강조
- **emulation** [èmjəléiʃən] — n. 모방
- **fasten** [fǽsən] — v. 매다
- **fathom** [fǽðəm] — v. 헤아리다
- **fault** [fɔːlt] — n. 흠, 잘못

☐ **fawn** [fɔːn]	v. 알랑거리다
☐ **inclement** [inklémənt]	a. 날씨가 좋지 못한
☐ **inclined** [inkláind]	a. 하고 싶은
☐ **include** [inklúːd]	v. 포함하다
☐ **inclusive** [inklúːsiv]	a. 가격에 일체의 경비가 포함된, 포괄적인
☐ **income** [ínkʌm]	n. 소득
☐ **obscurity** [əbskjú(ː)ərəti]	n. 모호함
☐ **observance** [əbzə́ːrvəns]	n. 준수
☐ **observer** [əbzə́ːrvər]	n. 목격자, 참관인
☐ **obsolete** [àbsəlíːt]	a. 한물간, 구식의
☐ **obstinate** [ábstənit]	a. 고집 센
☐ **prolong** [prəlɔ́(ː)ŋ]	v. 연장시키다
☐ **prominence** [prámənəns]	n. 두드러짐
☐ **prominently** [práːminəntly]	ad. 두드러지게, 눈에 잘 띄게
☐ **promote** [prəmóut]	v. 홍보하다
☐ **promotion** [prəmóuʃən]	n. 홍보
☐ **promptness** [prámptnis]	n. 신속
☐ **reach** [riːtʃ]	v. 연락하다
☐ **reaction** [riǽkʃən]	n. 반응
☐ **reader** [ríːdər]	n. 판독기
☐ **realign** [rìːəláin]	v. 재편성하다
☐ **reanimate** [riːǽnəmèit]	v. 되살리다
☐ **reap** [riːp]	v. 거두다, 수확하다
☐ **swat** [swɑt]	v. 찰싹 치다
☐ **swear** [swɛər]	v. 맹세하다

DAY 30

교통 정보를 영어로 들어보자
도로, 교통

---

accelerate
[æksélərèit]

v 속도를 높이다, 가속하다

The police car **accelerated** and caught up with the sports car.
경찰차가 속력을 내어 스포츠카를 따라잡았다.

cf. accelerator n. 액셀러레이터, 가속 장치
acceleration n. 가속(도)
decelerate v. 속도를 줄이다
= gas pedal phr. (자동차의) 가속 페달

 기출표현

step on the accelerator 가속기를 밟다

---

cargo
[káːrgou]

n 화물, 짐

People are loading **cargo** onto a huge truck.
사람들이 거대한 트럭에 화물을 싣고 있다.

---

circumvent
[sə̀ːrkəmvént]

v 피해 가다, 우회하다

I recommend that you **circumvent** the downtown area during the morning rush hour.
아침 혼잡 시간에는 도심 지역을 우회하시기 바랍니다.

cf. circumvention n. 회피, 우회

 기출표현

circumvent the regulation 규정을 회피하다

---

commute
[kəmjúːt]

v 통근[통학]하다
n 통근, 출퇴근

He **commutes** from Ilsan to Seoul five days a week.
그는 일주일에 5일을 일산에서 서울로 통근한다.

cf. commuter n. 통근자

congestion
[kəndʒéstʃən]

🄝 혼잡, 정체; 막힘

The city is planning to relieve traffic **congestion** by adding more subway lines.
시는 지하철 노선을 늘려서 교통 체증을 완화할 계획이다.

Nasal **congestion** is a common symptom of pollen allergy.
코 막힘은 꽃가루 알레르기의 일반적인 증상이다.

cf. congested a. 정체된, 막힌

contribute
[kəntríbjuːt]

🅥 원인이 되다; 기여[공헌]하다

There are three main factors that **contribute** to traffic congestion in the city center.
도심 교통 체증의 원인이 되는 세 가지 주요 요소가 있다.

cf. contribution n. 기여, 기부금
   contributor n. 기부자, 원인 제공자

convoluted
[kánvəlùːtid]

🅐 구불구불한; 난해한

The road around the mountain is **convoluted**.
산 둘레의 도로는 구불구불하다.

The multiverse theory is a very **convoluted** concept.
다중 우주 이론은 매우 난해한 개념이다.

cf. convolution n. 복잡한 것, 나선, 회선

cramped
[kræmpt]

🅐 갑갑한, 비좁은

The volleyball player felt **cramped** in his friend's compact car.
배구 선수는 친구의 소형차 안이 갑갑하게 느껴졌다.

credible
[krédəbl]

🅐 믿을 수 있는

You should go to a **credible** dealer if you want to buy a good secondhand car.
좋은 중고차를 사고 싶으면 믿을 만한 중개인에게 가야 한다.

cf. credibility n. 신뢰성

crucial
[krúːʃəl]

ⓐ 중대한, 결정적인

Wearing a seat belt is **crucial** for not only bus drivers but also all passengers.
안전벨트 착용은 버스 기사뿐만 아니라 모든 승객에게 매우 중요하다.

 기출표현
crucial to ~에 있어 아주 중대한

curb
[kɔ́ːrb]

ⓝ (인도와 차도 사이의) 연석; 재갈
ⓥ 억제하다

Mike parked his convertible at the **curb** and turned up the radio.
마이크는 오픈카를 도로 경계석에 주차하고 라디오 볼륨을 키웠다.

The Bank of Korea decided to raise interest rates to **curb** inflation.
한국은행은 인플레이션을 막기 위해 금리를 올리기로 결정했다.

detour
[díːtuər]

ⓝ 우회로
ⓥ 우회하다

They made a **detour** around the construction site.
그들은 공사 현장을 우회했다.

 기출표현
take a detour 우회하다

deviate
[díːvièit]

ⓥ 벗어나다, 일탈하다

The subway **deviated** from the tracks but no one was hurt.
지하철이 철도에서 벗어났지만 다친 사람은 없었다.

cf. deviation n. 일탈, 탈선
   deviant a. 일탈적인

diverge
[divə́ːrdʒ]

ⓥ (길·선 등이) 갈라지다

I lost my direction when two roads **diverged** from the main road.
대로에서 길이 둘로 갈라지자 나는 방향을 잃었다.

cf. divergent a. 갈라지는; 일탈한
    divergence n. 분기; 일탈
    converge v. 한 점에 모이다; 수렴하다

drop off
phr 도중에 내려 주다

Could you **drop** me **off** at my place on your way to the shopping mall?
쇼핑몰 가는 길에 저희 집에 내려 주실 수 있나요?

exceed
[iksíːd]

ⓥ 초과하다, 넘다

The police pulled him over when he was **exceeding** the speed limit.
그가 제한 속도를 초과해 운전하고 있을 때 경찰이 차를 세우게 했다.

fare
[fɛ́ər]

ⓝ (교통) 요금

In Korea, all elementary and secondary students get a discount on bus **fare**.
한국의 모든 초, 중학교 학생들은 버스 요금 할인을 받는다.

fine
[fáin]

ⓥ 벌금을 부과하다
ⓝ 벌금

James was **fined** for running the red light again.
제임스가 또다시 빨간불을 무시하고 달려서 벌금이 부과되었다.

 기출표현

fine print
(계약서에 불리한 조건 등이 숨겨진) 세세한 항목

hail
[héil]

ⓥ ~을 불러 세우다; 묘사하다; ~ 출신이다

Hailing a cab in Seoul late at night is not very easy.
늦은 밤 서울에서 택시를 잡는 것은 그리 쉽지 않다.

The Korean girl band's debut in Japan was **hailed** as a big success.
그 한국 걸 그룹의 일본 데뷔는 대성공으로 묘사되었다.

Andrew Solis **hails** from Mexico.
앤드류 솔리스는 멕시코 출신이다.

hassle
[hǽsl]

ⓝ 귀찮은 일

Commuting such a long distance everyday is a big **hassle**.
매일 그렇게 먼 거리를 통근하는 것은 매우 번거로운 일이다.

impassable
[impǽsəbl]

ⓐ 폐쇄된

The blizzard last night made all the roads in the city **impassable**.
어젯밤 눈보라로 도시 모든 도로의 통행이 불가능해졌다.

cf. passable a. 통행할 수 있는; 그런대로 괜찮은

jam
[dʒǽm]

ⓝ 교통 체증
ⓥ 가득 채우다, 막다

Angela was stuck in the traffic **jam** for four hours.
앤젤라는 교통 체증으로 네 시간 동안 꼼짝 못하고 있었다.

At this time of the year, all the major highways are **jammed** with cars and buses.
매년 이맘때쯤이면 모든 주요 고속 도로가 차와 버스로 꽉 막힌다.

jaywalk
[dʒéiwɔ́:k]

ⓥ 무단 횡단하다

Albert was caught **jaywalking** and got a ticket.
앨버트는 무단 횡단을 하다가 적발되어 딱지를 떼였다.

mileage
[máilidʒ]

ⓝ 연비

Generally speaking, smaller cars get better **mileage** than bigger cars.
일반적으로 말해, 작은 차가 큰 차보다 연비가 좋다.

pedestrian
[pədéstriən]

ⓝ 보행자
ⓐ 도보의

A **pedestrian** was hit by a motorbike while jaywalking the street.
한 보행자가 무단 횡단을 하다가 오토바이에 치였다.

pick up
phr ~를 데리러 가다

Every weekday I **pick** my daughter **up** at school and take her to a violin lesson.
주중에 매일 학교에서 딸을 태우고 바이올린 수업에 데려간다.

pull over
phr 길 한쪽에 차를 대다

He **pulled over** when he heard a strange noise coming from the engine of his car.
그는 자동차 엔진에서 이상한 소리를 듣고 차를 길가에 댔다.

reckless
[réklis]

ⓐ 난폭한, 무모한

Unfortunately, Koreans are notorious for **reckless** driving.
안타깝지만 한국인들은 난폭 운전으로 악명이 높다.

rigorous
[rígərəs]

ⓐ 엄격한, 철저한

I think we need more **rigorous** penalties for people who drive under the influence.
음주 운전자에 대해 더욱 엄격한 처벌이 필요하다고 본다.

cf. rigor n. 엄격, 준엄

route
[rúːt]
ⓝ 노선, 길

There are two different bus **routes** to Chinatown.
차이나타운까지 가는 버스 노선은 두 개다.

shipment
[ʃípmənt]
ⓝ 수송(품), 선적

The **shipment** of relief supplies to the flooded area will be delivered tomorrow.
수해 지역으로 보낸 구호물품이 내일 전달될 것이다.

smash
[smǽʃ]
ⓥ 부딪치다, 충돌하다

A van that a drunken teenage boy was driving **smashed** into a tree.
술에 취한 10대 소년이 몰던 승합차가 나무를 들이받았다.

 기출표현
smashing victory 압도적인 승리

spot
[spát]
ⓝ 장소, 자리
ⓥ 발견하다, 찾다

Due to the construction of a new apartment complex, it is really hard to find a parking **spot** near here.
새 아파트 단지 건설 때문에 이 근처에서 주차 공간을 찾기 정말 어렵다.

The smart student **spotted** a mistranslation in the textbook.
똑똑한 학생은 교과서에서 오역을 발견했다.

 기출표현
on the spot 즉각, 즉석에서
hit the spot 딱 좋다
put ... on the spot
(곤란한 질문으로) ~를 곤혹스럽게 만들다

standstill
[stǽndstìl]

n 정지, 답보 (상태)

Traffic on the Gyeongbu Expressway was at a complete **standstill** for eight hours.
경부 고속 도로의 교통이 8시간 동안 완전히 마비되었다.

cf. **stand still** phr. 가만히 있다, 현상을 유지하다

come to a standstill 정지하다, 교착 상태에 빠지다

steer
[stíər]

v 몰다, 조종하다

The novice driver carefully **steered** the car into the garage.
초보 운전자는 조심스럽게 차를 차고로 몰았다.

cf. **steering wheel** phr. (자동차의) 핸들

sit behind the steering wheel
(자동차를) 운전하다

stop by
phr 잠시 들르다

Caleb **stopped by** a body shop on his way home.
칼렙은 집에 가는 길에 자동차 정비소에 들렀다.

transfer
[trænsfə́:r]

v 환승하다; 전근[편입]하다
n 갈아타기, 환승 승차권

You should take subway line 2 at Hapjeong Station and **transfer** to line 9 at Dangsan Station.
합정역에서 2호선을 탄 뒤 당산역에서 9호선으로 환승해야 합니다.

Hidetoshi was **transferred** to the head office in Tokyo.
히데토시는 도쿄에 있는 본사로 전근을 갔다.

transit
[trǽnsit]

n 운송, 수송

Some of the boxes were lost in **transit**.
상자 몇 개가 운송 중에 분실되었다.

transport
[trænspɔ́ːrt]

- ⓥ 운송[수송]하다
- ⓝ 운송, 수송

Trains have been widely used to **transport** goods and people for many decades.
수십 년 동안 화물과 여객 수송에 기차가 널리 이용되었다.

veer
[víər]

- ⓥ 방향을 바꾸다

The chauffeur **veered** the car to the left and barely missed hitting a dog on the road.
운전기사는 왼쪽으로 방향을 틀었고 가까스로 도로 위의 개를 치지 않았다.

DAILY TEST

A 의미상 적절한 단어를 골라 빈칸에 넣고, 필요 시 단어의 형태를 어법에 맞게 바꾸시오.

보기 ⓐ circumvent ⓑ commute ⓒ congestion ⓓ drop ⓔ fine
     ⓕ hail ⓖ pedestrian ⓗ reckless ⓘ standstill ⓙ detour

1. Ben was _____ for not wearing a seat belt.
2. They had to take a(n) _____ due to road construction.
3. Mr. Lutz was charged with causing death by _____ driving.
4. The smart criminals found a way to _____ the law.
5. Aiden _____ Stephanie off at the train station last Tuesday.
6. Isabella was late due to traffic _____.
7. Traffic in the southbound lane came to a(n) _____.
8. Sophia went out and _____ a taxi at the roadside.
9. You cannot ride a bicycle on this pathway because it is for _____ only.
10. He _____ to school by subway every day.

B 단어의 의미가 올바르게 설명된 보기를 찾아 연결하시오.

11. crucial   ⓐ a situation that causes problems for you or that annoys you very much
12. veer   ⓑ complicated and difficult to understand
13. rigorous   ⓒ very thorough and strict
14. hassle   ⓓ to suddenly move in a different direction
15. convoluted   ⓔ extremely significant or important

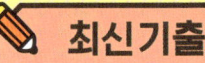

NEW TEPS VOCA

- appalled [əpɔ́ːld] — a. 소름이 끼친
- appearance [əpí(ː)ərəns] — n. 외모
- append [əpénd] — v. 덧붙이다
- appraisal [əpréizəl] — n. 평가
- apprehend [æ̀prihénd] — v. 체포하다

- basis [béisəs] — n. 기준, 근거
- batch [bætʃ] — n. 묶음
- bathe [beið] — v. 목욕시키다
- confess [kənfés] — v. 자백하다
- confidentiality [kànfidenʃiǽləti] — n. 비밀, 기밀

- confirm [kənfə́ːrm] — v. 확정하다
- confiscate [kánfiskèit] — v. 압수하다
- confluence [kánfluəns] — n. 결합
- deprive [dipráiv] — v. 박탈하다
- derive [diráiv] — v. 비롯되다

- descent [disént] — n. 하강
- describe [diskráib] — v. 묘사하다, 서술하다
- design [dizáin] — v. 디자인하다
- evacuate [ivǽkjuèit] — v. 대피시키다
- evade [ivéid] — v. 회피하다

- eventuality [ivèntʃuǽləti] — n. 만일의 사태
- evidence [évidəns] — n. 증거
- evident [évidənt] — a. 분명한, 눈에 띄는
- evoke [ivóuk] — v. 환기시키다
- evolution [èvəlúːʃən] — n. 진화

☐ float away	phr.	떠내려가다
☐ flout [flaut]	v.	법을 어기다
☐ flu [flu:]	n.	독감
☐ flux [flʌks]	n.	유동
☐ follow [fálou]	v.	진행 상황을 지켜보다
☐ inconsiderate [ìnkənsídərit]	a.	배려심 없는
☐ increasingly [inkríːsiŋli]	ad.	점점, 더욱 더
☐ inculcate [inkʌ́lkeit]	v.	가르치다
☐ incumbency [inkʌ́mbənsi]	n.	재임 기간
☐ loose [luːs]	a.	헐거운, 풀린
☐ loosen [lúːsən]	v.	느슨하게 하다
☐ lop off	phr.	쳐내다
☐ lord [lɔːrd]	n.	중세 영주, 귀족
☐ loss [lɔ(ː)s]	n.	손실
☐ market [máːrkit]	v.	광고하다
☐ markup [máːrkʌ̀p]	n.	가격 인상
☐ masculine [mǽskjəlin]	a.	남성적인
☐ massive [mǽsiv]	a.	거대한
☐ matter [mǽtər]	n.	문제
☐ mawkish [mɔ́ːkiʃ]	a.	청승맞은, 역겨운
☐ mayor [méiər]	n.	시장
☐ motivate [móutəvèit]	v.	동기를 부여하다
☐ mounting [máuntiŋ]	a.	증가하는, 커져 가는
☐ moving [múːviŋ]	a.	감동시키는
☐ momentary [móuməntèri]	a.	순간적인

ACTUAL TEST 1

Part I Questions 1—10
Choose the option that best completes each dialogue.

1

A: Should I _____ this jacket to the counter where I purchased it?

B: Yes. Show them the receipt and they'll give you a refund.

(a) carry
(b) take
(c) go
(d) come

2

A: What were you doing at 9 p.m. yesterday? I tried to call you, but I couldn't _____ to you.

B: Since I felt bad, I went to bed early.

(a) get in
(b) get through
(c) be close by
(d) make up

3

A: Don't hang out with Randy. He's a bad _____ on you.

B: But dad, he's my best friend! Besides, he's very funny.

(a) influence
(b) virtue
(c) caliber
(d) faculty

4

A: Didn't you see that _____ spiral Christmas tree at the Plaza hotel?

B: Yes, it's neat, but I like our spruce tree better.

(a) fallacious
(b) ferocious
(c) fabulous
(d) frivolous

5

A: I can't find that word in this pocket dictionary.

B: Then try looking in a(n) _____ dictionary.

(a) added
(b) portable
(c) unabridged
(d) abridged

6

A: Don't tell anybody about this incident.

B: My lips are _____.

(a) chiseled
(b) milled
(c) peeled
(d) sealed

7

A: I'm worried my Russian is getting pretty _____.

B: If you want to keep your Russian fresh in your mind, why don't you watch Russian films instead of Hollywood ones?

(a) hectic
(b) rusty
(c) petty
(d) misty

8

A: Let's _____ a coin to decide who will be the unlucky one to write the paper.

B: Okay. Heads or tails?

(a) flop
(b) flip
(c) flicker
(d) flap

9

A: Do you think Derek is guilty or _____?

B: He insists he didn't take the money.

(a) immoral
(b) innocent
(c) immense
(d) indecent

10

A: Who is the new magazine _____ toward?

B: I think college students will be the major readership.

(a) geared
(b) inclined
(c) pushed
(d) hired

Part II Questions 11–30

Choose the option that best completes each sentence.

11

Tax imposition may help _____ alcohol abuse, with a new study showing that a lower number of people are likely to drink if the cost of alcoholic beverages is high.

(a) foster
(b) facilitate
(c) spur
(d) curb

12

Political power was handed to one of the most ruthless dictators of the 20th century in a _____ political deal.

(a) laudable
(b) virtuous
(c) honorable
(d) sordid

13

They had no meeting during the February winter break and will _____ meeting on March 7th, when Jamie Huffer will debate "Using Drama in the English Classroom."

(a) resume
(b) consume
(c) assume
(d) presume

14

In this meeting, we hope to finalize our plans for the _____ of the year.

(a) leftover
(b) nest
(c) remainder
(c) residue

15

All information on upcoming events should be sent at least three months in _____.

(a) futures
(b) commission
(c) advance
(d) permission

16

Researchers think that the phosducin (PDC) gene could be _____ in elevating blood pressure in response to stress.

(a) protruded
(b) ingrained
(c) implicated
(d) defused

17

A survey showed that most Koreans can only sing along to the first _____ of their national anthem.

(a) verse
(b) tune
(c) chord
(d) hymn

18

_____ in 1977, the Simon Wiesenthal Center was named after a Jew who survived the Holocaust and became famous for his career as a Nazi hunter.

(a) Laid
(b) Eschewed
(c) Founded
(d) Bricked

19

A trendy Japan sushi restaurant charged for serving whale meat _____ an apology Friday, saying it regretted its actions.

(a) lent
(b) offered
(c) bolstered
(d) procured

20

Your _____ help set you apart from other professionals and give you credibility when applying for a job.

(a) foundations
(b) ancillaries
(c) credentials
(d) probates

21

The film director's scripts were rarely written out in advance, and he encouraged his actors to _____ much of their dialogue.

(a) supervise
(b) neutralize
(c) improvise
(d) update

22

The problem with Senator Smith is that he often _____ instead of sticking to the point for which he has taken the floor.

(a) curves
(b) varies
(c) pretends
(d) digresses

23

The families that _____ to America from China were full of hope for a new life.

(a) objected
(b) enrolled
(c) migrated
(d) broadened

24

In this recipe, honey can be _____ for sugar.

(a) appended
(b) substituted
(c) fabricated
(d) manufactured

25

The great breakthrough in perfumery came with the method of _____ perfume oils from plants and flowers.

(a) disclosing
(b) extracting
(c) restoring
(d) presuming

26

A factor that attracts many students to online lectures is a(n) _____ schedule that allows them to learn any time.

(a) tentative
(b) flexible
(c) mobile
(d) intensive

27

The ability to make art for art's sake is one of humankind's _____ characteristics from other animals.

(a) integrative
(b) distinctive
(c) prudential
(d) contentious

28

The teacher suspected cheating when he noticed the normally mediocre student's _____ grammar and spelling.

(a) corpulent
(b) tedious
(c) sporadic
(d) impeccable

29

The CEO _____ the employee for her excellent accomplishments.

(a) lauded
(b) exerted
(c) melded
(d) boasted

30

Fans of the singer will no doubt be _____ to learn that his latest album is hugely disappointing.

(a) annihilated
(b) audacious
(c) distraught
(d) corpulent

ACTUAL TEST 2

Part I Questions 1–10

Choose the option that best completes each dialogue.

1

A: Do you know what the fourth-largest island in the world is?

B: No, you've _____ me there.

(a) captured
(b) got
(c) put
(d) grasped

2

A: I'd like to return the vacuum cleaner I bought two weeks ago.

B: I'm sorry, but we don't allow returns _____ the 3-day period after the sale.

(a) beyond
(b) within
(c) in
(d) out

3

A: What's your overarching concern?

B: Our _____ concern is to ensure the continuity of the wise and compassionate policies of the king.

(a) minor
(b) lesser
(c) slight
(d) utmost

4

A: Would you like to _____ a message?

B: Sure. My name is Tracy from Central Bank.

(a) lay
(b) take
(c) put
(d) leave

5

A: Hello, ma'am! How can I assist you today?

B: Can you please tell me what the _____ is on my account?

(a) bill
(b) saving
(c) remains
(d) balance

6

A: I bumped into Linda yesterday. She looked quite depressed.

B: I wonder what's _____ at her.

(a) bothering
(b) interrupting
(c) eating
(d) looking

7

A: Sarah, are you scared of driving after the accident?

B: Yes, I'm very _____. I've always had very bad anxiety.

(a) sanguine
(b) indifferent
(c) gaudy
(d) apprehensive

8

A: Excuse me. This bread tastes _____.

B: I'm sorry. We'll get you another one.

(a) stale
(b) blend
(c) banal
(d) stink

9

A: Colin, do you think that robots will ever be smarter than people?

B: No. Robots are like computers. They can never _____ the creativity and ingenuity of the human mind.

(a) adhere to
(b) abstain from
(c) aspire to
(d) conspire with

10

A: I'd like to buy this necklace, but I think the price is a little steep.

B: Eighty dollars is the _____. We can't go any lower.

(a) finish line
(b) line-up
(c) bottom line
(d) deadline

Part II Questions 11–30

Choose the option that best completes each sentence.

11

Formula milk may have been developed to be very similar to breast milk, but it is still _____ to mom's milk.

(a) inferior
(b) superior
(c) lesser
(d) mediocre

12

A statue stands proud and erect in the town center, with the name "Newton" _____ boldly below.

(a) melted
(b) chiselled
(c) grooved
(d) caved

13

My parents _____ that I take a different route to school and avoid that scary place altogether.

(a) told
(b) made
(c) suggested
(d) informed

14

While _____ in Bogor, John captured the tranquillity of the village at sunset with his camera.

(a) spending
(b) steering
(c) vacating
(d) vacationing

15

Statistical analyses revealed that the more young adults play video games, the more frequent their _____ in risky behaviors like drinking and drug abuse.

(a) accompaniment
(b) abandonment
(c) involvement
(d) attachment

16

When we speak, we are not hearing our voice _____ with our ears, but also through internal hearing.

(a) together
(b) all
(c) solely
(d) barely

17

When Sue suffered _____ spinal cord damage, doctors told her she would never walk again.

(a) transient
(b) temporary
(c) irresistible
(d) irreversible

18

After leaving the nursing home, Irene moved in with her parents and got a job _____ a receptionist.

(a) as
(b) for
(c) with
(d) by

19

Silva _____ a non-profit training and support organization for disabled people.

(a) walked
(b) ran
(c) went
(d) flew

20

With this recipe book you will discover superb food from every country, so within a short time you will be cooking _____ food that will delight everyone.

(a) selective
(b) delectable
(c) derisible
(d) gregarious

21

They delivered flyers door to door, explaining the goals of their training center and _____ donations.

(a) asking for
(b) wanting
(c) mending
(d) guttering

22

The government agreed to new rules _____ government buildings, shopping malls, offices and public places to offer facilities for the disabled.

(a) making
(b) proposing
(c) requiring
(d) suggesting

23

Her novels are largely written in the first person and _____ to be read like a diary.

(a) contended
(b) consigned
(c) deliberated
(d) designed

24

Many women would fall so completely under the _____ of the handsome foreigner fantasy that common sense goes out the window.

(a) spell
(b) spin
(c) span
(d) squall

25

Bill rents a home from us, but he is _____ in paying the small rent we charge. Currently he is three months behind.

(a) strict
(b) lax
(c) tense
(d) attentive

26

All hospitals must improve basic infection control measures, such as _____ hand-washing and the use of gloves and gowns around high-risk patients.

(a) irregular
(b) unusual
(c) frequent
(d) occasional

27

I guess it was my _____ to make people laugh by dressing up and sounding like anyone other than myself.

(a) call
(b) calling
(c) deal
(d) dealing

28

Malaysia was colonized by the British, and during this period English was the _____ language in the country.

(a) durable
(b) dominant
(c) aggressive
(d) submissive

29

Next morning, we tried to shake off the jet _____ with a swim in the chilly Indian Ocean.

(a) lag
(b) tag
(c) travel
(d) propulsion

30

Generally, conservatives are pleased by what will _____ a more traditional interpretation of the US Constitution.

(a) entail
(b) force
(c) evoke
(d) retail

DAILY TEST

정답 및 해설

DAY 01

1 ⓒ intrigued 2 ⓓ recollection 3 ⓘ shimmering 4 ⓑ resort 5 ⓔ ambience
6 ⓖ refrain 7 ⓗ wade 8 ⓕ hospitable 9 ⓐ landmarks 10 ⓙ hectic
11 ⓔ 12 ⓒ 13 ⓓ 14 ⓑ 15 ⓐ

해석

1 지난 달 열린 한국 가요 콘서트는 수천 명의 아시아 팬들의 흥미를 끌었다.
2 매디슨은 전에 그를 만난 기억이 없었다.
3 불빛이 강 위에 반짝이고 있었다.
4 노조는 최후의 수단으로 파업을 할지도 모른다.
5 그 술집은 분위기가 독특하다.
6 의사 선생님이 약을 복용하는 동안에는 술을 삼가라고 말했다.
7 구조대원들은 수심이 얕은 곳은 걸어서 건너야 했다.
8 이 도시 사람들은 대부분 여행객들과 낯선 사람들에게 친절하다.
9 뉴욕시에는 자유의 여신상, 엠파이어 스테이트 빌딩, 록펠러 센터 같은 유명한 랜드마크가 많다.
10 마케팅 부서에 있는 모든 사람들은 새 프로젝트 때문에 정말 바쁜 한 주를 보냈다.

DAY 02

1 ⓖ censored 2 ⓒ disseminate 3 ⓓ allegedly 4 ⓕ rave 5 ⓐ correspondent
6 ⓙ deliberated 7 ⓘ taint 8 ⓑ featured 9 ⓗ piracy 10 ⓔ subscribe
11 ⓐ 12 ⓒ 13 ⓔ 14 ⓓ 15 ⓑ

해석

1 공영 방송은 영화에 나오는 욕설과 폭력을 항상 검열해왔다.
2 언론 매체는 대중들에게 정보를 전파할 의무가 있다.
3 정치인이 기업인들로부터 뇌물을 받았다고 전해지지만 그는 부인하고 있다.
4 연극이 평론가들의 극찬을 받았다.
5 그는 해외 특파원으로 5년간 외국에 거주했다.
6 엔조는 결심을 하기 전까지 2주 동안 결정에 대해 심사숙고했다.
7 링컨 행정부는 부패의 오명에서 자유로웠다.
8 어제 한국의 모든 신문은 1면에 중국의 대규모 지진을 대서특필했다.
9 소프트웨어 불법 복제는 한국에서 여전히 심각한 문제이다.
10 나는 인터넷에서 무료로 뉴스를 읽을 수 있기 때문에 신문을 구독하지 않는다.

DAY 03

1 ⓘ accede   2 ⑨ transition   3 ⓙ Patriarchy   4 ⓔ medieval   5 ⓒ authentic
6 ⓕ relics   7 ⓘ Nomadic   8 ⓓ credence   9 ⓑ excavated   10 ⓗ preceded
11 ⓒ   12 ⓐ   13 ⓔ   14 ⓑ   15 ⓓ

해석
1 스페인의 요구에 응하기로 한 여왕의 결정은 호된 비판에 직면했다.
2 민주주의로 이행하는 과도기 동안 전 외무 장관이 나라를 통치했다.
3 가부장제는 남자가 여자를 지배하는 사회이다.
4 유럽 역사에서 중세는 암흑기로 불리는 경우가 많다.
5 이 다이아몬드가 진품인지 가짜인지 잘 모르겠다.
6 이 박물관은 신라 왕조의 유물을 소장하고 있다.
7 유목민들은 한 곳에서 계속 살지 않고 다른 곳으로 이동해 다닌다.
8 그의 이론에 신빙성을 부여하기 위해서는 추가 연구가 필요하다.
9 도자기와 무기가 그 부지에서 발굴되었다.
10 중국 역사에서 당나라가 명나라보다 먼저 있었다.

DAY 04

1 ⓕ Terrestrial   2 ⓑ waned   3 ⓘ conduct   4 ⓓ infinite   5 ⓒ gravity
6 ⓐ revolves   7 ⓔ probed   8 ⓘ tangible   9 ⓗ parched   10 ⓖ erupt
11 ⓓ   12 ⓒ   13 ⓑ   14 ⓔ   15 ⓐ

해석
1 육상 동물은 육지에 살고 수생 동물은 물속에서 산다.
2 재즈 음악의 인기가 지난 몇 년간 부침을 겪었다.
3 나무는 전기를 잘 전도하지 않는다.
4 우주는 무한하며 계속 팽창한다.
5 세레나가 상황의 심각성을 이해 못하는 것 같다.
6 달은 지구 주위를 공전한다.
7 미디어가 클로이의 생활의 거의 모든 면을 캐고 있다.
8 사람들은 경제가 나아지고 있다는 명백한 증거를 보고 싶어한다.
9 나는 달리기를 한 뒤 매우 목이 말라 물을 찾았다.
10 화산이 폭발하기 시작했을 때 사람들은 대피했다.

Day 05

1 ⓓ shape	2 ⓘ fit	3 ⓑ dabbled	4 ⓒ stroll	5 ⓕ substituted
6 ⓛ coerced	7 ⓗ account	8 ⓐ avid	9 ⓔ streak	10 ⓖ rooting
11 ⓔ	12 ⓓ	13 ⓐ	14 ⓒ	15 ⓑ

해석
1 운동선수는 은퇴 이후 몸매가 엉망이 되었다.
2 그는 정기적으로 운동을 하기 때문에 몸이 탄탄해 보인다.
3 그는 젊었을 때 테니스를 취미 삼아 잠시 했다.
4 그녀는 점심을 먹고 난 후 항상 산책을 한다.
5 메시는 이 조리법에서 칠면조 고기 대신 닭고기를 쓸 수 있다고 했다.
6 일부 학생들은 매주 수요일에 하기 싫어도 강제로 축구를 해야 한다.
7 현재 K리그 축구 선수의 약 30%를 외국인들이 차지하고 있다.
8 그는 한 달에 책을 열 권 읽는 독서광이다.
9 팀은 이번 경기에 이겨서 연패에서 벗어나길 간절히 원한다.
10 6천 명의 팬들이 한국 국가 대표팀을 응원하고 있었다.

Day 06

1 ⓓ eternity	2 ⓖ dwell	3 ⓐ converted	4 ⓗ inscrutable	5 ⓘ atone
6 ⓕ exponent	7 ⓒ secular	8 ⓑ persecuted	9 ⓕ instill	10 ⓔ tolerant
11 ⓒ	12 ⓐ	13 ⓑ	14 ⓔ	15 ⓓ

해석
1 모든 인간은 언젠가는 반드시 죽으며 누구도 영원히 살 수 없다.
2 과거에 저지른 실수에 대해 곱씹을 필요는 없다.
3 그는 불교 신자였지만 이슬람교로 개종했다.
4 헤아릴 수 없는 신의 섭리를 인간이 이해하는 것은 불가능하다.
5 그는 이제 자신이 저지른 범죄를 속죄하고 싶어한다.
6 그는 채식주의 옹호자이기 때문에 고기를 먹지 않는다.
7 리비아는 국교가 있기 때문에 세속 국가가 아니다.
8 일부 중동 국가에서 기독교인이 무슬림에게 박해를 받고 있다.
9 부모와 교사들은 아이들에게 책임감을 심어주어야 한다.
10 그녀는 가톨릭교도이지만 다른 종교에 관대한 태도를 갖고 있다.

DAY 07

1 ⓖ endowed   2 ⓕ mutual   3 ⓑ adopted   4 ⓙ privilege   5 ⓓ biased
6 ⓐ acclimate 7 ⓗ ethnic   8 ⓕ discriminate 9 ⓔ compulsory 10 ⓒ associate
11 ⓒ   12 ⓓ   13 ⓔ   14 ⓐ   15 ⓑ

해석
1 지미는 예술적 재능을 타고난 것 같다.
2 토니와 나는 같은 중학교를 다녔기 때문에 서로 아는 친구가 많다.
3 소년은 자신이 입양됐다는 사실을 알고는 큰 충격을 받았다.
4 현대 민주주의 국가에서 투표권은 특권이 아니라 보편적인 권리이다.
5 많은 사람들이 남자 간호사에 대한 편견이 있다.
6 그는 새로운 근로 환경에 적응하지 못했다.
7 미국에서는 다양한 소수 민족들을 만날 수 있다.
8 안타깝지만 일부 아시아인들은 여전히 백인을 우대한다.
9 이스라엘에서는 남성뿐 아니라 여성도 군복무의 의무가 있다.
10 범죄자들과 어울리지 말 것을 권합니다.

DAY 08

1 ⓕ insolent   2 ⓘ stunted   3 ⓓ cracked   4 ⓐ alternate 5 ⓕ rummaged
6 ⓔ custody   7 ⓗ picky   8 ⓒ consent   9 ⓑ come   10 ⓖ obedient
11 ⓒ   12 ⓐ   13 ⓔ   14 ⓓ   15 ⓑ

해석
1 무례한 아이가 선생님에게 욕을 했다.
2 건조한 날씨가 나무의 성장을 막아왔다.
3 외교관이 긴장 완화를 위해 농담을 했지만 효과가 없었다.
4 그 중국 음식점은 월요일 격주 휴무이다.
5 나는 파란색 넥타이를 찾기 위해 지난밤에 벽장을 뒤졌다.
6 범인은 체포되어 구금되었다.
7 그녀는 음식에 대해 너무 까다롭기 때문에 함께 외식을 하고 싶지 않다.
8 이 보고서는 저자의 서면 동의 없이 복사해서는 안 된다.
9 대부분의 십대들은 돈을 버는 것이 쉽지 않다는 것을 이해하지 못한다.
10 무슬림 여성은 남편에게 순종할 것을 요구받는다.

DAY 09

1 ⓖ frequency 2 ⓗ momentum 3 ⓑ decompose 4 ⓕ exudes 5 ⓒ dilute
6 ⓘ volatile 7 ⓐ catalyst 8 ⓓ disperse 9 ⓙ triggered 10 ⓔ dissolves
11 ⓓ 12 ⓒ 13 ⓔ 14 ⓑ 15 ⓐ

해석

1 다행히 폭력 범죄의 빈도가 줄었다.
2 여당이 선거에서 참패한 뒤 개혁 조치들이 추진력을 잃었다.
3 비닐 봉투가 분해되는 데 100년이 넘게 걸린다.
4 많은 유명인사들과 마찬가지로 타일러도 오만함이 넘친다.
5 주스가 너무 진하면 물로 희석하면 된다.
6 이 나라의 정치 상황은 매우 불안정하다.
7 민주화 운동이 개혁의 촉매 역할을 했다.
8 날이 어두워진 뒤 군중들은 흩어지기 시작했다.
9 1999년에 대통령의 발언이 반정부 시위를 촉발시켰다.
10 이 인스턴트 커피는 찬물에서도 잘 녹는다.

DAY 10

1 ⓓ moody 2 ⓙ Pessimistic 3 ⓗ insomnia 4 ⓑ detached 5 ⓕ remorse
6 ⓐ complacent 7 ⓖ morbid 8 ⓔ temper 9 ⓘ solace 10 ⓒ vulnerable
11 ⓓ 12 ⓒ 13 ⓔ 14 ⓑ 15 ⓐ

해석

1 감정 변화가 심한 사람들은 기분이 롤러코스터처럼 바뀌기 때문에 별로이다.
2 비관적인 사람들은 미래에 나쁜 일만 일어날 것이라 생각한다.
3 불면증을 앓는 사람들은 밤에 잠드는 것을 어려워한다.
4 미키는 내성적인 소년이며 주위에서 일어나는 일에 거리를 둔다.
5 존이 나를 배신한 일에 대해 뉘우치는 기미가 전혀 없어서 놀랐다.
6 우리는 지금 성공하고 있다고 해도 현실에 안주해선 안 된다.
7 그는 화상을 당한 뒤 불에 대해 병적인 공포심이 생겼다.
8 성미가 급한 사람들은 인내심이 없다.
9 어떤 사람들은 어려운 시기에 종교에서 위안을 찾으려 한다.
10 그녀는 며칠 전 남자 친구에게 차였기 때문에 지금 상처받기 쉽다.

DAY 11

1 ⓒ ascertain 2 ⓗ extinct 3 ⓑ alternative 4 ⓘ repercussions 5 ⓖ detrimental
6 ⓔ conserve 7 ⓙ obligation 8 ⓓ compel 9 ⓐ alleviate 10 ⓕ depleted
11 ⓒ 12 ⓓ 13 ⓐ 14 ⓔ 15 ⓑ

해석

1 연구자들이 아그네스 호수에서 수백 마리의 새가 사망한 원인을 규명하기 위해 애쓰고 있다.
2 도도새는 17세기에 멸종됐으며 더 이상 존재하지 않는다.
3 선진국들은 대체 에너지 기술에 많은 투자를 하고 있다.
4 기후 변화는 야생 생물에 심각한 영향을 끼칠 것이다.
5 새 화학 공장은 생태계에 해로운 영향을 줄 것이다.
6 의회는 북쪽 지역의 야생 생물을 보호하기 위해 새 법을 제정했다.
7 선진국은 개발도상국의 환경 보호를 도울 도덕적 의무가 있다.
8 정부는 기업들이 좀더 환경친화적이 되도록 강제해야 한다.
9 과학자들은 지구 온난화의 영향을 완화하기 위한 방법을 찾기 위해 애쓰고 있다.
10 일부 전문가들은 석유가 약 150년 뒤 고갈될 것이라고 말한다.

DAY 12

1 ⓖ implement 2 ⓗ turnover 3 ⓑ allot 4 ⓒ consensus 5 ⓐ acquiring
6 ⓘ lucrative 7 ⓕ entrepreneurs 8 ⓔ dismissed 9 ⓙ motivated 10 ⓓ consolidated
11 ⓑ 12 ⓒ 13 ⓔ 14 ⓓ 15 ⓐ

해석

1 오렌지 컴퓨터는 효율성을 높이기 위해 새 정책들을 시행할 것이다.
2 회사는 직원들이 보수를 많이 받지 못하기 때문에 이직률이 꽤 높다.
3 경영진은 광고에 더 많은 돈을 할당하기로 결정했다.
4 켈란과 엠마는 그 문제에 대해 합의에 도달했다.
5 그 회사는 JJ모터스를 인수해서 가장 큰 자동차 제조업체가 되었다.
6 미국에는 대학 학위를 요구하지 않는 고소득 일자리가 많이 있다.
7 기업친화적이지 못한 정책들 때문에 젊은 기업가들이 나라를 떠나고 있다.
8 그는 회사 자금을 훔치다가 발각됐을 때 해고당했다.
9 이곳 직원들은 불공정한 대우를 받는다고 느끼기 때문에 동기 부여가 잘 안되고 있다.
10 KG 텔레콤은 유럽에서 가장 큰 무선 통신회사로서의 지위를 굳혔다.

DAY 13

1 ⓗ novelty	2 ⓖ glitch	3 ⓘ supplanted	4 ⓓ duplicated	5 ⓑ acting up
6 ⓔ feasible	7 ⓒ advent	8 ⓙ obsolete	9 ⓐ access	10 ⓕ generate
11 ⓑ	12 ⓓ	13 ⓒ	14 ⓐ	15 ⓔ

해석

1 90년대 초에는 핸드폰을 가지고 있는 것이 신기한 일이었다.
2 카요토 자동차들이 기술적 결함 때문에 회수되었다.
3 디지털 카메라가 거의 완전히 필름 카메라를 대체했다.
4 어젯밤에 그는 컴퓨터가 고장 날 경우에 대비해 USB 드라이브에 그 파일들을 복사해 두었다.
5 낡은 노트북 컴퓨터가 또 말썽이었다.
6 시간 여행은 아직 가능하지 않다.
7 인터넷의 도래 이후 TV의 영향력이 줄었다.
8 MP3 플레이어로 인해 카세트 플레이어와 CD 플레이어는 쓸모없게 되었다.
9 요즘은 거의 모든 사람들이 핸드폰으로 인터넷에 접속하는 방법을 알고 있다.
10 원자력 에너지는 이산화탄소를 많이 발생시키지 않는다.

DAY 14

1 ⓓ confidential	2 ⓙ adroit	3 ⓕ competence	4 ⓘ beforehand	5 ⓔ address
6 ⓒ strike	7 ⓐ extension	8 ⓗ rebuked	9 ⓖ came	10 ⓑ appointed
11 ⓒ	12 ⓔ	13 ⓑ	14 ⓐ	15 ⓓ

해석

1 당신은 기밀 서류를 읽을 수 없습니다.
2 협상에 능하지 못하면 성공적인 사업가가 될 수 없다.
3 이 프로젝트는 그 사람의 능력 밖의 일이라고 생각한다.
4 한 달 전에 예약하실 것을 권장합니다.
5 왜 아무도 이 문제를 처리하려 하지 않는지 이해가 안 간다.
6 경영진과 합의에 도달하지 못하자 직원들은 파업에 들어갔다.
7 양측은 계약을 6개월 연장하기로 합의했다.
8 에바는 반복되는 지각 때문에 질책을 받았다.
9 지난주 회의에서 올리비아는 그 문제에 대해 좋은 해결책을 제안했다.
10 마사는 광고 부사장으로 임명되었다.

Day 15

1 ⓓ enforce   2 ⓗ involved   3 ⓒ apprehended   4 ⓔ fabricated   5 ⓑ acquitted
6 ⓘ stringent   7 ⓖ interrogated   8 ⓐ accused   9 ⓙ plead   10 ⓕ filed
11 ⓑ   12 ⓓ   13 ⓔ   14 ⓒ   15 ⓐ

해석

1 입법자들은 법을 제정하고 경찰관들은 법을 집행한다.
2 스캔들에 연루된 모든 정부 관리들은 결국 사임했다.
3 강도 용의자가 공원을 이리저리 헤매고 있을 때 형사들이 그를 체포했다.
4 부패한 경찰관이 무고한 사람에게 불리하도록 증거를 조작했음이 드러났다.
5 증거가 없어서 그는 살인 혐의에 대해 무죄를 선고 받았다.
6 내가 고등학교 다닐 때는 복장 규정이 너무 엄격했다.
7 그는 열 시간 넘게 검사들의 심문을 받았다.
8 그는 가게에서 물건을 훔치다 잡혀 절도죄로 고소를 당했다.
9 변호사와 이야기한 뒤 녹스는 강도 혐의에 대해 유죄를 인정하기로 했다.
10 2년 전 그녀는 전 고용주에게 소송을 제기했다.

Day 16

1 ⓖ introverted   2 ⓓ came   3 ⓑ amicable   4 ⓔ condolences   5 ⓙ venue
6 ⓐ acquaintances   7 ⓕ confided   8 ⓘ pending   9 ⓗ mingled   10 ⓒ boasts
11 ⓑ   12 ⓐ   13 ⓔ   14 ⓒ   15 ⓓ

해석

1 그녀는 너무 수줍어하고 내성적이라 모르는 사람에게 말하는 것을 어려워한다.
2 어제 중학교 시절 친구를 우연히 만났다.
3 한국은 미국과 우호적인 관계를 유지해왔다.
4 그는 장례식에서 애도를 표했다.
5 잠실 경기장이 한류 축제가 열리는 장소이다.
6 그는 친구들뿐 아니라 지인들도 파티에 초대했다.
7 마침내 에밀리는 모든 비밀을 어머니께 털어놓았다.
8 미국 대선이 임박했다.
9 그는 어젯밤 파티에서 다른 손님들과 어울렸다.
10 그는 항상 자기 배경에 대해 자랑하기 때문에 사람들이 그를 싫어한다.

DAY 17

1 ⓖ oblivious   2 ⓒ interim   3 ⓘ rhetoric   4 ⓑ sanctions   5 ⓓ garnered
6 ⓕ radical   7 ⓔ dissented   8 ⓙ proclaimed   9 ⓐ impose   10 ⓗ defies
11 ⓒ   12 ⓐ   13 ⓓ   14 ⓔ   15 ⓑ

해석

1 대부분 독재자들은 사람들이 무엇을 원하는지 모른다.
2 다음 선거 때까지 임시 정부가 나라를 이끌 것이다.
3 사람들은 정치적 수사에 넌더리가 났다.
4 미국은 만약 북한이 핵 프로그램을 포기한다면 북한에 대한 제재조치를 해제할 의사가 있다.
5 그는 지난달 선거에서 젊은 유권자들의 강력한 지지를 받았다.
6 여성의 투표권 허용은 19세기에는 급진적인 생각이었다.
7 그녀는 환경 문제에 대해 총리와 의견이 달랐다.
8 1945년 소련은 일본에 전쟁을 선포했다.
9 정부는 불법 이민자를 고용한 고용주들에게 벌금을 부과할 것이다.
10 많은 사람들이 그 호수의 아름다움은 설명이 불가능하다고 말한다.

DAY 18

1 ⓕ circulation   2 ⓔ hibernate   3 ⓐ susceptible   4 ⓓ lure   5 ⓙ spawn
6 ⓖ infested   7 ⓗ resistant   8 ⓘ genetically   9 ⓑ inherited   10 ⓒ evolved
11 ⓔ   12 ⓓ   13 ⓑ   14 ⓐ   15 ⓒ

해석

1 규칙적인 운동은 혈액 순환을 개선해줄 것이다.
2 일부 곰들은 일 년 내내 먹이를 찾을 수 있기 때문에 겨울에 겨울잠을 자지 않는다.
3 비만인들은 심장병에 걸리기 더 쉽다.
4 꽃은 꿀로 벌과 나비를 유혹한다.
5 일부 물고기는 알을 낳은 직후 죽는다.
6 집에는 바퀴벌레가 들끓었다.
7 과학자들은 항생제에 저항력을 가진 위험한 새 박테리아 종을 발견했다.
8 일부 전문가들은 유전자 조작 식품이 위험하지 않다고 말한다.
9 그가 어머니로부터 음악적 재능을 물려받았다고 생각한다.
10 단순한 종에서 더 복잡한 종이 진화되었다.

DAY 19

1 ⓑ edible	2 ⓘ craving	3 ⓔ indulge	4 ⓓ gratuity	5 ⓗ recipe
6 ⓙ savoring	7 ⓒ brewed	8 ⓐ devoured	9 ⓕ bland	10 ⓖ Gourmets
11 ⓓ	12 ⓔ	13 ⓑ	14 ⓐ	15 ⓒ

해석

1 모든 버섯이 다 식용은 아니기 때문에 조심해야 한다.
2 나는 스트레스를 받으면 초콜릿이 당긴다.
3 살을 빼고 싶다면 단 것을 마음껏 먹어서는 안 된다.
4 한국인들은 보통 미용사에게 팁을 주지 않는다.
5 호박파이 요리법이 필요해서 요리책을 샀다.
6 안젤리나는 파스타를 매우 천천히 먹으며 한 입 한 입 음미했다.
7 나는 갓 끓인 커피를 마시는 것을 좋아한다.
8 어제 세 시간 동안 운동을 한 뒤 축구 선수는 피자 한 판을 게걸스레 먹었다.
9 일반적으로 말해서 싱거운 음식이 짠 음식보다 몸에 좋다.
10 미식가들은 맛있는 음식을 먹는 데 기꺼이 많은 돈을 쓴다.

DAY 20

1 ⓖ elicited	2 ⓘ distort	3 ⓑ virtuoso	4 ⓓ preoccupied	5 ⓐ composed
6 ⓕ lauded	7 ⓗ infringing	8 ⓙ masterpiece	9 ⓔ dismal	10 ⓒ perspective
11 ⓒ	12 ⓐ	13 ⓑ	14 ⓔ	15 ⓓ

해석

1 어제 공연에서 배우의 눈물은 관객들의 큰 공감을 이끌어냈다.
2 일본 정부는 역사를 왜곡하는 학교 교과서를 승인했다.
3 애리슨 씨는 유럽에서 가장 위대한 바이올린 거장으로 여겨진다.
4 그녀는 가사를 쓰는 데 몰두해있었다.
5 볼프강 아마데우스 모차르트는 총 41개의 교향곡을 작곡했다.
6 셰익스피어는 역대 가장 위대한 작가 중 한 명으로 칭송 받고 있다.
7 그 음악가는 잭슨 씨의 저작권을 침해한 혐의로 고소를 당했다.
8 평론가들과 관객 모두 그 영화를 걸작이라고 생각한다.
9 그는 노래를 잘 못했고 공연은 형편없었다.
10 오른쪽에 있는 꽃병은 원근법에 맞지 않는다.

DAY 21

1 ⓒ detector	2 ⓕ rate	3 ⓑ amenities	4 ⓔ frisked	5 ⓖ concierge
6 ⓓ stow	7 ⓐ layover	8 ⓘ stranded	9 ⓙ accommodate	10 ⓗ courtesy
11 ⓔ	12 ⓓ	13 ⓑ	14 ⓐ	15 ⓒ

해석

1 연기 탐지기(화재경보기)는 비상시에 생명을 구할 수 있다.
2 이 도시에 있는 호텔들의 평균 숙박 요금은 225달러이다.
3 그녀는 극장, 박물관, 쇼핑몰과 같은 현대적 문화 편의 시설을 갖춘 대도시에 살고 있다.
4 그 경찰관은 범인을 체포하기 전에 몸수색을 했다.
5 호텔 안내원은 훌륭한 중국 음식점을 추천했다.
6 앞 좌석 아래에 가방을 넣으실 수 있습니다.
7 그녀는 도쿄에서 다음 비행까지 하루 경유했다.
8 눈보라 때문에 수천 명의 승객들이 공항에 발이 묶였다.
9 YDP 유스 호스텔은 최대 250명의 투숙객을 수용할 수 있다.
10 제리코 호텔은 공항을 오가는 무료 버스를 제공한다.

DAY 22

1 ⓓ prestigious	2 ⓖ versed	3 ⓘ foster	4 ⓙ complimented	5 ⓔ rigid
6 ⓐ dawned	7 ⓗ suspended	8 ⓑ rudimentary	9 ⓒ flunked	10 ⓕ digresses
11 ⓐ	12 ⓒ	13 ⓔ	14 ⓑ	15 ⓓ

해석

1 한국의 많은 부모들은 자녀를 명문대에 보내는 데 집착한다.
2 그 강사는 기하학에 조예가 깊다.
3 개방형 질문을 하는 것은 교사가 학생들의 수업 참여를 촉진할 수 있는 한 가지 방법이다.
4 어제 선생님께서 내 뛰어난 불어 실력을 칭찬해 주셨다.
5 사립 학교는 공립 학교보다 규칙이 더 엄격한 경향이 있다.
6 그녀는 도서관에 책을 반납하는 것을 깜빡한 것이 갑자기 생각났다.
7 재커리는 담배를 피운 것 때문에 학교에서 정학을 당했다.
8 그녀는 미국에서 10년을 살았기 때문에 한국사에 대해서는 기초적인 지식만 있었다.
9 그는 대학에서 낙제해 퇴학을 당했지만 28세의 나이에 온라인 사업에서 성공했다.
10 강의를 하다 자주 옆길로 새곤 하지만 난 심리학 교수님이 좋다.

Day 23

1 ⓗ turnaround 2 ⓘ disparity 3 ⓖ frugal 4 ⓑ boost 5 ⓕ plunged
6 ⓓ demand 7 ⓒ fluctuated 8 ⓐ confidence 9 ⓔ intervene 10 ⓙ deficit
11 ⓓ 12 ⓐ 13 ⓔ 14 ⓑ 15 ⓒ

해석

1 우리는 아직 경기 침체기에 있으며, 금방 경제가 호전될 것이라 기대하지 않는다.
2 부자들은 더 부유해지고 가난한 사람들은 더 가난해지고 있다. 다시 말해, 소득 격차가 커지고 있다.
3 나는 밥과 김치로 간소한 저녁 식사를 했다.
4 세계 경기 회복이 한국 상품의 해외 판매를 증대시키는 데 도움이 됐다.
5 전쟁 소식에 주가가 거의 20% 급락했다.
6 수요 증가에 맞추기 위해 공장을 전면 가동하고 있다.
7 화요일에 주가 지수가 등락을 거듭했다.
8 정부의 노력에도 불구하고, 소비자들은 경제에 대한 신뢰를 잃고 있다.
9 보수 정치인들은 정부가 민간 부문에 개입하는 것을 원치 않는다.
10 정부는 예산 부족 때문에 복지 프로그램을 축소해야 했다.

Day 24

1 ⓘ relieve 2 ⓒ complications 3 ⓗ injected 4 ⓔ apply 5 ⓐ impaired
6 ⓕ contagious 7 ⓙ immune 8 ⓑ diagnosed 9 ⓓ chronic 10 ⓖ addicted
11 ⓑ 12 ⓒ 13 ⓐ 14 ⓔ 15 ⓓ

해석

1 이 진통제는 통증 완화에 도움이 될 것이다.
2 실명은 당뇨의 흔한 합병증 중 하나이다.
3 로이는 병원에 갔을 때 항생제 주사를 맞았다.
4 얼굴에 크림을 너무 많이 바르지 마세요.
5 시각 장애인들은 신문을 읽을 수 없다.
6 음식 알레르기는 전염병이 아니다.
7 독감 백신으로는 일반 감기에 면역력이 생기지 않는다.
8 그의 병은 피부암으로 진단되었다.
9 최 씨는 25년간 만성 천식을 앓았다.
10 일단 술에 중독이 되면 끊는 것이 대단히 어렵다.

DAY 25

1 ⓘ browsed   2 ⓓ haggling   3 ⓑ credit   4 ⓕ exempt[exempted]
5 ⓔ affordable   6 ⓖ extravagant   7 ⓐ exclusive   8 ⓗ defective
9 ⓙ coaxed   10 ⓒ splurges   11 ⓒ   12 ⓓ   13 ⓐ   14 ⓔ   15 ⓑ

해석

1 사이먼은 윈도쇼핑을 가서 아무것도 사지 않고 가게들을 둘러봤다.
2 우리 엄마는 가격 흥정을 정말 잘하신다.
3 이 피아노를 살 돈이 충분치 않으면, 신용 카드로 사실 수 있습니다.
4 영국을 포함한 많은 국가에서 식품은 부가가치세가 면제된다.
5 경제가 나쁠 때 사람들은 저렴한 물건을 찾는다.
6 루시는 18세에 백만장자가 되었고 항상 돈 씀씀이가 헤펐다.
7 우리는 한국에서 고고 윈터 아이스크림을 판매할 독점권이 있다.
8 대부분의 백화점은 하자가 있는 물건에 대한 교환 정책이 잘 되어 있다.
9 그녀는 정직하지 못한 텔레마케터에 설득 당해 러닝머신을 샀다.
10 스티브는 이미 컴퓨터가 네 대나 있지만 여전히 전자제품에 돈을 펑펑 쓴다.

DAY 26

1 ⓘ deciphered   2 ⓙ coherent   3 ⓔ memoirs   4 ⓕ bilingual
5 ⓒ plagiarism   6 ⓖ banalities   7 ⓑ coined   8 ⓐ gist
9 ⓗ prolific   10 ⓓ anonymity   11 ⓓ   12 ⓔ   13 ⓐ   14 ⓒ   15 ⓑ

해석

1 샹폴리옹은 1822년에 고대 이집트 문자를 해독했다.
2 학생들은 이 수업에서 논리 정연한 에세이를 쓰는 법을 배운다.
3 미국에서는 대개 유명 인사들의 회고록이 매우 잘 팔린다.
4 그 통역사는 불어와 일본어를 구사한다.
5 친구가 쓴 에세이에서 한 단락을 베끼는 것은 표절에 해당한다.
6 10대를 위한 그의 로맨스 소설은 유치하며 진부한 내용으로 가득하다.
7 '로봇'이라는 용어는 1921년에 한 체코 극작가가 만든 말이다.
8 그의 강의가 너무 어려워서 나는 요점도 이해할 수 없었다.
9 그녀는 다작을 하는 작가로서, 매년 평균 다섯 편의 소설을 쓴다.
10 정부 관료는 익명을 조건으로 기자에게 이야기를 했다.

DAY 27

1 ⓓ letting 2 ⓗ scarcity 3 ⓖ adjust 4 ⓕ stark 5 ⓑ humidity
6 ⓘ imminent 7 ⓔ adverse 8 ⓐ inclement 9 ⓒ scorching 10 ⓙ drizzling
11 ⓐ 12 ⓓ 13 ⓑ 14 ⓔ 15 ⓒ

해석

1 폭우가 가라앉을 기색이 보이지 않았다.
2 전례 없는 가뭄 때문에, 사람들이 점점 심각해지는 물 부족 문제를 겪고 있다.
3 지구 온난화를 막을 수 없다면 온난화에 적응하도록 노력해야 한다.
4 캐나다의 기후는 멕시코의 기후와 극명한 대조를 보인다.
5 한국은 겨울보다 여름에 습도가 높다.
6 토네이도가 임박했을 때 시정부가 경보를 발령했다.
7 그들은 에너지를 덜 사용해 기후 변화의 악영향을 최소화하려 하고 있다.
8 모스크바에서의 악천후 때문에 내가 탈 비행편이 연착했다.
9 한국인들은 무더운 여름 날씨에 인삼이 들어간 전통 닭고기 수프(삼계탕)를 즐겨 먹는다.
10 비가 많이 오지는 않지만 가랑비가 내리고 있다.

DAY 28

1 ⓖ premises 2 ⓗ renovate 3 ⓓ demolish 4 ⓐ adequate 5 ⓕ evicted
6 ⓙ tenant 7 ⓒ adorned 8 ⓘ stuffy 9 ⓔ evacuated 10 ⓑ adjoin
11 ⓔ 12 ⓑ 13 ⓐ 14 ⓒ 15 ⓓ

해석

1 구내에서 술은 금지되어 있습니다.
2 노아는 새 집을 짓는 대신 낡은 집을 개보수하기로 했다.
3 그들은 새 발전소를 위한 공간을 만들기 위해 이 구역에 있는 건물 몇 채를 철거할 계획이다.
4 내 차고는 차 두 대가 들어갈 공간이 충분하다.
5 알렉산더가 세 달 동안 집세를 못 내자 집주인은 그를 쫓아냈다.
6 집주인과 세입자 사이에 갈등이 일어날 수 있다.
7 그녀는 장미로 침실을 장식했다.
8 그 방은 창문이 없어서 답답하다.
9 작은 화재가 발생하자 직원들은 사무실 밖으로 피신했다.
10 부엌과 거실은 서로 붙어 있다.

DAY 29

1 ⓘ counterfeiting 2 ⓓ remitted 3 ⓑ appreciation 4 ⓙ decent 5 ⓖ account
6 ⓕ due 7 ⓒ compensate 8 ⓐ deposit 9 ⓔ speculating 10 ⓗ appraised
11 ⓒ 12 ⓔ 13 ⓐ 14 ⓑ 15 ⓓ

해석

1 그는 미 달러화를 위조한 혐의로 체포됐다.
2 지난 수요일에 그녀는 캐나다에 있는 이모에게 오백만 원을 송금했다.
3 일본 수출업체들은 미 달러화 대비 엔화의 가치 상승으로 고통을 겪고 있다.
4 경기 침체기에 괜찮은 일자리를 찾기 어려웠다.
5 어제 로열 은행에 새 계좌를 개설했다.
6 납입 기한은 2월 27일까지이다.
7 그가 아내를 잃은 것은 그 무엇으로도 보상할 수 없었다.
8 스키 장비를 빌리기 위해 보증금 100달러를 냈다.
9 그는 금에 투기해서 돈을 많이 벌었다.
10 그녀의 집은 5억 원으로 감정을 받았다.

DAY 30

1 ⓔ fined 2 ⓘ detour 3 ⓗ reckless 4 ⓐ circumvent 5 ⓓ dropped
6 ⓒ congestion 7 ⓙ standstill 8 ⓕ hailed 9 ⓖ pedestrians 10 ⓑ commutes
11 ⓔ 12 ⓓ 13 ⓒ 14 ⓐ 15 ⓑ

해석

1 벤은 안전띠 미착용으로 벌금이 부과되었다.
2 그들은 도로 공사 때문에 우회해야 했다.
3 러츠 씨는 난폭 운전으로 사람을 죽인 혐의를 받고 있다.
4 똑똑한 범죄자들은 법을 피해 갈 방법을 찾아냈다.
5 에이든은 지난 화요일에 기차역에 스테파니를 내려주었다.
6 이사벨라는 교통 체증 때문에 늦었다.
7 남쪽 방향 차선의 차량들은 완전히 멈췄다.
8 소피아는 밖으로 나가 길가에서 택시를 불러 세웠다.
9 이 길은 보행자 전용이기 때문에 여기서 자전거를 타서는 안 된다.
10 그는 매일 지하철로 통학한다.

 **ACTUAL TEST** 정답 및 해설

ACTUAL TEST 1

Part I

1 (b) 2 (b) 3 (a) 4 (c) 5 (c) 6 (d) 7 (b) 8 (b) 9 (b) 10 (a)

Part II

11 (d) 12 (d) 13 (a) 14 (c) 15 (c) 16 (b) 17 (a) 18 (b) 19 (b) 20 (c)
21 (c) 22 (d) 23 (c) 24 (b) 25 (b) 26 (b) 27 (b) 28 (d) 29 (b) 30 (c)

Part I

1

해석
A 이 자켓을 구입한 카운터로 가져가야 하나요?
B 네, 거기 있는 직원에게 영수증을 보여주시면 환불해 드릴 겁니다.

해설
문맥상 빈칸에는 '가져가다'라는 뜻의 동사가 들어가야 하므로 (b) take가 답이다. (a) carry는 '운반하다, 나르다'라는 뜻으로 상황에 맞지 않다.
purchase 구입하다 **receipt** 영수증 **refund** 환불

정답 (b)

2

해석
A 어젯밤 9시에 뭐 했니? 통화하려고 했는데 연결이 안 되더라.
B 몸이 안 좋아서 일찍 잠자리에 들었어.

해설
get through (to somebody)는 '전화로 누군가와 연락이 되다' 또는 '~에게 닿다[전달되다]'라는 의미를 나타내므로 (b)가 답이 된다.
get through 연락이 닿다 **be close by** ~가까이 있다
make up to ~에게 보상하다

정답 (b)

3

해석
A 랜디와 어울리지 마. 네게 나쁜 영향을 줄 거야.
B 하지만 아빠, 가장 친한 친구인 걸요! 게다가 아주 재미있어요.

해설
(a) influence가 '영향'이라는 뜻일 때는 셀 수 없는 명사로 관사 없이 쓰이지만, '영향을 주는 사람이나 사물'을 지칭할 때는 셀 수 있는 명사로 관사와 함께 쓰임에 유의하자. 따라서 정답은 (a)이다.
hang out with ~와 함께 다니다, ~와 어울리다
virtue 미덕 **caliber** 구경, 직경 **faculty** 능력

정답 (a)

4

해석
A 플라자 호텔에 있는 나선형 모양의 근사한 크리스마스트리 못 보셨어요?
B 네, 봤어요. 멋지더군요. 하지만 저는 우리 전나무 트리가 더 좋아요.

해설
neat가 '깔끔한'이라는 뜻 외에 '근사한'이라는 뜻도 갖고 있음을 안다면 쉽게 답을 고를 수 있다. 구어체 표현으로 '멋진, 근사한'이라는 뜻의 (c) fabulous가 답이다.
spiral 나선형의 **neat** 훌륭한 **spruce** 전나무
fallacious 그릇된 **ferocious** 사나운 **fabulous** 기막히게 좋은, 굉장한 **frivolous** 하찮은

정답 (c)

5

해석
A 이 포켓 사전에는 그 단어가 안 나와.
B 그럼 대사전에서 찾아봐.

해설
unabridged는 '축약하지 않은, 원문 그대로인'이라는 뜻으로 사전이나 소설 등을 줄이지 않고 원저 그대로 편집하여 출간한 것을 unabridged dictionary[novel]이라고 한다. 따라서 정답은 (c)이다.
portable 휴대용의 **unabridged** 생략되지 않은 **abridged** 축약된

정답 (c)

6

해석
A 이 사건에 대해서 누구에게도 말하지 마.
B 난 입이 무거워.

해설
My lips are sealed는 편지 봉투가 봉해지듯이 입술이 봉해졌다는 뜻으로 '절대 입 벌리는 일은 없을 거야'라는 의미이므로 정답은 (d)이다.
chisel 끌로 파다 **mill** 맷돌로 갈다 **peel** (껍질 등을) 벗기다 **seal** 봉인하다

정답 (d)

7

해석
A 러시아어 실력이 무뎌지고 있어서 걱정이야.
B 러시아어 실력을 유지하고 싶으면 할리우드 영화 대신 러시아 영화를 보지 그래?

해설
(b) rusty는 원래 '녹이 슨'이라는 뜻이지만 어떤 기술이나 지식을 사용하지 않아 무디어지거나 서툴러진 것을 뜻하기도 한다. 따라서 답은 (b)이다.
pretty 꽤, 상당히 **instead of** ~대신 **hectic** 몹시 흥분한, 열광적인 **petty** 사소한 **misty** 희미한

정답 (b)

8

해석
A 리포트를 쓸 불행한 자가 누군지 동전을 던져 정하자.
B 좋아. 앞면이야, 뒷면이야?

해설
경기를 시작하기 전에 위치나 순서를 정하기 위해 보통 동전을 튕기어 던지는 것을 flip a coin이라고 한다. 따라서 정답은 (b)이다.
paper 보고서, 리포트 **head** (화폐의) 앞면 **tail** 꼬리, (화폐의) 뒷면 **flop** 털썩 쓰러지다 **flip** 툭 던지다 **flicker** 깜박이다 **flap** 펄럭이다

정답 (b)

9

해석
A 데릭이 유죄일까, 무죄일까?
B 그는 돈을 안 가져갔다고 주장하고 있어.

해설
빈칸에는 앞의 guilty와 반대되는 형용사가 들어가야 한다. 따라서 (b) innocent가 답이다. (b)는 '순진한'이라는 뜻 외에도 '죄가 없는'이라는 의미로 잘 쓰인다.
guilty 유죄의 **immoral** 부도덕한 **innocent** 무죄의 **immense** 광대한 **indecent** 점잖지 못한

정답 (b)

10

해석
A 새 잡지는 어떤 사람들을 겨냥하고 있나요?
B 저는 대학생들이 주요 독자층이라고 생각합니다.

해설
gear는 동사로 쓰일 경우 '~에 맞게 조정하다'라는 뜻이다. 보통 '~를 겨냥하다'라는 뜻으로 be geared toward[to]를 사용하므로 (a)가 답이 된다.
readership 독자층 **incline** (마음을) 내키게 하다 **hire** 고용하다

정답 (a)

Part II

11

해석
알코올 음료 가격이 높으면 더 적은 수의 사람들이 술을 마실 것이라는 새로운 조사 결과를 고려할 때 세금 부과는 알코올 남용을 억제하는 데 도움을 줄 수 있다.

해설
문맥상 빈칸에는 알코올 남용(alcohol abuse)을 '줄이다' 또는 '억제하다'라는 뜻의 동사가 와야 하므로 정답은 (d)이다.

imposition 부과 **alcohol abuse** 알코올 남용
beverage 음료 **foster** 육성하다, 기르다
facilitate 가능하게 하다 **spur** ~에 박차를 가하다
curb 억제하다

정답 (d)

12

해석
야비한 정치적 거래를 통해 20세기의 가장 무자비한 독재자 중 한 사람에게로 정권이 이양되었다.

해설
문맥상 빈칸에는 부정적인 의미의 형용사가 들어가야 한다. ruthless dictators는 '무자비한 독재자들'이라는 뜻이고, (d)를 제외한 나머지는 모두 긍정적인 의미를 지닌 형용사이다.

political power 정권 **hand** 넘겨주다 **ruthless** 무자비한 **dictator** 독재자 **laudable** 칭찬할 만한 **virtuous** 도덕적인 **sordid** 야비한

정답 (d)

13

해석
그들은 2월 겨울방학 동안 회의가 없었으며 3월 7일에 회의를 재개할 것인데, 이날 제이미 허퍼는 '영어 교실에서 드라마 사용하기'를 주제로 논의할 것이다.

해설
보기 중에서 목적어로 meeting을 취하기에 가장 자연스러운 (a) resume이 정답이다.

resume 재개하다, 다시 시작하다 **assume** 사실이라고 보다 **presume** 추정하다

정답 (a)

14

해석
이 회의에서 우리는 올해 남은 기간에 대한 계획을 완성하기를 희망한다.

해설
보기 중 '남겨진 것', '나머지'라는 뜻으로 쓰일 수 있는 단어는 (a) leftover와 (c) remainder인데 (a) leftover는 보통 복수 형태로 음식 등에 대해 쓰이고, 연도나 월과 같은 기간에 대해서는 (c) remainder를 사용한다. (b) nest는 '둥지'라는 뜻으로 (c) remainder와 의미가 비슷한 것은 rest이다.

finalize 완성하다 **residue** 잔여

정답 (c)

15

해석
예정된 행사에 대한 정보를 최소 3개월 전에 미리 보내주시기 바랍니다.

해설
in과 함께 쓰여 '미리, 사전에'라는 뜻을 이루는 단어를 골라야 하므로 정답은 (c) advance이다. '앞으로, 미래에'라는 뜻으로 쓰이는 것은 in the future 또는 in future이다. futures는 경제 용어로 '선물(先物)'이라는 뜻이다.

upcoming 다가오는 **at least** 최소한 **futures** 선물 **commission** 수수료, 의뢰

정답 (c)

16

해석
연구자들은 PDC가 스트레스에 반응할 때 혈압 상승에 관여할 수도 있다고 여긴다.

해설
be implicated in이 '~에 관련되다'라는 뜻이므로 (c)가 정답이다. be involved in도 같은 뜻으로 쓰인다. (b) ingrained는 '뿌리 깊은, 깊이 밴'이라는 뜻으로 an ingrained habit으로 쓰인다.

gene 유전자 **elevate** 높이다, 올리다
in response to ~에 응하여

정답 (c)

17
해석
한 설문 조사는 대부분의 한국인이 국가의 1절만을 따라 부를 수 있음을 보여주었다.

해설
national anthem은 '국가'이며 노래의 1절은 verse이다. 따라서 정답은 (a)이고, verse는 시 자체를, 또는 시의 연이나 노래의 절도 나타낼 수 있다. (b) tune은 '곡조, 선율'을 가리킨다.

survey 설문 조사 **national anthem** 국가

정답 (a)

18
해석
1977년에 설립된 사이먼 위젠탈 센터는 홀로코스트에서 살아남아 나치 전범 추적자로서의 활동으로 유명해진 한 유대인의 이름을 따서 명명되었다.

해설
빈칸에 들어갈 동사의 의미상 주어는 the Simon Wiesenthal Center이므로, 센터를 '설립하다'라는 뜻으로 동사 found가 가장 어울리므로 (c)가 정답이다. (a) Laid는 '놓다'라는 뜻의 타동사 lay의 과거, 과거분사형이다.

name after ~의 이름을 따서 명명하다 **Jew** 유대인

정답 (c)

19
해석
고래 고기를 판 혐의로 고소당한 최신 유행의 일본 초밥집이 금요일에 사과의 말을 전하며 행동을 뉘우친다고 말했다.

해설
빈칸에는 뒤에 나오는 an apology와 어울려 '사과하다'라는 뜻을 이루는 동사가 들어가야 알맞다. offer는 offer congratulation처럼 '감사나 사과, 축하의 말을 전하다'라는 뜻으로 쓰이므로 (b)가 정답이다.

trendy 최신 유행의 **charge A for B** A를 B의 혐의로 고소하다 **bolster** 개선하다 **procure** 확보하다

정답 (b)

20
해석
자격증은 여러분을 다른 전문가와 차별화하는 데 도움이 되며 일자리에 지원할 때 신뢰성을 준다.

해설
전문성을 돋보이게 만들고 일에 있어서 신뢰성을 부여하는 것으로 가장 적절한 것은 (c) credentials이다. credentials는 주로 복수형으로 쓰여 '자격, 자격증'을 뜻한다.

set A apart from B A를 B에서 돋보이게 만들다
professional 전문가 **credibility** 신뢰성

정답 (c)

21
해석
그 영화 감독은 대본을 미리 집필하는 법이 거의 없고, 배우들로 하여금 대사의 많은 부분을 즉흥적으로 하게 했다.

해설
대본을 미리 집필하지 않는다는 데에서 감독이 배우들에게 즉흥적인 대화를 시킨다는 것을 유추할 수 있으므로 '즉흥적으로 하다'의 뜻인 (c) improvise가 들어가야 자연스럽다.

script 대본 **rarely** 거의 ~아니다 **in advance** 미리 **supervise** 지휘[지도]하다 **improvise** (연주·연설 등을) 즉흥적으로 하다 **neutralize** 상쇄시키다

정답 (c)

22
해석
스미스 상원의원의 문제점은 발언의 요지를 고수하지 않고 다른 말을 하기 시작한다는 것이다.

해설
instead of로 연결되어 있으므로 빈칸에는 sticking to 이하와 상반되는 내용을 가리키는 동사가 와야 함을 알 수 있다. 따라서 '(주제에서) 벗어나다'란 뜻을 가진 (d) digresses가 정답이다.

stick to ~을 고수하다 **take the floor** 토론에 참가하다 **digress** 주제에서 벗어나다

정답 (d)

23

해석
중국에서 미국으로 이주한 가족들은 새로운 삶에 대한 희망으로 가득 차 있었다.

해설
새로운 삶에 대한 희망이라는 어구에서 중국에서 미국으로 이주했다는 내용이 가장 알맞다는 것을 알 수 있다. 따라서 '이주하다, 이동하다'의 뜻을 가진 (c) migrated가 정답이다. (d)의 broaden은 '넓어지다'의 뜻이므로 to America from China라는 어구와 어울리지 않아 오답이다.
full of ~로 가득찬

정답 (c)

24

해석
이 조리법에서는 꿀을 설탕 대용으로 쓸 수 있다.

해설
recipe와 관련되어 문맥상 가장 적절한 동사는 (b) substituted이다. 관용 표현 substitute A for B(B 대신 A를 쓰다)를 수동형으로 바꾸면 이 문장처럼 A is substituted for B가 된다. 이 문장을 능동형으로 고치면 In this recipe, you can substitute honey for sugar가 된다.
recipe 조리법 **append** (글에) 덧붙이다 **fabricate** 날조하다; (상품·장비 등을) 제작하다

정답 (b)

25

해석
향수 제조에서 획기적인 약진이 있었던 것은 식물과 꽃에서 향수 오일을 추출하는 방법을 알게 되면서부터였다.

해설
향수는 식물이나 꽃에서 추출된 오일로 만들어지므로 '추출하다'란 뜻의 extract에 -ing를 붙인 (b) extracting이 정답이다. extract는 이밖에 '(이빨이나 총알을) 뽑다'란 뜻도 있다.
breakthrough 돌파구, 획기적인 약진 **perfumery** 향수 제조 **presume** 추정하다, 간주하다

정답 (b)

26

해석
많은 학생들을 온라인 강의에 끌리게 하는 한 요소는 어느 때라도 학습을 가능케 하는 유연한 스케줄이다.

해설
온라인 강의의 장점은 어느 때든 자기가 원하는 시간에 강의를 들을 수 있도록 스케줄을 융통성 있게 짤 수 있다는 점이다. 따라서 '융통성 있는(able to be changed easily according to the situation)'에 해당하는 (b) flexible이 정답이다.
attract 끌어당기다 **allow A to** A가 ~하도록 허용하다
tentative 잠정적인; 머뭇거리는 **flexible** 유연한

정답 (b)

27

해석
예술을 위한 예술을 할 수 있는 것은 다른 동물들과 구별되는 인간만이 가진 특성들 중 하나이다.

해설
문맥상 '예술을 위한 예술을 하는 것은 동물들과 구별되는 인간만이 가진 특성이다'라고 해야 하므로 '구별되는'에 해당하는 (b) distinctive가 정답이다. distinctive는 '독특한, 구별이 되는'의 뜻으로 unique와 동의어이다.
art for art's sake 예술을 위한 예술(예술지상주의)
characteristic 특성 **contentious** 논쟁을 초래할

정답 (b)

28

해석
선생님은 평소에 중위권인 학생의 완벽한 문법과 스펠링을 보고 부정행위를 의심했다.

해설
선생님이 부정행위를 의심한 것은 학생의 성적이 평소와 다르게 갑자기 향상되었기 때문일 것이다. 따라서 빈칸에는 매우 잘됐다는 의미의 형용사가 와야 하는데 선택지 중 이에 해당하는 어휘는 (d) impeccable뿐이다. '흠잡을 데 없는, 완벽한'의 뜻으로 perfect와 동의어이다.
cheating 부정행위 **mediocre** 보통의, 보통밖에 안 되는 **tedious** 지루한 **sporadic** 때때로 일어나는 **corpulent** 뚱뚱한

정답 (d)

29

해석
최고 경영자는 뛰어난 실적을 올린 그 직원을 칭찬했다.

해설
경영자는 뛰어난 실적을 올린 직원을 당연히 칭찬할 것이므로 (a) lauded가 정답이다.

accomplishment 실적, 공적　**laud** 칭찬하다　**exert** (힘 등을) 쓰다, 노력하다　**meld** 섞다　**boast** 자랑하다

정답 (a)

30

해석
그 가수의 팬들은 그의 최근 앨범이 대단히 실망스러운 것을 알게 되면 분명히 곤혹스러워 할 것이다.

해설
어떤 가수의 팬들이 그 가수의 최근 앨범이 별로 좋지 않은 것을 알게될 때, 그들의 마음은 당연히 곤혹스러울 것이므로 (c) distraught가 가장 적합하다.

hugely 대단히　**annihilate** 전멸　**audacious** 대담한　**distraught** (마음이) 곤혹스러우시키다　**corpulent** 뚱뚱한

정답 (c)

Actual Test 2

Part I

1 (b) 2 (a) 3 (d) 4 (d) 5 (d) 6 (c) 7 (d) 8 (a) 9 (c) 10 (c)

Part II

11 (a) 12 (b) 13 (c) 14 (d) 15 (c) 16 (c) 17 (d) 18 (b) 19 (b) 20 (b)
21 (a) 22 (c) 23 (d) 24 (a) 25 (b) 26 (c) 27 (b) 28 (b) 29 (a) 30 (a)

Part I

1

해석
A 세상에서 네 번째로 큰 섬이 뭔지 아니?
B 몰라. 전혀 모르겠어.

해설
You've got me there는 '종잡을 수 없다. 전혀 모른다'라는 뜻의 관용 표현으로 정답은 (b)이다.
capture 포획하다 **grasp** 잡다, 이해하다

정답 (b)

2

해석
A 2주 전에 산 진공청소기를 반품하고 싶습니다.
B 죄송하지만 저희는 판매 후 3일이 지난 물품에 대해서는 반품을 받지 않습니다.

해설
환불해 줄 수 없다는 내용이므로 문맥상 빈칸에는 '경과한, 초과한'이라는 뜻의 (a) beyond가 들어가야 한다.
return 반품하다 **vacuum cleaner** 진공청소기
allow 허용하다 **period** 기간

정답 (a)

3

해석
A 제일 큰 관심이 무엇입니까?
B 우리의 가장 큰 관심은 국왕의 현명하고 자비로운 정책이 계속 유지되게 하는 것입니다.

해설
'무엇보다도 중요한'의 뜻인 overarching을 알면 쉽게 비슷한 단어인 (d)를 정답으로 고를 수 있다.
overarching 대단히 중요한 **ensure** 틀림없이 ~하게 하다 **continuity** 연속(성) **compassionate** 인정 많은 **minor** 사소한 **lesser** 덜한 **slight** 경미한 **utmost** 최고의

정답 (d)

4

해석
A 메시지를 남겨 드릴까요?
B 네. 센트럴 은행의 트레이시라고 합니다.

해설
message를 목적어로 취할 수 있는 동사는 (b) take와 (d) leave이지만, B가 메시지를 남기는 상황이므로, '메시지를 받아 적다'라는 뜻의 (b) take는 적합하지 않다. May I take a message?라고 말한다면 (b)가 될 수 있다. 하지만 여기서는 (d)가 알맞다.
would like to ~하고 싶다

정답 (d)

5

해석
A 안녕하세요, 부인! 무엇을 도와드릴까요?
B 제 계좌에 잔고가 얼마인지 확인해 주실래요?

해설
은행원과 고객 간의 대화로, 단수로 '지불 잔액, 잔고'를 뜻하는 (d) balance가 답이다. (c) remains도 '잔액'이라는 뜻이지만 동사가 is이므로 수일치에 맞지 않고, (b) saving은 '절약'이라는 뜻으로 옳지 않다.

assist 돕다　**account** 계정, 계좌　**bill** 계산서, 지폐
remains 나머지, 유적　**balance** 잔고, 잔액

정답 (d)

6

해석
A 어제 우연히 린다를 만났어. 풀이 죽어 있던데.
B 무슨 때문에 그런지 궁금하군.

해설
eat at이 보통 '초조하게 하다, 근심하게 하다'라는 뜻으로 쓰이므로 (c) eating이 정답이다. at을 쓰지 않고, What's eating you?라고 하면 What's bothering you?와 같은 의미이다. 빈칸 뒤 at이 있으므로 (a)는 옳지 않다.
bump into 우연히 만나다　**depressed** 의기소침한
bother 괴롭히다, 초조하게 하다　**interrupt** 방해하다

정답 (c)

7

해석
A 사라야, 사고 후에 운전하기 겁나니?
B 응, 몹시 겁이나. 항상 잘못될까 많이 걱정돼.

해설
자동차 사고 후에 운전하기를 두려워하는 상황으로, '염려되는, 걱정이 되는'이라는 (d)가 정답이다.
sanguine 명랑한　**indifferent** 무심한, 무관심한
gaudy 번지르르한, 야한　**apprehensive** 걱정되는

정답 (d)

8

해석
A 실례지만 빵이 상한 것 같아요.
B 죄송합니다. 다른 것으로 갖다 드리겠습니다.

해설
(a) stale은 음식이나 식품의 신선함이 한물갔을 때 사용하므로 답이 된다. (d) stink는 명사나 동사이며, 형용사형인 stinky라면 답이 될 수 있다.
taste ~한 맛이 나다　**stale** 신선하지 못한　**banal** 진부한, 평범한　**stink** 악취, 악취를 풍기다

정답 (a)

9

해석
A 콜린, 로봇이 사람들보다 더 똑똑해질 거라고 생각하세요?
B 아니요. 로봇은 컴퓨터와 같아요. 로봇은 인간의 머리가 지닌 창조력과 창의력을 결코 가질 수 없죠.

해설
(c) aspire to는 보통 '~을 열망하다, 원하다'라는 뜻으로 쓰이는데, aspire의 원래 의미는 '높은 자리에 오르다'이다. 로봇은 인간의 창조력과 창의력을 가질 수 없다는 의미가 되기 위해서는 (c)가 알맞다.
ingenuity 창의력　**adhere to** 고수하다　**abstain from** 삼가다　**aspire to** 열망하다　**conspire with** ~와 공모하다

정답 (c)

10

해석
A 이 목걸이를 사고 싶은데 좀 비싼 것 같군요.
B 80달러가 마지노선입니다. 그 이하로는 해드릴 수가 없습니다.

해설
(c) bottom line이 더 이상 양보할 수 없는 한계지점을 나타내므로 정답이다. (c) bottom line의 다른 중요한 뜻인 '기본, 원칙'도 반드시 기억하자.
steep 고가의, 비싼　**finish line** 결승선　**line-up** 라인업, 제품 일람　**bottom line** (수락 가능한) 최종 가격, 요점　**deadline** 기한

정답 (c)

Part II

11

해석
분유는 모유와 매우 흡사하게 개발되었을지라도 여전히 모유보다 못하다.

해설
문맥상 '열등한'이라는 뜻의 형용사 (a) inferior가 들어가야 한다.
formula milk 분유　**breast milk** 모유　**inferior** 열등한　**superior** 우수한　**lesser** 더욱 작은[적은]　**mediocre** 썩 좋지는 않은

정답 (a)

12

해석
한 조각상이 마을 한가운데에 자랑스럽게 우뚝 서 있는데 아래에는 '뉴턴'이라는 이름이 뚜렷이 새겨져 있다.

해설
조각상 밑에 이름을 써넣는 것을 표현하기에 가장 적당한 것은 (b) chiselled이다. (c) grooved는 '홈이 있는, 홈이 팬'의 의미로 정답으로 혼동할 수 있다.
statue 조각상　**erect** 똑바로 선　**boldly** 뚜렷이
melt 녹다　**chiselled** 조각 같은, 깎아 놓은 듯한
grooved 홈이 있는

정답 (b)

13

해석
부모님께서 학교를 다른 길로 가서 무서운 곳을 완전히 피해 가라고 하셨다.

해설
suggest는 목적어로 명사절을 이끄는 that절을 취할 수 있어 (c)가 답이다. (a) told는 뒤에 바로 that절이 나오지 않고 〈tell+목적어+that절〉의 형식을 취해 옳지 않으며, (d) informed 역시 〈inform+목적어+that절〉 형태를 취하여 답이 될 수 없다.
route 길　**altogether** 완전히

정답 (c)

14

해석
보고르에서 휴가를 보내면서 존은 해 질 녘 마을의 평온함을 카메라에 담았다.

해설
vacate는 '(집 등을) 비우다'라는 뜻이며, vacation은 '휴가를 보내다'라는 뜻이다. 따라서 정답은 (d)가 된다.
capture 잡다, 포착하다　**tranquility** 평온
steer 키를 잡다, (배를) 조종하다　**vacate** 비우다

정답 (d)

15

해석
통계 분석은 청년들이 비디오 게임을 하면 할수록 음주와 약물 남용과 같은 위험한 행동에 더 빈번히 연루됨을 보여주었다.

해설
문맥상 빈칸에는 '연관, 관련'이라는 뜻의 단어가 들어가야 하므로 (c)가 답이다. 'the+비교급, the+비교급'은 '~할수록 그만큼 ~하다'라는 뜻인데, 뒤 문장에서 동사가 생략되었다.
statistical analysis 통계분석　**reveal** 밝히다
frequent 빈번한　**drug abuse** 약물 남용
accompaniment 반찬　**abandonment** 유기
attachment 부착

정답 (c)

16

해석
말할 때 우리는 오로지 귀로만 목소리를 듣는 것이 아니라 내부 청각으로도 듣는다.

해설
(c) solely는 '오로지'라는 뜻으로 답이 된다.
internal 내부의　**solely** 단독으로　**barely** 간신히

정답 (c)

17

해석
돌이킬 수 없는 척수 손상을 앓았을 때 수는 의사로부터 다시는 못 걷게 될 거라는 말을 들었다.

해설
다시 걸을 수 없는 것과 연관성이 있는 형용사를 고른다. reverse는 동사로 '뒤바꾸다, 반전시키다'의 의미이다. 여기에 반대 의미를 나타내는 접두어 ir-과 형용사로 바꿔주는 접미사 -ible이 붙은 (d)가 답이다.
spiral cord 척수　**transient** 쉽게 바뀌는, 덧없는
temporary 일시적인　**irresistible** 저항할 수 없는, 뇌쇄적인　**irreversible** 되돌릴 수 없는

정답 (d)

18

해석
요양원을 떠난 뒤 아이린은 부모님 댁으로 이사했고, 접수원으로 취직했다.

해설
빈칸에는 '~로서'라는 뜻으로 자격을 나타내는 전치사 (a) as가 들어가야 한다.

nursing home 요양원   move in 이사를 들다
receptionist 접수 담당자

정답 (a)

19

해석
실바는 장애인을 위한 비영리 훈련 및 지원 단체를 운영했다.

해설
run에는 '달리다'라는 뜻 외에 '(조직이나 단체를) 운영하다'라는 뜻이 있다. 따라서 정답은 (b)이다.
non-profit 비영리적인   disabled 장애를 가진
fly 날다(fly-flew-flown)

정답 (b)

20

해석
이 요리책으로 여러분은 모든 나라의 최고 음식을 알게 될 것이며, 단시간 내에 모든 사람들을 기쁘게 할 맛있는 음식을 요리하게 될 것입니다.

해설
앞에 'discover superb food'(최상의 음식을 찾아내다)라는 표현이 오기 때문에 빈칸에는 food를 수식하는 긍정적인 의미의 형용사가 들어가야 하므로 정답은 (b)이다.
recipe book 요리책   superb 최고의   delight 많은 기쁨을 주다   selective 선택하는   delectable 아주 맛있는   derisible 웃음거리가 되는   gregarious 사교적인

정답 (b)

21

해석
그들은 집집마다 전단지를 돌리면서 수련원의 목표를 설명하고 기부를 요청했다.

해설
빈칸에는 '요청하다, 구하다'라는 뜻의 (a)가 들어가 그들이 집집이 전단지를 돌리는 이유를 보충 설명할 수 있어야 한다.
flyer 전단지, 인쇄물   door to door 집집마다
donation 기부   mend 수선하다   gutter ~에 홈통을 달다

정답 (a)

22

해석
정부는 정부 건물과 쇼핑몰, 사무실과 공공장소에 장애우를 위한 시설 제공을 요구하는 새 법률에 동의했다.

해설
의미상 보기의 동사 4개 모두 답이 될 수 있지만 〈동사+목적어+to부정사〉 형태로 쓸 수 있는 (c) requiring이 답이 된다.
facility 시설   require 요구하다

정답 (c)

23

해석
그녀의 소설은 주로 1인칭으로 서술되어 있고 일기처럼 읽히도록 되어 있다.

해설
의미상 알맞은 것뿐만 아니라 형태상으로도 적절한 것을 골라야 한다. 따라서 〈be -ed to부정사〉 형태로 쓰일 수 있는 (d) designed가 답이다.
largely 주로   contend 논쟁하다   consign 위탁하다, 인도하다   deliberate 숙고하다   design 계획하다

정답 (d)

24

해석
많은 여자들이 상식이 전혀 통하지 않는 잘생긴 외국인에 대한 환상이라는 마법에 속수무책으로 빠지곤 한다.

해설
빈칸에는 under와 함께 쓰여 '마법에 홀리어', '주문에 걸려'라는 뜻이 되는 명사가 들어가야 하므로 (a) spell이 답이 된다. out (of) the window는 '문제가 되지 않는', '무력한'이라는 뜻이다.
fall under the spell 마법에 걸리다   spin 회전
span 한 뼘   squall 스콜, 돌풍

정답 (a)

25

해석
빌은 우리로부터 집을 임대 받아 쓰지만 우리가 청구하는 얼마 안 되는 집세를 제때 내지 않는다. 현재 석 달 밀려 있다.

해설
'three months behind'(석 달 밀려 있는)와 관련 있는 형용사가 빈칸에 적절하다. 따라서 '느슨한, 해이한'이라는 뜻의 (b) lax가 정답이다.
rent 임대하다　**charge** 청구하다　**behind** (지불·일이) 밀려　**strict** 엄한　**lax** 게으른, (사람·법규 등이) 엄격하지 않은　**tense** 팽팽한　**attentive** 주의 깊은

정답 (b)

26

해석
모든 병원은 손 자주 씻기와 고위험 환자를 대할 때 장갑과 가운 사용하기와 같은 기본 감염 방지 대책을 개선해야 한다.

해설
'기본적인 감염 방지 대책'과 연관성 있는 형용사를 골라야 한다. 손을 자주 씻는 것이 감염 방지에 도움이 되므로 (c) frequent가 가장 적절하다.
infection control 감염 관리　**measure** 대책　**gown** 가운　**high-risk** 고위험의　**occasional** 가끔

정답 (c)

27

해석
내가 아닌 다른 사람처럼 옷을 입고 말을 해 옷을 멋게 만드는 것이 나의 천직이었던 것 같다.

해설
(b) calling은 신이 부르는 소리를 뜻하는 '소명'을 의미하며, 이렇게 하늘이 내려 준 직업의 뜻인 '천직'이 되기도 한다. 따라서 (b)가 답이다.
dress up 옷을 갖춰 입다　**other than** ~외에　**deal** 거래

정답 (b)

28

해석
말레이시아는 영국인에 의해 식민지가 되었는데 이 기간 동안 영어는 말레이시아의 주요 언어였다.

해설
한 국가나 사회에서 가장 널리 쓰이는 언어를 dominant language라고 하므로 (b)가 답이다.
colonize 식민지로 만들다　**durable** 영속성 있는　**dominant** 우세한, 지배적인　**submissive** 복종하는

정답 (b)

29

해석
다음 날 아침, 우리는 시원한 인도양에서 수영하면서 시차증을 떨구어내려 했다.

해설
항공기를 이용하여 장거리 여행을 할 때 생기는 신체의 시차 부적응 현상을 jet lag라고 하므로 (a)가 답이다.
shake off 떨어내다　**jet lag** 시차증　**chilly** 차가운　**propulsion** 추진력

정답 (a)

30

해석
일반적으로 보수주의자들은 미국 헌법의 좀 더 전통적인 해석을 수반하는 것에 만족스러워 한다.

해설
(a) entail은 include, involve와 비슷한 의미로, 무엇을 수반할 때 사용한다.
conservative 보수적인 사람　**interpretation** 해석하다　**constitution** 헌법　**entail** 수반하다　**evoke** 일깨우다

정답 (a)

INDEX   A to Z

A

abate	330	achievement	318	advantage	306
abdicate	270	acquaintance	198, 318	advent	162
abhor	270	acquiescent	318	adverse	332
aboard	270	acquire	150	advice	306
abolish	210, 270	acquit	186, 318	advocate	89, 306
abrasion	296	across the board	356	aesthetic	246
abrogate	270	across the nation	62	affiliation	294
absolute	210	act up	162	affirm	26, 294
absorb	50	acute	62	affliction	294
abstain	330	adamant	368	affluence	294
abstemious	330	adapt	368	affordable	308
abuse	88, 330	adaptation	320	afterlife	76
accede	38	addicted	296	agenda	174
accelerate	370	addition	368	aggravate	38, 62
accept	282	address	174	agitate	90
acceptance	88	adequate	344, 368	ahead	62
access	162	adhere	89	ailment	196
acclaim	26, 282	adjoin	344	airtight	196
acclimate	88	adjourn	174	aisle	196
accolade	282	adjust	332	aisle seat	260
accommodate	260	administration	210	akin	74
accompany	198	admire	14, 148	alacrity	74
accomplice	186	admission	14	allay	342
accomplished	320	admit	148, 272	allegation	186, 342
account	282, 356	admonition	148	allegedly	26
account for	64	adolescent	100	allegiance	342
accrue	282	adopt	89	allegory	342
accuse	186	adorn	344	alleviate	138
accustomed	88	adroit	174	alliance	342
achieve	318	adulate	306	allocate	342
		advance	306	allot	150

424

allow	342	appearance	380	aspect	134
allure	308	append	380	aspire	134
alone	256	applaud	199	assassinate	39
aloof	124, 256	appliance	308	assault	160, 187
altercation	256	application	272	assemble	162
alternate	100	apply	297	assert	64, 160
alternative	138	appoint	175	assertion	160
altitude	332	appraisal	380	assess	160, 357
alumnus	272	appraise	356	asset	357
ambience	14	appreciation	357	assign	151, 160
ambition	354	apprehend	187, 380	assimilate	90
ambitious	354	apprehensive	172	assistance	163, 232
ameliorate	354	apprise	172	associate	90, 232
amenable	354	approach	172	assuage	125
amend	354	approbation	172	assume	232
amenity	260, 354	approve	150	assumption	232
amicable	198	apt	48	assurance	232
amnesty	211	aptitude	48	astonish	36
amplify	112	archaeologist	184	astute	36
analysis	50	archaeology	38	at hand	36
anesthetic	296	architecture	344	atheist	76
anger	110	archive	38, 184	athlete	208
angle	110	arduous	184	atmosphere	333
animosity	124, 220	argue	184	atone	76
annex	220	arid	184, 333	attach	163, 208
annihilate	138	arrange	184	attain	208
anonymous	27, 320	arrogant	124	attentive	208
antagonistic	220	articulate	184	attest	187, 208
antibiotic	296	artifact	39	attire	199
anticipation	220	artwork	184	attraction	15
antipathy	124	ascension	134	attractive	208
anxiety	124	ascertain	138	auction	308
appalledd	380	askew	134	audible	24, 163

audit	273	basis	380	bland	234, 270
augment	24	batch	380	blast	270
austerity	284	bathe	380	blatant	270
authentic	39	be associated with	172	blizzard	333
authenticity	244	be descended from	172	bloated	270
authority	211	be determined to	172	block	196
authorize	244	be forced to	232	blow up	196
authorized	244	be invited to	232	board	260, 318
autobiography	244	be tied up	100	boast	199
autonomous	24	be versed in	273	bombard	27
autonomy	211	bear on	368	bond	358
available	175	beckon	368	book	261
avalanche	333	beforehand	175	boorishly	318
avert	24	begrudge	368	boost	284, 318
avian	222	beleaguer	368	border	318
avid	64	belief	282	bother	318
		believer	282	bound	261
B		belittle	282	boundary	345
		bellicose	282	bouquet	318
babysitter	330	bellow	282	brandedd	208
backfire	330	belongings	15	brandish	39
baffle	330	bemoan	294	brazen	139
bail out	27	benchmark	284	breach	91, 342
balance	358	benefit	151	breadth	342
ballot	211	berate	294	break in	342
balmy	330	bereft	294	break into	345
banality	320	beseech	294	break out	39, 342
band	306	bet on	208	break up	342
banish	306	bewilder	294	breakdown	163
bankruptcy	306	biased	90	breakthrough	164
banquet	234	bilingual	321	breakup	199
bargain	306, 309	binge	208	breathtaking	15
barren	139	blame	270	breed	222

brew	234	case	98	chore	368
bring back	148	cash	98	chronic	297
broach	148	casing	98	chubby	122
broaden	148	cast around for	160	circulation	160, 223
browse	309	catalyst	112	circumstance	160
buckle up	148	catastrophe	333	circumvent	160, 370
budget	358	catch	122	cite	273
build up	354	catch on (to)	273	civilization	40
bullying	354	cater	234	claim	160
bunch	354	cave painting	122	classify	223
bundle	354	celebration	122	clear	172
bundle up	354	celebrity	27	clement	172
bureaucracy	212	cell	222	clerical	172
burgeon	15	censor	28, 148	clinch	244
bushy	354	census	148	clump	244
buy out	208	certificate	273	cluster	50
		chafe	148	clutch	244
		chalk up to	148	coalesce	112
C		charge	148, 309	coalition	212
call for	148	charismatic	74	coax	309
can't afford	160	charity	74, 91	coerce	65
candid	294	charter	261	cognitive	321
candidate	212	check	74	coherent	321
capable	294	check in	261	cohesion	256
capacity	345	checkup	297	coin	321
capital	284	cheer	74	coincidence	16
capitulate	294	cheerful	368	collaborate	175
captivation	294	chemical	368	collaborative	256
capture	294	chemistry	368	collapse	345
cardiac	222	chest	368	collateral	358
caregiver	100	chest pain	368	colleague	175
cargo	98, 370	chilly	334	collision	50
carry-on	261	chip in	15	collude	256

colonial	40	complacency	270	condo	342
combat	184	complacent	125	condolence	200
combine	184	complain	306	condone	342
come across	199	complete	306	conducive	342
come by	101	complex	306	conduct	51
come down with	297	compliant	306	conductor	246
come forward	184	complicate	306	conference	176
come over	200	complicated	164	confess	76, 380
come up with	176	complication	298	confide	200
comely	184	compliment	274	confidence	285
command	282	complimentary	262	confidential	176
commemorate	282	comply	196	confidentiality	380
commemoration	200	component	51	confine	65
commemorative	282	compose	246	confirm	262, 380
commence	282	compound	112	confiscate	380
commend	282	comprehensible	196	confluence	380
commensurate	318	comprehensive	274	conform	91, 134
commentary	28	compromise	212	confounded	134
commercial	310	compulsion	196	congenial	200
commiserate	318	compulsory	91	congested	298
commit	187	conceal	310, 330	congestion	371
commodity	284	concede	65, 330	conglomerate	151
common sense	318	conceive	101	congregate	77
commonality	318	concentrate	330	conjecture	134
community center	318	concierge	262	connect	134
commute	318, 370	conciliate	330	connecting flight	262
companion	270	concisely	330	connotation	134, 321
compel	139, 270	conclusion	330	consecutive	40
compensate	359	concourse	262	consensus	151
compete	270	concur	40	consent	101
competence	176	concurrence	330	consequence	220
competition	65	condensed	342	conserve	139
compile	164, 270	condition	342	considerate	220

consign	220	convalescent	208	credible	371
consist of	113	convene	208	credit	310
console	125, 220	convenient	208	crew	86, 263
consolidate	152	convention	91	crisp	86
consolidation	220	converge	140	critic	86, 322
conspicuous	220, 310	convert	77, 208	critical	62
conspire	220	convey	208, 322	critique	28
constant	113	convict	188	crowbar	62
constituent	113	convince	208	crucial	372
constitution	232	convoluted	371	crude	62
constitutional	187	cordial	36	crumble	62
constrained	232	cordially	201	cuisine	235
constraint	164, 232	cordon off	36	culinary	235
construct	346	core	36, 113	culminate	62
consume	232	correspondent	28	culprit	62
consumer	24	corroborate	36	cumbersome	62
consummate	24	corrode	36	cumulative	359
consumption	235	costly	310	curb	62, 372
contagious	298	counsel	125	curious	62
contaminant	24, 140	count in	36	currency	359
contemplate	77	counter	152	curtail	62
contemporary	247	counterfeit	36, 359	custody	102
content	24	counterpart	41	customs	263
contingency	24	course	36	cut taxes	62
continuously	24	courtesy	263	cutback	152
contraband	48	coverage	28	cutting-edge	164
contract	298	crack up	101		
contrast	247	craft	247	**D**	
contribute	371	cramp	86		
contribution	48	cramped	86, 371	dabble in	65
contrite	48	craving	86, 235	damp	160
controversial	247	credence	41	dapper	160
conundrum	48	credential	176	daring	160

daunt	160	deformity	306	deposit	360
dawn on	274	defray	148	depress	282
day care	102	defy	212	depression	282, 285
daydream	51	degrade	148	deprive	380
debacle	270	degree	274	derive	323, 380
debase	208, 270	dejected	148	descent	92, 380
debate	270	delegate	213	describe	380
debris	270	deletion	318	design	380
deceive	270	deliberate	29	designate	201
decent	172, 360	deliberation	318	desolate	52
decimate	172	delicate	318	destination	264
decipher	322	delineate	318	destine	208
decked out	172	delivery	311	desultory	208
declaration	354	deluge	318	detach	330
declare	263	demand	285, 294	detached	126
decline	354	demarcate	294	detain	188, 330
decompose	113, 354	demeaning	294	detect	330
decoration	354	demography	92	detector	264
decree	354	demolish	346	deter	213, 330
decry	354	demonstrate	294	detergent	102
dedicate	322	demonstration	294	deteriorate	334
dedication	208	denigrate	368	detest	330
deduce	323	denote	368	detour	372
deem	208	denounce	368	detract	330
defeat	66, 306	density	51	detriment	48
defective	311	deny	368	detrimental	48, 141
defend	306	depart	263	devastatedd	184
defense	66, 306	departure	196	devastating	334
defense lawyer	306	depict	247	deviate	184, 372
deficiency	236	deplete	140, 196	deviation	184
deficit	285	deplore	282	device	165
deflect	306	deport	282	devote	184
deforest	140	depose	282	devotion	184

devour	236	dismiss	152	do away with	48
devout	184	disorder	299	do damage	48
dexterity	248	disparity	286	do good	48
diabetes	299, 342	dispel	220	docile	122
diagnose	299	dispense	220	dock	122
dialect	323	disperse	114	doctrine	78
dictator	342	display	220	dodge	24
die of	342	disposable	141	dogmatic	24
diffident	342	dispose	220	domestic	264
diffuse	113	disqualify	220	dominant	223
digress	275	disrespect	220	dominate	67
dilapidated	346	disrupt	220	donate	24, 93
diligent	342	dissemble	244	donation	24
dilute	114	disseminate	29	dope	67
dimension	165	dissent	213	dormant	24
diploma	342	dissertation	244	dormitory	275
director	134	dissolute	244	dose	74, 300
disability	299	dissolve	114	dough	74
disassemble	232	dissuade	244	douse	74
discard	232	distance	256	downpour	334
discerning	232	distinctive	334	downsize	153
discharge	152, 232	distort	248	downturn	286
discipline	275	distracted	66	doze	74
disclose	29, 232	distraught	126, 256	draft	62, 177
discreet	232	diverge	256, 373	drain	346
discriminate	92	divergent	256	drainedd	62
discursive	232	diversity	92	drastic	93
disembark	264	divert	256	draw	62
disguise	223	divest	256	drench	62, 335
dish out	134	dividend	360	dress up	62
disillusion	77	divinity	77, 256	dresser	62
dismal	248	divisive	93	drive	86
dismantle	134	divulge	256	drive out	86

drizzle	335	elude	331	enrollment	148
droop	86	emanate	74	ensconce	148
drop off	373	emancipate	41	enslave	41
drought	86	embankment	282	ensure	30, 148
dubious	36	embed	282	enterprise	148, 153
due	361	embezzle	282	enthusiasm	148, 249
duplicate	165	emblazon	282	entrepreneur	153
durable	36, 311	embody	282	enunciate	148
duty	36	embrace	93	ephemeral	160
dwell on	36, 78	embryo	224	epidemic	160
dwelling	36	emission	141	epitomize	160
dwindle	36, 286	emotional	368	equal	160
		empathize	126	equivalent	114
E		emperor	368	eradicate	142, 342
		emphasis	368	erase	342
eager	184	emulation	368	erode	52, 343
ebb away	134	enable	208	erratic	343
eclipse	52	enact	213	erupt	53, 343
ecosystem	141	encapsulate	354	escalate	286
ecstatic	248	enclose	177, 354	eschew	172
edible	236	encode	165	esoteric	172
edifice	134	encounter	52	espouse	172
editorial	29	encourage	354	establish	188
effectively	134	encroach	354	estimate	220, 361
elastic	114	endangered	141, 354	eternal	220
elasticity	134	endeavor	354	eternity	78
elated	134	endow	93	ethical	78
elect	330	enforce	188	ethnic	94
election	330	engagement	201, 208	eulogy	201
elicit	248	engrave	249	euphemism	220
eligible	177	engrossing	30	evacuate	347, 380
elongate	330	enliven	74	evade	30, 380
elucidate	330	enroll	275	evaporate	115

eventuality	380	expand	294	**F**			
evict	347	expedience	294	fable	323		
evidence	380	expedition	294	fabricate	189, 283		
evident	380	expeditious	294	fabrication	283		
evoke	380	expenditure	361	fabulous	283		
evolution	380	expiration	294	factor	283		
evolve	224	expire	236, 318	factor in	153		
exaltedly	208	explain	318	faculty	276		
exasperate	208	explicate	318	fad	30		
excavate	41, 209	explode	319	fair	283		
exceed	373	exploit	142	fairly	172		
excel	196	explosive	115	fake	172		
exceptional	196	exponent	78	fall out of favor	30		
excerpt	196	exposure	115, 319	fallen	319		
excess	196	extension	177, 232	fallow	319		
excessive	270	extensive	232	falsify	189		
exchange	270	extent	232	falter	286, 319		
exclude	94	extenuate	189	familiar	319		
exclusive	311	extinct	142	fancy	319		
exculpate	270	extinguish	232	far from -ing	172		
excursion	16	extirpate	232	fare	373		
execute	270	extol	306	farm land	172		
executive	177	extract	115, 306	fasten	368		
exempt	270, 312	extraction	143	fathom	368		
exertion	184	extraneous	306	fault	368		
exhaustion	184	extravagant	306, 312	fawn	369		
exhaustive	236	extreme	306	fear	331		
exhibit	42	extremely	256	feasible	166, 271		
exhume	184	extremity	256	feature	31, 271		
exile	184	exuberant	67, 256	feckless	271		
exonerate	184, 189	exude	115	fecund	271		
exorbitant	184	eyesore	347	feeble	271		
exotic	142						

fertile	143	flux	381	full refund	209
fervent	331	follow	381	fume	143
fetch	331	fondness	160	fund	361
fetus	224	food aid	160	fundamental	79
feud	331	for decades	160	furnished	347
file	189	forbearance	160	fuse	116
file a complaint	209	forbid	307	fussy	209
filthy	343	force	307		
finale	343	forecast	335		
finally	343	foreclosure	307	**G**	
financial	343	forfeit	307	gaiety	202
find out	343	forge	190	gain weight	209
fine	373	forlorn	307	gain	122
finefn	148	form	185	gall	122
fire	148	formula	116	garish	283
fissure	148	forte	185	garment	283
fit	67	fortuitous	185	garner	213, 283
fix	149	fortunate	185	garnish	236
flame	294	forward	185	gather	283
flank	295	fossil	224	gathering	202
flat	295	foster	185, 276	gaze	283
flatter	202, 295	found	42	gear	16
flavor	354	founder	185	generate	166
fleece	355	fraudulent	190	genetic	225, 307
fleet	355	fraught with	196	genuine	307, 312
flier	355	freely	196	get … across	276
flippant	355	frequency	116	get along	307
float away	381	frequent	196	get along with	202
flock	16	fret	126	get around	307
flout	381	friction	116	get away	16
flu	381	frisk	264	get by	102
fluctuate	287	frugal	196, 287	gist	323
flunk	276	frustrating	196	give … a break	102

giveaway	312	
glitch	166	
gloss over	122	
goods	209	
gourmet	237	
grab a bite	237	
grace time	265	
grant	271, 276	
grateful	202	
gratify	126	
gratuity	237	
gravity	53	
graze	271	
greasy	237	
grievous	271	
grip	271	
groundbreaking	166	
ground	122	
grudge	127	
guarantee	313	

H

habitat	86, 225
haggle	313
hail	374
hallowed	149
hallway	149
halt	149
handbook	283
handle	283
handy	283
hang out	203
harangue	283
hark	283
harness	143
harsh	331
hassle	374
hasten	17
haul	331
have no clue	209
havoc	331
haze	335
headquarter	319
hectic	17
hedge	287
hefty	319
heir	42
helping	237
hem in	319
herald	319
heredity	300
heritage	42
hesitate	319
hibernate	225
hide	307
highlight	307
high-minded	307
high-yield	307
hillside	343
hindrance	343
hinge	343
hit one's stride	343
hoard	271
hoist	17
hold	271
hold out on	209
hold up	209
holdover	271
holistic[hlsti	271
hollow	355
home nation	355
hone	277
hospitable	17
hostile	144
hostility	355
house	347
housewarming	203
hub	160
humanitarian	160
humidity	335
hundreds of	161
hunk	295
hurtle	295
hype	295
hypnosis	127
hypothesis	53, 295
hypothesize	86

I

ideology	79
idyllic	17
ignite	256
ignorant	79
illiterate	256
illuminated	256
imagination	307
imitate	307

INDEX **435**

immerse	307	in person	172	ineluctably	36
immigration	307	in place	172	inertia	117
imminent	307, 336	in response to	172	inexorable	36
immune	300	in the red	178	infallible	295
impact	283	inauguration	214	infatuate	295
impair	283, 300	incapable of	355	infection	301
impartial	283	incarcerate	355	infest	226
impassable	374	incendiary	355	infiltrate	295
impeach	213	incentive	153	infinite	53
impeccable	265, 283	inception	355	infinitesimal	295
impel	283	incite	355	inflate	295
imperialism	42	incited	355	influence	295
imperil	271	inclement	336, 369	influx	287
imperious	271	inclined	369	inform	178
impetus	166, 271	include	369	infrastructure	288
impish	271	inclusive	369	infringe	250
implacable	343	income	369	ingest	226
implausible	343	inconsiderate	381	ingratiate	185
implement	153, 283	increasingly	381	inhabitant	348
implicate	343	inculcate	381	inhale	301
implication	324	incumbency	381	inherit	226
implicit	343	incumbent	214	inhibit	185
implore	98	indefatigable	331	inimical	185
imply	343	independence	331	inimitable	250
impose	98, 214	index	287	initiate	117, 185
impression	249	indifference	331	initiative	144
impromptu	324	indigenous	225	inject	301
improvise	249	indigent	331	injustice	190
in a ~manner	98	indispensable	226	inmate	244
in a huff	98	individual	331	innate	226
in an attempt to	98	individually	331	innocuous	244
in case	98	induce	249	innovative	348
in droves	98	indulge	238	inquire	244

inquiry	244	intermittent	167	itinerary	18		
inscrutable	79	interpersonal	203				
insert	167	interpret	324	**J**			
inserted	149	interrogate	190	jam	374		
insight	80, 149	interruption	209	jaywalk	374		
insinuate	149	intervene	288	jeopardize	336		
insist	149	intervention	209	jet lag	265		
insolent	102	intimate	203, 209	jetliner	343		
insomnia	127	intimidate	209	jettison	343		
inspect	149	intone	220	jittery	127		
inspire	149, 250	intractable	220	join	283		
instability	196	intrigue	18	jostle	283		
instance	196	introverted	203	journey	283		
instate	196	intrude	220	jovial	283		
instigate	196	inundate	220	jubilationubl	343		
instill	80	invader	319	jump on	343		
instinct	227	invasion	319	jump the gun	343		
institute	214	inventive	250	jury	191, 271		
insulate	348	invert	319	justification	271		
insulatedd	196	investigate	190	justify	271		
insurance policy	362	investment	319	juxtapose	271		
intact	161	investor	319				
intangible	161	invincible	68	**K**			
integral	161	invitation	319				
integrate	94	invocation	319	keepsake	149		
intellectual	161	invoke	134	keynote	204		
intend	161	involved	191	kick the bucket	149		
intense	54	irascible	134	kindle	149		
intensively	161	ironic	324	knight	161		
intention	36	irregular	134	knock off	161		
intentional	209	irresponsibility	134	knowledgeable	277		
intercede	209	irritate	301				
interim	215	issue	31, 134				

L

labor	331
lack	331
lampoon	331
landmark	18
languish	331
largely	209
lastly	209
late fee	277
later	319
lather	319
laud	250, 319
launch	313, 319
laureate	204
lavish	313
lawsuit	191
lay	110
lay claim to	215
lay off	154
layover	110, 265
lead to	161
leak	348
lease	161
leather	161
legacy	43
legible	324
legislate	215
legitimate	191
legroom	265
lesson	161
let up	336
lethal	227
lethargic	127
liability	271, 362
liberal arts	277
liberate	271
license	271
licentious	80
life expectancy	301
lighten	271
lightly	256
likelihood	256
likely	256
limber up	256
limerick	256
line	257
linguistic	325
liquidate	362
literal	343
literary	325
live	343
livid	343
load	110
loan	295, 362
local	295
locate	349
locution	295
lodge	18, 295
lofty	295
look after	103
look forward to	204
loose	381
loosen	381
lop off	381
lord	381
loss	381
lottery winning	110
low	149
loyalty	149
lucrative	154
luggage	266
lugubrious	149
lure	227
lurid	149
lurk	227
lyric	251

M

magnanimous	232
magnify	232
maintenance	233, 349
major in	233
make a play	134
make it	134
make it through	134
make mischief	135
make out	135
make up	135
malady	295
malevolence	295
malicious	68
malign	295
manage	154
manage to	295
management	295
mandate	80, 295
mandatory	244

manipulate	31, 295	midway	331	moving	251, 381
manufacture	154	migrate	228	multicultural	94
margin	363	mildly	331	mundane	103
market	381	mileage	375	murky	209
markup	381	military	331	muster	209
masculine	381	mingle	204	mutable	337
massive	336, 381	minor	331	mutate	228
masterpiece	251	misdirect	331	mutual	94
match	68	misplace	103	myriad	54
maternal	103	miss	331	mysterious	209
matter	381	mistreatmentment	331	myth	325
mawkish	381	mitigate	54		
mayor	381	mixture	238		
means	172	mobile	209		
measure	172	mobility	355	naked eye	257
mechanical	167	moderate	355, 337	narrative	325
mediate	307	modest	355	native	257
medication	302	molecule	117	natural ability	257
medicinal	307	mollify	355	navigate	19
medieval	43, 307	moment	355	nebulous	257
meditation	68	momentary	381	necessitate	62
medium	31	momentum	117	necessity	24, 313
meet	154	monetary	288, 355	negative	24
melancholy	128	monopoly	288	negligent	103
memoir	307, 325	monotonous	110	nestle	24
mentor	277	moody	128	network	24
merge	155, 173	morbid	128	nip in the bud	24
merit	173	mordant	32	no time to waste	24
metabolism	227	mortgage	363	nomadic	43
meticulous	251	motion	178	nominal	24
microbe	228	motivate	155, 381	nominee	98
microscope	110	mount	18	nonchalant	149
midday	336	mounting	381	nonetheless	149

nostalgia	128	observer	369	ordination	173
nosy	104	obsess	128	organism	173
notice	149	obsolete	167, 369	origin	173
notify	178	obstinate	369	originality	251
notion	80, 149	obstruct	149	originate	44, 173
notoriously	149	obtain	149	ostensible	196
noun	98	occasionally	74	ostentatiously	197
novelist	98	occupation	155	ostracize	197
novelty	167	occupy	43, 135	otherwise	197
noxious	144	odious	135	oust	197
nuclear	118	off balance	135	out of stock	314
nuclear disarmament	98	off the hook	135	outbreak	302
numerous	54	off the mark	135	outcome	355
nursery	104	offender	191	outfit	314, 355
nutrient	98, 238	offense	122	outflow	288
		officer	122	outlook	355
		officially	122	outrage	355
## O		offspring	228	outright	355
		on a whim	257	outset	355
oath	74	on behalf of	204	outsource	155
obdurate	307	on one's toes	257	overbooking	185
obedience	307	on the fence	257	overburden	185
obedient	104	on the grounds	257	overcast	337
obesity	302	on the loose	257	overcharge	185
obituary	32	operative	161	overcome	69
object	149	opponent	68	overdose	302
objective	55	oppose	161	overhaul	185
obligation	144	opposing	161	overhead compartment	266
oblique	307	oppressive	161		
oblivious	215	orator	204	overjoyed	129
obscure	81	orbit	55	overlap	185
obscurity	369	ordain	173	overseas	185
observance	369	order	173, 238	oversee	179, 185
observe	55				

overtake	156	pedestrian	375	pick up	375
overturn	192	peer	278	picky	104
overwork	179	penchant	173, 239	picturesque	19
oxidation	118	pending	205	piece	221
		perceptive	173	pile	221
P		perch	349	pilgrimage	81, 221
		perforate	173	pinnacle	221
pace	197	perform	173, 179	pious	81, 221
pacify	104	peripheral	168	piquant	221
pack	19, 197	perish	173	piracy	32
pamper	197	perishable	239	pivotal	221
pandemic	302	permanent	144	place	257
paralyze	303	permissive	161	plagiarism	326
paranoid	129	perpendicular	118	plague	69
parch	197	persecute	81	platitude	257
parched	56	perseverance	161	play	257
partial	56	persistence	161	play off	257
participant	205	personify	161	plead	192
participate	197	personnel	156	pledge	215, 257
party	197	perspective	252	plentiful	257
pass on	110	persuade	161	pliable	118
pass out	110	pervade	95	plot	326
pass the buck	110	pessimistic	129	plug away	209
passionate	122	pesticide	185	plummet	289
pastime	69	petulant	185	plunder	209
patchy	122	pharmaceutical	185	plunge	209, 289
pathetic	95	phase	56	plural	209
patriarchy	44	philosopher	185	poet	110
patron	122, 251	phlegmatic	185	political	233
pause	122	phobia	129	pollen	229
pave	122	physical	185	pollutant	145
pay off	122, 363	physicist	185	population	233
peculiar	205	pick on	278	portable	168

portentous	233	prestigious	278	prominently	369
portion	233, 239	presume	25	promote	156, 369
portray	233, 252	presumptive	25	promotion	369
pose	244	prevalence	25	promptness	369
postage stamp	244	prevention	25	prone	229
postpone	244	previous	25	pronounce	326
postulate	244	priced	314	propagate	33
posture	179, 244	primary	98	property	48, 350
potent	244, 303	prior to	98	propinquity	48
potential	156	prioritize	98	proposal	48
powerhouse	289	priority	98	propose	179
prank	110	pristine	98	prose	326
precarious	135	private	98	prosecute	192
precede	44	privatize	289	prospect	48, 289
precedence	135	privilege	95	prospective	157
precipitation	337	probe	57	protagonist	48
precursor	135	proclaim	216	protect	62
predator	229	procrastinate	104	protest	62
predilection	135	procure	156	protrude	62
predispose	229	prodigy	278	provident	363
preface	135	product	36	provision	63, 192
preheat	135	productive	36	provoke	63
prejudice	95	profanity	36, 81	prude	63
premise	135, 349	proffer	36	prudent	63
premonition	135	profound	252	prudish	63
preoccupied	252	progress	36	pry	86
prescribed	24	project	37	psychological	130
prescription	303	proliferation	216	psychologist	86
prescriptive	24	prolific	326	publication	33, 86
present	24	prolifically	37	publish	86
presenter	25	prolong	369	pudgy	86
preserve	239	prominence	369	pull over	375
press	32	prominent	32	punctual	266

puncture	86	rash	233	recipe	239		
purify	82	rashly	233	recipient	168		
pursue	86	rate	266	reciprocity	135		
put at risk	86	rather	233	recite	327		
put off	319	rational	82	reckless	375		
put out	319	rave	33	reckon	25		
puzzlingpz	86	raze	233	reclusive	96		
		reach	369	recognition	25		
		reach a verdict	233	recollection	19, 25		
		reach out	233	reconcile	25		

Q

quaff	221	react	118	reconciliation	221
quaint	19	reaction	369	record	221
qualify	69, 221	reader	369	recoup	221
quarter	157	real estate	350	recover	221, 303
quench	221	realign	369	rectify	221
quest	57, 221	reanimate	369	recyclable	145
quibble	221	reap	369	redeem	221, 364
quit	221	reapply	257	redistribute	221
		reasonable	314	redundant	157
		reassure	257	referee	69

R

		reassuring	337	refined	197
radiation	173	rebel	44, 257	reflect	57
radical	216	rebound	257	reforest	145
rage	173	rebuke	180	reformation	197
raid	173	recall	180, 257	reformed	197
raise	105, 73	recant	135	refractory	105
rally	173	recapitulate	135	refrain	20, 197
ramification	95	recede	105, 135	refreshing	197
rampant	96, 244	receipt	314	refuge	197
rancor	244	receive	135	refugee	216
rancorous	244	receptive	135	refund	315
random	245	recession	135, 290	refurbish	350
range	245	recharge	168	refuse	197
rankle	245				

regain	63	remove	99	restive	74
regard	63	remuneration	364	restore	45, 74
regenerate	63	render	99, 253	restraint	74
regime	63	renewal	350	restrict	74
regimen	303	renovate	350	restricted	74
regulation	63	renowned	253	result	122
rehabilitate	70	rent	351	résumé	181
reign	45	repeal	48	retail	122, 315
reimburse	364	repentant	48	retaliatory	122
reject	63	repercussion	145	reticent	122
rejoice	63	replace	48	retired	122
rejoinder	98	replacement	48	retract	122
relativity	98	replete	48	retrieve	123, 169
relaxed	98	represent	48	reveal	86
relay	99	representative	180	revelation	86
release	33, 99	repressive	48	revenue	365
relegate	99	reprimand	48, 180	revere	82, 86
relent	99	reprise	48	review	86
relevant to	99	reptile	229	reviewer	87
reliable	168	reputation	49, 253	revise	87, 278
relic	45	rescind	217	revive	290
relief	99	resident	37, 351	revoke	87, 193
relieve	99, 303	residual	37	revolutionary	87
relieved	130	resignation	180	revolve	57
relinquish	99	resilient	37, 119	reward	157
remain	99	resist	37, 304	rhetoric	217
remainder	99	resistance	37	riddle	110
remains	45	resistant	37, 230	rigid	278
remarkably	99	resolution	37	rigorous	375
reminiscence	20	resolve	106	ring	110
remit	364	resort	20	rip	110
remorse	130	respective	74	risk	110
remote	99	resplendent	74	ritual	82

rival	110	scarcity	338	separate	49
rivalry	70	scathing	173	sequester	193
rivet	110	scattered	338	serious	49
roast	240	scenic	20	serve	49, 240
roll	110	scenicsni	173	serving	49
root for	70	scheme	173	session	218
rout	70	scholastic	279	set off	49
route	376	scoff	197	setback	49
routine	110	scold	197	setting	49
rudimentary	279	scope	197	settle	351
ruling	217	scorch	197	shape	71
ruminate	83	scorching	338	shareholder	157
rummage	106	score	70	shatter	221
		scour	197	sheer	221
S		sculpt	253	shell	221
		sculpture	63	shelter	221
sacred	245	seal	63	shelve	106
salient	279	seasoning	240	shift	221
salutary	245	secede	63	shimmer	21
salute	245	secluded	63, 266	shipment	376
salvage	245	secondary	279	sibling	106
sanction	217, 245	sect	63	sign up	279
sap	257	secular	83	simulate	58
satire	327	security measure	63	simultaneous	327
satisfy	257	segment	96	sip	240
savage	45	segregate	63	skyrocket	290
savings	257	segregation	96	slip one's mind	107
savor	240	select	63	slippery	338
savvy	257	selection	315	sluggish	290
scale	173	semblance	49	smash	376
scam artist	173	sensation	33	smuggle	267
scanty	173	sentence	193	snob	96
scarce	173	sentiment	49	soar	290

socialite	233	sprinkle	338	subject	123
sojourn	21	spy plane	123	submit	123, 280
solace	130	squander	123	subordinate	25
solicit	233, 315	squeamish	123	subscribe	25, 34
solidarity	233	stake	71	subsidy	25, 291
solution	233	stand up	205	substance	119
soothe	131, 233	standing ovation	253	substantial	25
sophisticated	169	standstill	377	substantive	25
sort out	169	staple	240	substitute	72
souvenir	21	stark	339	suburb	25
spawn	230	statement	365	succeed	45
specialize in	315	steer	377	succinct	25
specialty	21	stem	230	suffice	233
species	37, 145	sterilize	119	suite	267
specify	193	stimulate	291	sultry	99
spectacular	21	stock	365	summation	99
spectator	71	stop by	377	sumptuous	99
speculate	365	stow	267	superficial	83, 99
speculation	37	strand	267	superfluous	99
speech	37	streak	71	supernatural	83
speedy	37	stretch	72	superstition	83
spent	71	strike	181	supplant	99, 169
spill	37	stringent	193	supplement	99, 241
spiral	351	stripe	123	support	99
splendid	21	strive	123	suppress	218
splinter	37	stroke	123	surge	291
splurge	37	stroll	72	surmise	110
splurge on	316	struggle	123	surmount	110
spoil	107	stubbed	123	surpass	110
sporadic	123	stubborn	107, 123	surplus	291
spot	123, 376	stuffy	352	surrender	110
spray	123	stunt	107	surreptitious	111
spread	123	sturdy	316	surreptitiously	111

surrogate	111	take off	123	texture	241
survive	111	take sides	123	thaw	339
susceptible	111, 230	take to	123	theology	84
suspect	194	take up	123	theory	87
suspend	111, 280	takeover	123	thesis	87
suspicion	111	talented	254	thick	87
sustain	111	tally	366	thoroughly	87
sustainability	146	tamper	25	thrash	87
swat	369	tangible	58	thrilledd	87
swear	369	tangled	25	throng	87
sweep	87	tantrum	107	tide over	75
swiftly	87	tardy	280	tightly	75
swindle	87	tarnish	25	timepiece	75
swing	87	task	25	timid	75
swipe	87	taunt	25	tirade	75
switch	87, 169	technician	25	toil	123
symbolize	74	temerity	233	tolerable	245
symmetry	74	temper	131	tolerant	84
sympathize	131	temperate	339	tolerate	63
symptom	74, 304	tenacious	233	topple	218
syndicate	34, 74	tenant	233, 352	torpor	63
synonymous	75	tender	233, 241	torrential rain	339
syntactic	75	tension	131	toss	63
		tentative	233	total	111
		tepid	233	totally	111
T		term	135, 327	tough spot	111
		termination	135	toxic	111, 146
tackle	245	terms	206	trade	111
tactic	245	terrain	58	trader	123
taint	34	terrestrial	58	traffic in	123
take after	107, 245	testament	75	trail	49
take apart	245	testify	75	trajectory	49
take back	245	tether	75	transaction	366
take in	245				

INDEX **447**

transcribe	49	**U**		uptight	75
transfer	49, 377			urgent	99, 182
transient	84	ulterior	132	utensil	108
transit	377	ultrasonic	120	utility	352
transition	46	unambiguous	245	utterance	99
transitory	49	unanimous	181	utterly	99
translate	328	unconscious	304		
transmit	170	uncover	34	**V**	
transport	378	uncovered	245		
trauma	131	undergo	304	vacancy	268
treasure	46	underlying	59	vacate	352
treat	49, 241	undermine	59, 245	vacillate	158
trek	22	underpin	245	vagary	245
trend	49	undertake	181, 245	vague	245, 328
trial	49, 194	undertaking	245	validate	59
tribe	49	undue	25	vanguard	245
trigger	119	unemployment	292	vanquish	245
trivial	108	unflappable	25	vast	146
tropical	340	unfold	37	veer	111, 378
truncate	37	unfounded	37	vegetarian	242
trust	37	unification	218	vehement	111
try out	72	unimpaired	49	velocity	111
tumble	37	unlawful	49	venerate	111
tumultuous	37	unmanned	49	vent	111
turbulence	268	unreachable	182	ventilate	352
turmoil	37, 218	untouchable	49	venue	206
turn around	37	unveil	49	veracity	111
turn in	181	unwary	49	verify	120
turn up	37	up and running	75	versatile	316
turnaround	292	upbringing	75	verse	328
turnover	158	upcoming	206	viable	170
typical	340	update	75	vicariously	75
tyranny	46	upstart	75	vicinity	352

victim	75
view	75
viewership	34
vigilant	132
vigorous	75
vilify	75
vindictive	75
vintage	75
virile	87
virtual	170
virtue	87
virtuoso	254
visible	87
visual aid	87
vital	230
vivid	87
vocation	197
volatile	120, 197
volume	158
voracious	242
voucher	197
vulnerable	132

W

wade	22
wage war	111
wane	59
warm up	111
warrant	194
warranty	316
watchful	111
watchmaker	111
water supply	111
watershed	60
waterway	111
wield	63
wildlife	146
wipe out	63
withdrawal	366
wither	87
withhold	87
withstand	146
witness	87
work out	72
working order	161
workout	161
worthless	161
wrangle	75
wreck	75
wrest	75

Y

yearn	123

Z

zenith	60

NEXUS makes your next day

www.nexusEDU.kr **NEXUS Edu**
t.02-330-5500 f.02-330-5555

이것이 This is 시리즈다!

THIS IS GRAMMAR 시리즈
▶ 중·고등 내신에 꼭 등장하는 어법 포인트 철저 분석 및 총정리
▶ 다양하고 유용한 연습문제 및 리뷰, 리뷰 플러스 문제 수록

THIS IS READING 시리즈
▶ 실생활부터 전문적인 학술 분야까지 다양한 소재의 지문 수록
▶ 서술형 내신 대비까지 제대로 준비하는 문법 포인트 정리

THIS IS VOCABULARY 시리즈
▶ 교육부 권장 어휘를 빠짐없이 수록하여 입문·초급·중급·고급·수능 완성·어원편·뉴텝스로 어휘 학습 완성
▶ 주제별로 분류한 어휘를 연상학습을 통해 효과적으로 암기

• Reading, Vocabulary – 무료 MP3 파일 다운로드 제공
★ 강남구청 인터넷 수능방송 강의교재 ★

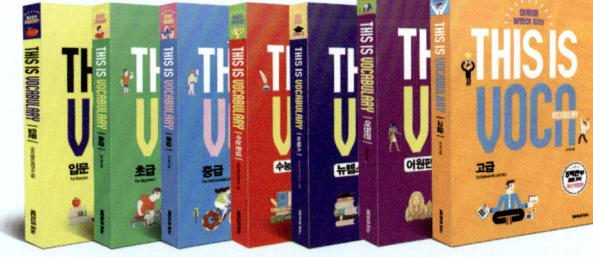

THIS IS 시리즈

THIS IS GRAMMAR 시리즈
초·중·고급 1·2   넥서스영어교육연구소 지음 | 205×265 | 250쪽 내외(정답 및 해설, 워크북 포함) | 각 권 12,000원

THIS IS READING 시리즈
1·2·3·4   넥서스영어교육연구소 지음 | 205×265 | 192쪽 내외(정답 및 해설, 워크북 포함) | 각 권 10,000원

THIS IS VOCABULARY 시리즈
입문   넥서스영어교육연구소 지음 | 152×225 | 224쪽 | 10,000원
초급·중급   권기하 지음 | 152×225 | 352쪽 / 372쪽 | 10,000원 / 11,000원
고급·어원편 권기하 지음 | 180×257 | 444쪽 / 344쪽 | 각 권 12,000원
수능 완성   넥서스영어교육연구소 지음 | 152×225 | 280쪽 | 12,000원
뉴텝스   넥서스 TEPS연구소 지음 | 152×225 | 452쪽 | 13,800원

무료 MP3 파일 다운로드 제공
www.nexusbook.com

수준별 맞춤

Vocabulary 시리즈

초등필수 영단어 1, 2, 3

This Is Vocabulary
입문, 초급, 중급, 고급, 수능완성, 어원편, 뉴텝스

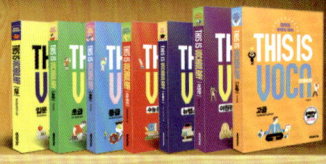

The VOCA+BULARY 완전 개정판 1~7

Grammar 시리즈

OK Grammar Level 1~4
초등필수 영문법+쓰기 1, 2

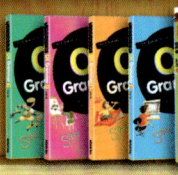

Grammar 공감 Level 1~3

Grammar 101 Level 1~3

도전 만점 중등 내신 서술형 1~4

Grammar Bridge Level 1~3 개정판

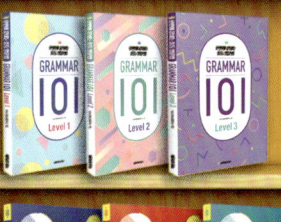

그래머 캡처 1~2

The Grammar with Workbook starter Level 1~3

This Is Grammar
초급 1·2
중급 1·2
고급 1·2

넥서스 영어 교재 시리즈

Reading 시리즈

Reading 공감
Level 1~3

After School Reading
Level 1~3

THIS IS READING
1~4
전면 개정판

Smart Reading Basic
Level 1~2
Smart Reading
Level 1~2

구사일생
(구문독해 BASIC)
BOOK 1~2

구문독해 204
BOOK 1~2

Listening 시리즈

Listening 공감
Level 1~3

After School Listening
Level 1~3

The Listening
Level 1~4

도전! 만점 중학 영어듣기 모의고사
Level 1~3

만점 적중 수능 듣기 모의고사
20회 / 35회